Haack
Das Mun-Imperium

Friedrich-Wilhelm Haack

Das Mun-Imperium
Beobachtungen – Informationen – Meinungen

(Findungshilfe Mun-Bewegung)

© Arbeitsgemeinschaft
für Religions- u. Weltanschauungsfragen / WMC
München 1991

Material-Edition 31 der ARW
ISBN 3-921513-95-2

Inhalt

Hinweis

Immer wieder wird eine informierende Publikation über die Mun-Bewegung gefordert, da die bisher vorliegenden weitgehend ohne Kenntnis und daher ohne Berücksichtigung der internen Literatur der Mun-Bewegung geschrieben worden sind. Andere wiederum erwecken den Anschein, vom Mun-Imperium angeregt und unterstützt worden zu sein. Was sie als "Objektivität" ausgeben, ist oft nichts anderes als Informations-Verschleierung.

Auch die von den Betreibern und Zuarbeitern des Mun-Imperiums immer wieder gestellte Forderung nach "Dialog" ist nach meiner Ansicht nichts anderes als Augenwischerei und der (vermutlich auch für die Betreiber nicht ganz uneigennützige) Versuch einer Weißwäscherei und unwahrhaftigen "Einchristlichung" des Mun-Imperiums, seiner Bestrebungen und seiner Ideologie.

Jeder muß sich seine Meinung selber bilden. Doch oft hängt die Meinungsbildung von der zur Verfügung stehenden Information ab. Für Überzeugungen, als Folgen von Meinungen, gilt das noch deutlicher. So sollen die hier vorgelegten Informationen und Überlegungen nichts anderes, als gegebenenfalls Material zur eigenen Meinungsbildung darstellen. Ob sie akzeptiert werden oder nicht, steht im Belieben des jeweiligen Benutzers.

Es ist eine hier offenzulegende Absicht einzugestehen: Ich möchte mit diesen Informationen jenen Zuarbeitern und Nutznießern des Mun-Imperiums entgegenwirken, die für ihre Kooperation und die dadurch erreichten Vergünstigungen angebliche "hohe" Ziele wie die "Informationsfreiheit", das angebliche "Einwirken" auf die Munies, den "Dialog" und eine "Ökumene der Religionen" oder sonstige hehre Entschuldigungen anführen.
So hat ein Theologieprofessor, für seine Pro-Mun-Aktivitäten von den Studenten zur Rede gestellt, sich als Verteidiger der Theologie und der Freiheit akademischer Forschung darge-

stellt. Er hatte sich (mehrfach) für eine Außenwerbung des
Mun-Imperiums einspannen lassen und behauptete, damit "in die
Bewegung hinein" wirken zu wollen. Daß er gleichzeitig eine
der Mun-Zeitschriften beratend begleitet, seine Aufsätze in
Mun-Publikationen veröffentlicht und sich auch anderweitig im
Mun-Imperium engagiert, hatte er wohl bei dieser Argumentati-
on vergessen. Oder hatte er darauf gesetzt, daß dies einfach
nicht bekannt werden würde?

Folgt man Muns Jesus-Darstellungen, war dieser Jesus ein von
Johannes dem Täufer übertölpelter Dümmling und wohlmeinender
Versager, dem erst durch einen (unfallverstorbenen) Sohn Muns
die Tür zum Paradies geöffnet werden mußte. Angesichts dessen
wirkt das eilfertige Pro-Mun-Engagement christlicher Theologen zumindest peinlich.

Zur Kenntnis genommen werden sollte auch etwas anderes: Für
die Kooperateure des Mun-Imperiums ist die Mitarbeit oft
zuerst einmal kein Zuschußgeschäft.

Bei dem folgenden Text handelt es sich um Auszüge aus einem
Artikel **Michael Warder**[1] **"Bribemasters"** aus dem US-Magazin
Chronicles, June 1988, 31-24.

"Many who take money from him, attend his conferences, or publish their articles in his publications will point to his anti-Communism. Others support the civil liberty issues he seems to embody. Some reassure themselves by seeing the influential people with whom he travels. A few employ the rationale of the lesser evil: the powers that be are so malevolent

Viele, die von ihm Geld nehmen oder ihre Artikel bei ihm publizieren, werden auf seinen Antikommunismus verweisen. Andere unterstützen die Anliegen der bürgerlichen Freiheit, die er zu verkörpern scheint. Andere beruhigen sich im Hinblick auf die einflußreichen Leute, mit denen er sich umgibt. Ein paar berufen sich auf das 'geringere Übel': vertretbar sei es, für ein posi-

---
1

Michael Warder gehörte in den 70er Jahren zu den engeren
Vertrauten Muns und hatte erheblichen Einblick in das Mun-
Imperium, in dem er auch höhere Posten bekleidete.

that collaboration with him to obtein resources for a worthy project is justifiable. Still, the clergyman, scholars, policy analysts, journalists, and the hosts of others who have been taking large amounts of money from him might do well to consider Sun Myung Moon's purpose, beliefs, and methods."

tives Projekt Mittel durch Kollaboration zu erlangen, da die bestehenden Mächte so feindselig seien. Doch Geistliche, Wissenschaftler, politische Beobachter, Journalisten und d. große Zahl anderer, die erhebliche Summen von ihm genommen haben, täten gut daran, Ziele, Glaubensinhalte und Methoden des Sun Myung Mun zu bedenken.

Michael Warder verweist im folgenden Text übrigens auch darauf, daß nach den **Göttlichen Prinzipien**, einem der Haupt-Ideologie-Werke der Mun-Bewegung ein "theokratischer Sozialismus" (theocratic socialism) die "ideale Form der Regierung" sei. Eine pseudodemokratische Selbstlegitimation des Mun-Imperiums ist, stellt man das in Rechnung, keinesfalls eine Begründung für Kooperation.

Hauptteil der hier vorgelegten Publikation bildet eine Veröffentlichung, deren 1.Auflage im Jahre 1989 in wenigen Exemplaren erschienen war und die immer wieder Nachfrage hervorgerufen hatte. In der hier vorliegenden Arbeit ist sie erweitert und ergänzt worden.

Die hier vorgelegte Publikation ist zwangsläufig unvollständig und ergänzungswürdig. Sie bietet aber einen Ort zu Fixierung und Ergänzung von Informationen. Sie bietet darüberhinaus auch die Möglichkeit, neue Bewertungen zu gewinnen. Sollte die Darstellung in irgendeiner Form inhaltlich fehlerhaft sein, bitte ich um Korrektur für eine eventuelle spätere Auflage. Der Versuch, Meinungen als angeblich "irrig" zu beeinflussen und "korrigieren" zu wollen, sollte besser nicht unternommen werden. Er dürfte für alle Beteiligten kein sinnvolles Ergebnis zeitigen.

München, im Dezember 1990   Friedrich-W.Haack

Messias Mun's Schreibgehilfen[1]

Der Koreaner San Myung Mun gibt sich als Gottes einziger Mann
auf Erden aus. Jesus, so Mun, habe versagt. Daß Jesus ins
Paradies eintreten konnte, verdankt er Mun bzw. dessen verun-
glücktem Sohn. Dieser Sohn habe das Paradies auf Grund der
Verdienste seines Vaters geöffnet und dann auch Jesus reinge-
lassen. Mun habe sogar Gott befreit und das erst unlängst.
Aus diesem Grunde übrigens sei Gott ihm, Mun, verpflichtet
und könne ihn auch nicht richten.

Mun hat sich viel vorgenommmen. Er will die Weltreligionen
ebenso unter seiner Leiterschaft vereinen, wie die Weltwirt-
schaft und die Weltpolitik. Mun lehnt aus diesem Grunde auch
Demokratie ab. Bekannt sind die engen Kontakte seines Imperiums zu rechtsextremistischen Organisationen, wie der des
französischen Führers Le Pen. In Deutschland wechselte eine
hohe Mun-Funktionärin als Gehilfin zum Republikaner-Partei-
führer Schönhuber.

Um sein Weltreich zu errichten, braucht Mun Hilfe. In einer
Vielzahl von Unter-, Neben- und Tarnorganisationen bemüht
sich (meist gegen gutes Honorar und großzügige Unkostenerstattung) ein Heer von "Mun-Wichteln" (so der erzürnte Vater
eines betroffenen Kindes), den Zielen der jeweiligen Gruppierungen zu dienen. In Deutschland hat Mun ein "Forum Religion
und Weltgestaltung" gegründet. Das Forum hält Tagungen ab,
dort werden Mun-Lehren dargeboten und passende Vorträge von
eingeladenen Theologen gehalten, die anschließend in einer
gleichnamigen Zeitschrift neben den Aufsätzen der Mun-Funkti-
onäre veröffentlicht werden. Die thüringische Kirche jagte
das "Forum" darum im Frühjahr 1990 aus dem kirchlichen "Haus
Hainstein" in Eisenach.

---

[1]Presseinformation vom Juni 1990. Geschrieben aus Anlaß des
Mitwirkens christlicher Theologen bei der Mun-Mission in der
damaligen DDR.

Vier Nummern der Zeitschrift aus den Jahren 1988-1990 liegen
hier vor. Insgesamt enthalten sie 26 Artikel, darunter neun
Artikel von offiziellen Mun-Funktionären, aber vierzehn von -
meist evangelischen - Theologen, darunter den evangelischen
Theologen Professor Dr. Edmund Weber, Frankfurt (dreimal),
Professor Dr. Jürgen Redhardt, Giessen (dem es vorbehalten
blieb, Mun in einem Aufsatz an anderer Stelle als "modernen
Heiligen" zu bezeichnen), dem Regensburger Kirchenhistoriker
Prof.Dr. Schwarz (laut Impressum auch Berater einer munisti-
schen Zeitschrift) und dem Kölner Privatdozent Dr. Johannes
Heinrichs (dreimal). Der Basler Theologe Professor Dr. Uwe
Gerber (zweimal) und der Marburger Theologe Dr.Rainer Flasche
(ein Gast schon mehrerer Mun-Tagungen) waren ebenso vertre-
ten.

Es dürfte kaum als "Geist des Dialogs" zu beschönigen sein,
wenn christliche Theologen sich vor den Karren eines anti-
christlichen Privat-Messias spannen lassen. Für die christlichen Kirchen dürfte es höchste Zeit sein, genau zu überlegen,
wer einmal den kirchlichen Nachwuchs ausbilden soll. In
Korea, das erfuhr der Verfasser bei einem Besuch der dortigen
Kirchen, werden Pastoren entlassen, die nur an einem Essen
der Mun-Sekte teilgenommen haben. In Europa werden sie sich
vermutlich als Märtyrer und Verfolgte darstellen, wenn man
ihre Haltung kritisiert. Anlaß zur Kritik gebendie Lehre und
die Praxis Muns und seiner Gefolgschaft genug.

Der Moskau-Coup des San Myung Mun -
Ein Beispiel für das Wirken von Sekten im öffentlichen Leben.

Die Etablierung auf dem religiösen Markt war für die neuen religiösen Gruppen wohl sowieso eher ein Randphänomen. Ihre Ansichten waren in allen Fällen überaus diesseitig. Es ging ihnen darum, mit dem Rettenden Rezept ihres jeweiligen Heiligen Meisters diese Erde und diese Menschheit vor der ansonsten angeblich drohenden völligen Vernichtung zu bewahren und sie zu einer höheren Lebensart und -form zu transformieren.

Die Sekte des Science Fiction-Schreibers Lafayette Ronald Hubbard wollte, getreu der großsprecherischen Art ihres niemals zu bürgerlicher Solidität erwachsenen Gründers, diese Erde zum "clear planet" umändern, zum Planeten, auf dem die Techniken und Methoden der sogenannten Sea Org, der Privatarmee des Möchtegern-Admirals[1] Hubbard, Geltung erlangt hätten. Eine so "geclearte" Erde wäre ein Global-KZ.

Zuerst einmal aber traten die Gruppen den Marsch durch die Institutionen an. Die jeweiligen Rezepte wurden so zur angeblichen Drogenrehabilitations-, Therapie-, Lern- und Ichfindungs-Methode.
Tarnorganisationen entstanden allenthalben und mit allen möglichen Zielrichtungen. Hauptbetätigungsfelder waren zuerst Gesundheit, Lernmethodik, Drogen- und Gefangenenrehabilitation, jedoch bald auch die echte Politik.

In vorderster Front standen dabei die Mun- und die LaRouche-Sekte. Letztere sogar in der Form, daß hier Religion als Politik getarnt wurde. Mit den Pseudo-Parteien der **Europäischen Arbeiterpartei, Patrioten für Deutschland**[2], **Patrioten für Deutschland - Christliche Mitte** versuchte Lyndon Hermyle seinen Weg als Menschheitsretter zu gehen. Er brachte ihn

---

[1]Kurz vor seinem Tode soll er sich tatsächlich diesen Rang zugelegt haben.

[2]Von den Gegnern "Paar Idioten für Deutschland" genannt.

vorläufig wegen erheblicher finanzieller Gaunereien für 15 Jahre ins Gefängnis. Seine Anhänger versuchen, dies als "Beispiel für Religionsverfolgung in den USA" zu vermarkten. Als ob der Glaube, jemanden um Geld bringen zu können, die Rechte der Glaubensfreiheit für sich in Anspruch nehmen kann.

Den Vogel schoß jedoch der 1920 geborene Koreaner San Myung Mun mit seinen politischen, wirtschaftlichen und religiösen Ansprüchen ab. Er hat in der Tat ein regelrechtes Imperium auf Blut, Schweiß und Tränen seiner Anhänger aufgebaut. Die Trias von "Blut, Schweiß und Tränen" ist von ihm selbst so und mit dieser Abzweckung genannt. Allerdings setzte er als Begünstigten nach außen hin Gott ein, denn er verkündete seinen Anhängern seine Mission als die Mission für das göttliche Königreich auf Erden.

Immer wieder hatte Mun als den Hauptzweck seiner Bestrebungen und als Hauptziel seines Imperiums den "Sieg über den Kommunismus", die "Rallye auf dem Roten Platz in Moskau"[1] und das endgültige Errichten des Gottesreiches auf Erden und damit die Erlösung Gottes[2] durch San Myung Mun vor Augen gestellt. Immer wieder hatte er seine hart für dieses Ziel arbeitenden und "Blut, Schweiß und Tränen" vergießenden Anhänger vertrösten müssen. Die Mun'sche "Naherwartung" schien zu versagen und mit ihr der Elan mancher treuen Kämpfer(innen) des Mun-Imperiums.
Vertröstungen wechselten mit erneuten Aufrufen zu mehr Einsatz, härterer Arbeit, größeren Fundraising-Ergebnissen.

Schritt für Schritt baute Mun sein Imperium aus, engagierte sich in neuen Aktivitäten, knüpfte neue Verbindungen und zog auf die eine oder andere Weise "Mitstreiter" an Land. Bei den Konferenzen tauchten große Namen aus Wirtschaft, Wissenschaft und Politik auf und bildeten den Sternenhimmel um den

---

[1] cf: Unification Church Connections, Stichwort "Moskau".

[2] cf: Unification Church Connections, Stichwort "Recht und Gesetz".

Mann, der laut eigenen Angaben gemäß der in seinem Namen
enthaltenen Aussage "heller als Sonne und Mond" strahlen
will.

Für die "Sklaven der Galeere des 20.Jahrhunderts" (so Mun'-
sche MFT-Aktivisten über sich und ihren Dienst) blieb oft nur
das staunende Zuschauen bei unendlich fern erscheinendem
Endziel. Für das hatte man sich eingesetzt und alles aufgege-
ben, was das bisherige Leben bestimmte. Sogar die Ehepartner
hatte man sich zuweisen lassen. Ohne Erfolg?

Im April 1990 scheint für die Mun-Jünger das politische
Himmelreich auf Erden endgültig der Verwirklichung nahe.

Moskau ist das Ziel seiner Bestrebungen. Das hatte Mun seinen
Anhängern immer wieder eingehämmert.
So hatte er sich schon in der Rede "The Age of Judgement and
Ourselves" (vom 21.11.1976) über seine Expansionsvorstellun-
gen geäußert:
"Nicht Amerika ist das Ziel; Die Welt ist das Ziel (...)
Unser Ziel ist Moskau, das Symbol des Kommunismus. Selbst
der Name 'Moskau' klingt ungeheuerlich, ist es nicht so?
(...) Wenn die Kommunisten die Vereinigungskirche mit
Waffen zerstören wollen, werden auch wir mit Waffen kämpfen
müssen-(...) Nichts kann diese Bewegung aufhalten."[1]

Und am 23.02.1977 unter der Überschrift "Today in the Light
of Dispensational History" offenbarte er:
"Das ist der Grund, warum Gott mich nach Amerika gesandt
hat. Gott bat mich, Amerika zu erhalten, Amerika mit Asien
verbunden zu halten, um seine Segnungen für die ganze
christliche Welt wiederherzustellen und dann die Kommuni-

---

[1]"America is not the goal; the world is the goal (...) Our
goal is Moscow, the symbol of communism. Even just the name
'Moscow' sounds formidable, doesn't it? (...) If the communists come to destroy the Unification Church with guns we
will have to fight with guns too.(...) Nothing can stop this
movement."

sten zu befreien. Das ist Gottes Auftrag. Wenn ich erklärte, daß ich nach Moskau gehen werde, dann meinte ich das
auch so. Wenn sie mich sagen hören, 'Moskau ist unser
Ziel', dann lachen die Kommunisten, 'Wie willst du das denn
anstellen?' (...) Wir haben nur eine Handvoll Leute, doch
wenn wir jetzt von der Befreiung der Kommunisten reden,
dann sprechen wir über Moskau (...)".

In der gleichen Rede läßt Mun auch seine offiziell kirchen-
freundliche Maske fallen, wenn er mit Stolz über die Erfolge
seiner Kontakte zur damaligen nicht gerade demokratischen
koreanischen Regierung äußert:
"Zu dieser Zeit drängte die Regierung Seite an Seite mit
der Vereinigungskirche die bisherigen Kirchen zur Seite."
("But this time the government sided with the Unification
Church, almost pushing the existing churches aside.")

1980 stellt Mun fest:
"1976 habe ich erklärt, daß die nächste Rally in Moskau
stattfinden wird. Moskau ist ein überaus prophetischer
Name. In Englisch klingt es wie 'must go', Moskau bedeutet:
'must go'. Irgendeine Nation und irgendwelche Leute müssen
nach Moskau gehen. Willst Du gehen?"
und
"Mein Ziel ist Moskau und die Befreiung der kommunistischen
Welt. Wenn ich das Königreich (Gottes in) der freien Welt
errichte, wie kann Moskau mich zurückweisen?"[1]

Mun ist überzeugt:
"Die demokratische Welt hat keinerlei Führung und wir
müssen sie führen."[2]

----

[1] San Myung Moon, To the Mobil fundraising Team, 02.01.1980.

[2] "The democratic world has no direction and we must guide
it."

Dazu ist Mun jedes Mittel recht. Vor allem das der Unterwanderung der Welt mithilfe von Zweig- und Tarnorganisationen des Mun-Imperiums.

Mun dürfte seinem Ziel, für dessen Erreichung er in seiner Lehre sogar die Notwendigkeit eines dritten Weltkrieges eingeplant hatte, ein erhebliches Stück näher gekommen sein.

Seit Jahren hatte Mun still und heimlich Kontakte in den Ostblock gebahnt. In China hatte er sich über seine geschäftlichen Bestrebungen ein Standbein verschafft. Bis hin zum Aufbau einer eigenen Autofabrik.

Wissenschaftler, Politiker und Theologen wurden zu Konferenzen von unverfänglich aussehenden Organisationen eingeladen, wie "ICUS", "New ERA" usw.

Im April 1990 gelang es Mun sogar, eine Tagung von dreien seiner Tarnorganisationen in Moskau abzuhalten. Unter der Überschrift "The Advancement of Global Communication and Cooperation" vom 9.-13.April 1990 trafen sich eine sogenannte **World Media Conference (WMC)**, eine **Association for the Unity of Latin America (AULA)** und **The Summit Council for World Peace**. Es wurden eine ganze Reihe von ehemaligen Staatsoberhäuptern und Politiker, darunter bekannte Namen wie der Ex-Nato-Generalsekretär Dr.Joseph Luns, Amin Gemayel vom Libanon, Bulent Ecevit aus der Türkei etc. aufgeboten, und Mun hatte die Gelegenheit, Präsident Gorbatschows Präsidialrats-Mitglieder einzubeziehen und einige davon sogar mit einem Hausorden des Mun-Imperiums zu schmücken (es handelt sich um "The Latin American Order of Liberty and Unity")[1].

---

[1]Das Großkreuz des Commanders mit Gold-Plakette erhielt Politbüro- und Präsidialratsmitglied Juri Jakolev, Commander des Ordens wurden Präsidialratsmitglied und Vizepräsident der sowjetischen Akademie der Wissenschaften Juri Andrejewitsch Osipyan und der Sekretär des ZK der KPdSU und Prawda-Herausgeber Iwan Frolow.
Bilder der Konferenz lassen sogar darauf schließen, daß d. Orden auch Frau Gorbatschow verliehen wurde.

Präsident Gorbatschow, wohl nicht wissend, wer San Myung Mun wirklich ist, empfing diesen und seine Frau am 11.April 1990. 28 ehemalige Staatsoberhäupter assistierten als Muns Gefolge. Ein Privatgespräch zwischen Mun und Gorbatschow soll nach internen Quellen des Mun-Imperiums 20 Minuten gedauert haben. In dem internen Bericht für die Anhänger Muns heißt es: "Der Marsch nach Moskau war der triumphale Höhepunkt von Rev. Sun Myung Muns 44 Jahren öffentlichen Wirkens. Es war eine glorreiche Stunde für Rev. Muns Familie, für die ganze Vereinigungs-Bewegung. (...) ".[1]

Für das Mun-Imperium ist dieser Vorgang von extremer Wichtigkeit. Der Erfolg von Moskau wird wieder umgemünzt in Bestätigung der Person Muns (als angeblich göttlicher Beweis), um die Anhänger noch fester in das Mun-Imperium einzuschmieden und sie zu noch größeren Leistungen (auch materieller Art) anzutreiben.

Bei der antidemokratischen und in vielen Punkten menschenfeindlichen rechtsextremistischen Ideologie Muns bieten derartige Erfolge für ihn auch die Möglichkeit, an weiteren Orten politisch und wirtschaftlich Fuß zu fassen.

Dabei wirkt vor allem das von Muns jugendlichen Anhängern unter schwersten Umständen erarbeitete Geld insbesondere beim Einkauf von Personen mit öffentlicher Bedeutung (durch Honorare, Reisen und andere Sachleistungen). Sie haben die Funktion, als "Türöffner" auf dem Parkett von Politik und Wirtschaft zu dienen.

Wenn die Munbewegung nach außen hin auch Gorbatschows Glasnost rühmt, so ist innerhalb der Mun-Bewegung ein System der Geheimhaltungen und Tarnaktivitäten festzustellen. So zitierte Mun-Reden sind nicht für die Öffentlichkeit bestimmt. Intern hat die Mun-Bewegung ein völlig anderes Gesicht, als sie nach außen zeigt: Sie ist diktatorisch und faschistoid in

---

[1]Antonio Betancourt, Report on Moscow Rally. Bei Betancourt handelt es sich um einen Mun-Funktionär, Vizepräsident sowohl von The Summit Council for World Peace und der Association for the Unity of Latin America (AULA).

den politischen Vorstellungen, in der Verherrlichung des
"Messias" Mun totalistisch, antichristlich und ohne Achtung
vor der Würde des Individuums (sie überläßt diesem, wo sie
bestimmen kann, nicht einmal die Partnerwahl).

Die Ausbreitung der Mun-Bewegung jetzt auch in die völlig
unvorbereiteten Gebiete des ehemaligen Ostblocks stellt eine
politische und wirtschaftliche Gefahr höchsten Ranges dar.
Für die Menschen, die auch in die religiös/ideologischen
Fänge der Mun-Organisationen geraten, kann sie bis zur psy-
chischen Versklavung führen.

Es ist wichtig, daß vor allem Politiker, Wirtschaftsführer,
Wissenschaftler und leitende Personen in den öffentlichen
Institutionen sich dessen   bewußt werden, bevor sie dieser
Bewegung durch angenommene Einladungen und Mitarbeit in deren
Organisationen zu Handlangern werden.

In dem Bericht heißt es zum Schluß:
"Um all diese historischen Ereignisse noch zu überstrahlen,
ereignet sich der letzte Sieg (eigentl: "coup de grace" =
Todesstoß) am Freitag den 13. April, Karfreitag, mit dem
'Marsch auf den Roten Platz': Rev. & Frau Mun, Hye Jun Nim,
Hyo Jin Nim[1] und seine Frau, zusammen mit Dr. und Frau Bo
Hi Pak, Rev. Chung Hwa Kwak und Peter Kim (...)
Zum Abschluß überquerte die Gruppe die Brücke und trat in
den Kreml ein. Viele Rotarmisten beobachteten es. Niemand
kann ohne Erlaubnis hineingehen. Es war eine spannungsgela-
dene Atmosphäre. Rev. Mun wußte haargenau, was zu tun war.
Auf der einen Seite, in einer Ecke ziemlich außerhalb des
normalen Weges, steht eine alte Kirche. Still betrat die
Gruppe die reich verzierte Orthodoxe Himmelfahrts-Kirche,
und genau um 15.55 versammelten sich alle um Rev. Mun. Er
betete und dankte Gott für seine Führung und Liebe in der
Erfüllung der Vorsehung der Geschichte. Er bestätigte
Gottes Wirken in den vorangehenden Ereignissen,die sich bis

----
[1] Muns Söhne.

zu diesem Moment der Ost-West-, Jakob und Esau-Wiederverei-
nigung gesteigert hatten; die Gegenwart von 500 Journalisten und über 41 ehemaligen Staatsoberhäuptern repräsen-
tierte die gesamte Menschheit. In besonderer Weise dankte
er für die historische Begegnung und die Umarmung mit
Präsident und Frau Michael Gorbatschow und besiegelte das
Moskauer Ereignis.
Es war die Befreiung Gottes und die Erfüllung der prophe-
zeiten Moskau-Rallye!"[1]

In für die Öffentlichkeit bestimmten Berichten (so in der
Mun-Zeitschrift "Weltblick" Nr.2/1990) sind der Hinweis auf
die Jakob-Esau-Wiedervereinigung und der letzte Satz ("Befreiung Gottes") weggelassen. Man hat nicht vor, der Öffentlichkeit die eigene Sicht der Dinge nahe zu bringen. Dies
könnte auch zu viel von den Motivationen und den wahren
Absichten des Polit-Messias San Myung Mun verraten und wäre
nicht sonderlich werbewirksam.

----

[1] "To culminate all the historical events, the coup de grace
occured on April 13, Good Friday, with the 'March into Red
Square.' Rev.& Mrs. Moon, Hye Jin Nim, Hyo Jin Nim and his
wife, Hyun Jin Nim and his wife, along with Dr. and Mrs. Bo
Hi Pak, Rev. Chung Hwan Kwak and Peter Kim. (...)
Finally, the entourage crossed the bridge and entered the
Kremlin. There were many Red Army soldiers watching. No one
is permitted to enter without permission. There was an
electric atmosphere permeated the environment. Rev. Moon knew
exactly what to do. Off to one side, in a very out-of-the-way
corner stands an ancient church. The group quietly entered
the ornate Russian Orthodox Church of the Ascension, and
precisely 3:55 p.m., everyone gathered around Rev. Moon. He
prayed, thanked God for His guidance and love in the fulfillment of providential history. He acknowledged God's work in
the previous events that built up toward this moment of East
and west, Jacob and Esau reconciliation; the presence of 500
Journalists and more than 41 former heads of state representing all of humanity. He gave special thanks for the historic
encounter and embrace with President and Mrs. Mikhail Gorba-
chev and sealed the Moscow event.
It was the liberation of God, and the fulfillment of the
prophesized Moscow Rally!"

Innerhalb des Mun-Imperiums, vor allem in Hinblick auf ehemalige Mun-Anhänger(innen), kann dieser Bericht erhebliche Wirkungen haben. Glaubt Mun doch mit ihm die Erfüllung seiner Prophezeiungen belegen zu können. Und es ist nicht ausgeschlossen, daß er selbst dieses Ereignis als Bestätigung seiner Botschaften und Prophezeiungen, wie seiner Sendung, glaubt. Er wäre nicht der erste, der im Glauben an sich und seine Mission der Welt Probleme bereitet hat.

Unification Church Connections

Organisationen, Firmen, Aktivitäten und Begriffe
des Mun-Imperiums

- 12/1990 -

"One day, everyone will declare the true position of Rev.
Moon. Father will be recognized in every field, academic,
scientific, cultural, religious." MS, "God`s day", 87-01-01,
Morning speach, p.2.
(Eines Tages wird jedermann die wirkliche Stellung von Rev.
Mun verkünden. Vater wird in jedem Bereich anerkannt sein,
sei es der akademische, der wissenschaftliche, der kulturelle
oder der religiöse.)

Das Mun-Imperium ist selbst für gutinformierte Beobachter
heute kaum mehr zu überblicken. Firmen, religiöse und politische Gemeinschaften, Aktionen, Zeitschriften, Kultur- und
Sozial-Aktivitäten schießen weltweit aus dem Boden und künden
dem Kundigen von der Macht und dem Einfluß des sich als "Lord
of the Second Advent", d.h. als der Messias ausgebenden und
von seinen Anhängern als dieser verehrten Koreaners San Myung
Mun. (Sein Lebenslauf soll unter seinem Namen kritisch vorgestellt werden.)
Erst ein ungefährer Überblick über das Mun-Imperium kann auch
zu einem ungefähren Urteil über den Stellenwert dieser Bewegung und die von ihr ausgehenden Hoffnungen bzw.Bedrohungen
Auskunft geben.

Daß Mun selber höchst unterschiedlich bewertet wird, liegt in
der Natur der Sache. Gläubige und Nutznießer sehen ihre
Bezugspersonen eben nun einmal anders, als das distanzierte
oder gar kritische Beobachter tun. Die Mun-Gläubigen und die
Kostgänger des Imperiums aber werden sich kaum mit den kritischen, die Kritiker selten mit den gläubig-ideologischen
Formen der Betrachtung identifizieren.

Am Anfang stand die Muttergründung des Imperiums, die religiöse Gemeinschaft SAE GAE (Welt) GI DOG KYO (Christenheit) TONGIL (Vereinigung) SIN RYUNG (Heiliger Geist) HYUP WE (Verein). In der Bundesrepublik nannte sich die Organisation entsprechend zuerst GESELLSCHAFT ZUR VEREINIGUNG DES WELTCHRISTENTUMS[1]. Der noch genauer übersetzte englische Name HOLY SPIRIT ASSOCIATION FOR THE UNIFICATION OF WORLD CHRISTIANITY wurde ebenso durch die Kurzform UNIFICATION CHURCH abgelöst, wie der deutsche Erstname durch den Begriff der VEREINIGUNGSKIRCHE.

Schon die zweite feststellbare Gründung ist eine Firma. Im Dezember 1959 wird die YEOHWA SHOTGUN gegründet, eine Firma, die mit der Produktion von Luftgewehren beginnt und die, 1976 zur Börse zugelassen, heute als TONG IL COMPANY LTD firmiert. Diese Firma ist ein wichtiger Partner der südkoreanischen Armee, der sie durch Waffenproduktion dient. Die Firma hat sich längst zu einem Konzern von erstaunlichen Ausmaßen, mit einem Schwergewicht in der Maschinenbau-Branche, entwickelt.

1959 beginnt mit dem Übergreifen nach Japan auch die Auslandsmission der jungen TONGIL KYO (Kurzform), die 1954 gegründet worden war.

1960 feiert Mun die "Hochzeit des Lammes" (vergl.Mun`s Biografie), d.h. die Vermählung mit seiner heutigen, vermutlich vierten Frau Han Hak Ja. Die Eheleute werden von den Anhängern als "True Parents" (die "Wahren Eltern") verehrt und Briefe nicht selten mit dem Kürzeln "I.T.P.N." (In True Parents Name) signiert.
Für die Mun-Gläubigen markiert diese Hochzeit den Schritt zur angeblichen Wiederherstellung der Welt. Mun habe damit nämlich nach dem Versagen Adams (und Jesu Christi) das zwingend

---

1

R.Hauth, Vereinigungskirche 'Tong -Il Kyo' im Angriff, München 1981 6.Aufl., bringt auf S.12 die Transscription: SEGE KIDOK-KYO TONG-IL SHIN RYONG HYOP-WHE.

Notwendige für Gott und die von ihm bis dahin getrennte
Menschheit getan. Erst durch die Existenz von "Wahren Eltern"
kann Gott seine Herrschaft errichten und richtig Gott sein.
Adam und Jesus haben gerade darin versagt, daß sie diese
Position nicht erreicht haben. So jedenfalls sieht es die
Mun-Lehre.

Doch die TONGIL KYO wird von den protestantischen Kirchen in
Süd-Korea nicht als Partner in der Ökumene akzeptiert.
"1963 wird Muns 'Vereinigungskirche' von der Regierung von
Südkorea als gemeinnützige Stiftung anerkannt und 1970 in
den koreanischen 'Rat der Religionen' aufgenommen. Ihm
gehören noch die Tao-Religionsgemeinschaft Chondo-Kyo,
drei buddhistische Gruppen, die katholische und die angli-
kanische Kirche an, nicht jedoch die protestantischen
Denominationen. Diese sind im 'Nationalen Rat der Kirchen'
zusammengeschlossen, der den Aufnahmeantrag der Mun-Sekte
zurückgewiesen hatte".[1]

Später wird Mun`s UNIFICATION CHURCH noch eine Zurückweisung
beim Ökumenischen Weltrat der Kirchen hinnehmen müssen und
danach die NEW ECUMENICAL RESEARCH ASSOCIATION (New ERA) als
eine eigene Form der Ökumene errichten. Auch die ASSEMBLY OF
THE WORLD`S RELIGIONS mag ein Versuch sein, diese Zurückwei-
sung und das damit verlorene Gesicht vergessen zu machen.

1961 wird eine politische Organisation gegründet, THE INTER-
NATIONAL FEDERATION FOR WORLDPEACE AND UNIFICATION (IFWU), in
Deutschland bekannt als FÖDERATION FÜR WELTFRIEDEN UND VEREI-
NIGUNG e.V.. Es scheint, daß spätestens seit dieser Zeit der
politische Arm des Mun-Imperiums das Ganze dirigiert. Nach
ihm scheinen sich die Aktivitäten des gesamten Imperiums zu
richten. Und das gilt gleichermaßen für den Bereich des
Geschäftlichen, des Kulturellen und des Religiösen.

----
[1]
Hauth S.13

1962 gründet Mun das koreanische Kinder-Ballett THE LITTLE
ANGELS und im gleichen Jahr die Studenten-Organisation THE
COLLEGIATE ASSOCIATION FOR THE RESEARCH OF THE PRINCIPLES,
bekannt geworden unter der Abkürzung CARP. Diese Organisation
wird später einer der wichtigsten Missons-Gruppierungen des
Mun-Imperiums.

Auf dem politischen Sektor tritt 1967 eine neue Organisation
in den Vordergrund, THE INTERNATIONAL FEDERATION FOR VICTORY
OVER COMMUNISM (IFVC), der 1969 THE FREEDOM LEADERSHIP FOUN-
DATION (F.L.F.) und anderthalb Jahrzehnte später die CAUSA
folgt.

In den USA wird neben CAUSA die AMERICAN FREEDOM COALITION zu
einem der wichtigsten Werkzeuge politischer Durchdringung.
Ein Kenner und ehemaliger Insider des Mun-Netzwerkes beur-
teilt sie wie folgt:

"Meiner Meinung nach ist die American Freedom Coalition
nicht amerikanisch, sondern weltweit und koreanisch. Es
geht nicht um Freiheit, sondern um Gottismus=- (Anm: siehe
Stichwort), Vereinigungslehre und Dienst für Vater (Anm:
"Wahrer Vater" = Ehrentitel von Mun). Es handelt sich nicht
um eine Koalition von Gruppen und Individuen für bestimmte
Ziele, sondern um eine Organisation, die für machtvolle
politische Einflußnahme geschaffen wurde. Und sie wird,
wenn sie Erfolg hat, für Amerika schwere Nachteile bringen."[1]

---

[1]"In my opinion, the American Freedom Coalition is not American,
it is Global and Korean. It is not about freedom, it is about
Godism, Unificationism and service to Father. It is not a coalition of groups and individuals rallying around causes, it is an
organization structured for powerful political influence. And it
will to great harm to America if it succeeds". (David G.Racer Jr,
Not For Sale - The Rev. Sun Myung Moon And One American's Freedom, St.Paul, MN 1989, p.75).

Über die Wirkungen solcher Aktivitäten wird kaum außerhalb
der Führung des Mun-Imperiums Klarheit zu gewinnen sein. Die
Breitenarbeit ist jedoch enorm:

"50.000 bis 70.000 Geistliche und Tausende gewählter Offi-
zieller, Militär-Ruheständler und anderer politischer
Aktivisten wurden (schon) durch CAUSA und andere Mun-Organisationen geschult."[1]

Das offenbart ein Kenner der Szene, der seine Beobachtungen
mit dem Satz schließt:

"Ich fand den potentiellen Negativ-Effekt des Rev. Mun und
seiner Mitwirkenden überaus ernst (Anm:im Sinne von bedroh-
lich). Und ich fand auch, daß sich viele Konservative in
Muns Strahlen-Netz von Geld, Macht und Stellung verfangen
haben."[2]

Im unklaren gelassen hat Mun die Welt über seinen Allmachts-
und Herrschafts-Anspruch eigentlich nie. Gründungen in allen
Bereichen des öffentlichen Lebens bis hin zu Organisationen,
die das Leben der Anhänger untereinander zu regulieren helfen
versuchen, entstanden in nahezu unübersehbarer Zahl.

Der oben zitierte Ex-Insider des Mun-Imperiums weist in
seiner Abrechnungsschrift mit dessen Aktivitäten auf eine
Mun-Rede mit dem Titel "Headwing" hin, in der Mun seine
Aktivitäten und die Ziele seines Imperiums beschreibt:

"Der Kopie dieser Rede zufolge sprach Mun am 31. März 1987
zu hunderten seiner wichtigsten Anhänger. Er sagte, daß
Gott ihm eine neue politische Bewegung offenbart habe,
deren Zeit jetzt gekommen sei. In dieser Bewegung würde es
keinen rechten und linken Flügel geben: Es gebe nur den
'Kopfflügel'. 'Kopfflügel', so Mun, sei das Zusammenfließen

---

[1] op.cit. p.58:

[2] "I have found that the potential negative effect of Rev.Moon
and his operatives is quite serious. I have also found that
many conservatives are caught in the grip of Moon's rays of
money, power and position" op.cit. p.73. (Anm:"Moon's rays",
Anspielung auf die engl. Bedeutung von moon als "Mond": von
Geld, Macht und Positionen gefangen sind).

der großen weltpolitischen Bewegungen. Der linke Flügel sei
durch die kommunistischen Nationen und die linkslastigen
Regierungen, der rechte durch die freien Länder und Demo-
kratien, wie z.B. Amerika, repräsentiert. 'Kopfflügel'
würde diese zwei Richtungen unter seiner Leiterschaft
zusammenbringen."[1]

Dem ist hinzuzufügen, daß die Bestrebungen des Mun-Imperiums,
im Ostblock Fuß zu fassen, etwa durch Einladung von Multiplikatoren zu Konferenzen, durch die Sponsorschaft sogenannter
Dialog-Tagungen usw. bis hin zu wirtschaftlichen Angeboten,
erheblich und erstaunlich sind.

So hat das Mun-Imperium sich auch konsequent auf dem Medien-
Sektor etabliert. Die Gründung eigener Zeitungen wie die
WASHINGTON TIMES, die NEW YORK TRIBUNE, die ULTIMAS NOTICIAS
in Uruguay, die MIDDLE EAST TIMES u. a. gehören ebenso dazu
wie eine Vielzahl von Magazinen, darunter THE WORLD & I, THE
UNIFICATION THOUGHT QUARTERLY, INSIGHT u.a.m. und schließlich
die WORLD MEDIA ASSOCIATION und die WORLD MEDIA CONFERENCES.
Der Meinungsmacht-Sektor spielt im Mun-Imperium eine bedeu-
tende Rolle.

Eine besondere Möglichkeit, sich Einfluß zu sichern, sind die
von der Mun-Bewegung gesponsorten Konferenzen. Tausende von
Wissenschaftlern, Politikern, Geistlichen und Personen des
öffentlichen Lebens haben Mun's (kaum absichtslose) Gastfreundschaft genossen. Oft unter erheblichen Zuwendungen
seitens der Gastgeber. In Korea, so erfuhr der Autor dieser

----

[1] "According to a copy of this speech, Moon spoke to hundreds of
his key followers on March 31, 1987. He said that God had revealed to him a new political movement whose time had arrived.
In this new movement, there would be no left wing or right wing:
there is only headwing. Headwing, Moon said, was the merging of
the great world political movements.
Left wing was reresented by communist nations and left-leaning
governments. Right wing consisted of the free countries and
democracies such as in America.

Publikation dort von christlichen Institutionen, genügt für die Geistlichen christlicher Kirchen oft die Annahme einer Einladung zu nur einem Essen, um sich einem Kirchenzuchtverfahren ausgesetzt zu sehen. Von einer "sehr viel weitergehenden Gastfreundschaft" war dort die Rede. Mun selbst hat in einem seiner Master Speeches davon gesprochen, junge Frauen etwa bei der Gewinnung amerikanischer Senatoren einzusetzen. Zu den Konferenzen gehören die ICUS, die New ERA- und GOD: THE CONTEMPORARY DISCUSSION-Conferences, die WORLD MEDIA- und CAUSA-Konferenzen u.a.m. Enorme Beträge werden für diese Form der Mission ausgegeben. Ihr Zweck ist es weniger, den "Wahren Eltern" neue "Kinder" zu gewinnen, sondern vielmehr, "Vater`s" Namen zu verherrlichen und noch viel mehr, seine Macht und seinen Einfluß zu vergrößern.

Das Geld für diese teuren Aktivitäten wird auf der "Galeere des 20.Jahrhunderts" verdient. So nennen die Mitglieder der "MATERIAL AND FUNDRAISING TEAMS (MFTS)" ihren Dienst selber, wie in einigen Fällen Ehemalige berichteten. Die MFTs sind das finanzielle Rückgrat des Mun-Imperiums. Sie bringen auch dort Geld in die Kassen, wo die Industrie-Unternehmungen einmal rote Zahlen produzieren sollten. Bei der Geldbeschaffung wird die Fantasie in erstaunlicher Weise eingesetzt. Es werden Blumen gezüchtet und auf der Straße und in Gastwirtschaften und Bars stückweise verkauft, mit kleinen Papierfähnchen, mit Kleinst-Spielzeug, mit Strohpuppen und anderen (oft koreanischen) Billig-Kunstgewerbe-Gegenständen wird Geld erbeten (fundraising) oder durch Handel (zum Weiterverkauf) verdient (vergl.Stichwort "Finanzen"=-).

An dieser Stelle ist das Mun-Imperium am verwundbarsten. Wenn diejenigen ausfallen, die durch ihren treuen und aufopferungsvollen Dienst das Öl ins Getriebe des enorm kostenverursachenden Imperiums gießen, dann läuft der Koloß in kürzester Zeit auf Grund und seine Maschinen fressen sich fest.

Das Imperium braucht den für seine Ziele und Zwecke vermutlich nebensächlichen religiösen Arm, denn er ist es, der ihm neue Ernährer zuführt (manche Kritiker sprechen regelrecht von "Sklaven"). Mun weiß das sehr wohl, und er setzt sich mit erstaunlichem Engagement für die Motivation dieser Fellachen seines Pharaonen-Reiches ein. In seinen sonn- und feiertäglichen Reden unternimmt er es immer wieder, die Anhänger zu treuem und selbstverzichtsvollen Dienst zu motivieren. Alle Schulungskurse des Systems sind darauf abgestellt. Das geht beim sogenannten "120 Tage-Kurs" bis zu der Frage, ob man sein Leben für die "Wahren Eltern" opfern wolle (vorgegebene Antwort: "Ja!"). Konsequent wird jeden Sonntagmorgen in dem vor dem Bild der "Wahren Eltern" abgelegten "Gelöbnis" versprochen:

"Ich bin stolz, das Kind des einen Wahren Elternpaares zu werden; stolz auf die Familie, die die eine Tradition ererben wird. - Ich werde unter Einsatz meines Lebens kämpfen. - Ich bin verantwortlich, meine Pflicht und meine Mission zu erfüllen. - Das gelobe ich und schwöre ich".

Für die MFT-Mitglieder gibt es im Mun-Imperium eine eigene Motivations-Broschüre, die die Mitglieder meist auf ihrem Hausaltar liegen haben. Sie ist "The Way of Tradition"[1] betitelt und nur für den internen Gebrauch gedacht. Darin wird die MFT-Arbeit ideologisch überhöht:

1

HSA-UWC, The Way of Tradition, New York N.Y. 1979

"Vater betonte, daß diese Aktivität nicht nur zum Zwecke
des Geldsammelns dient, sondern daß dieser Dienst uns die
Möglichkeit gibt, eine immerwährende Großtat zu vollbrin-
gen, einen ewigen Rekord in unserem Dienst für das Gottes-
reich zu setzen."[1]

In der Einleitung der Broschüre wird dieser Dienst, und wie
es scheint zu Recht, als der für das Mun-Imperium grundlegende apostrophiert, wenn es dort heißt:
"Mit einem Herzen voller Danksagung laßt uns diese Sammlung
der Worte Vaters als einen Pfeiler unseres Glaubens entge-
gennehmen. Indem wir diesen Weisungen folgen, laßt uns die
ewige Tradition erbauen, indem wir Schweiß und Tränen für
die Menschheit mit einem Herzen voller Liebe zu Gott und
unseren Wahren Eltern vergießen. Laßt uns wahrhaft den Weg
der Tradition errichten."[2]

Schweiß und Tränen werden bei dem harten Dienst reichlich
vergossen, das haben Ehemalige berichtet. Daß dies "für die
Menschheit" und mit einem "Herz voller Anerkennung gegenüber
Gott und unseren Wahren Eltern" geschehen soll und daß da-
durch "wahrhaftig der Weg der Tradition" (gemeint ist die
Tradition Gottes auf Erden) begründet werden soll, gehört zur

----

[1]Die "Dispensation Gottes" ist sowohl Gottes Zeitalter,
als auch sein - durch Mun verwirklichtes - irdisches
Reich.
"Father emphasized that this activity is not only for
the purpose of fundraising but that this work is giving
us the opportunity to leave behind an eternal achievement, an eternal record of our work for the Dispensation of God" (Preface).

[2]"With the deepest heart of thanksgiving, let us wholeheart-
ly receive this collection of Father's words as the pillar
of our life of faith. By following these words, let us establish the eternal tradition of shedding sweat and tears
for mankind with the heart of appreciation to God and to
our True Parents. Let us truly create the Way of Tradition".

ideologischen Absicherung dieses Systems. Mun selber, so die Broschüre, habe "ganz genau das gleiche durchgemacht, was ihr jetzt tut"[1]. Mun:

"Beim MFT könnt ihr Gott begegnen. Wenn ihr auf die Straßen hinaus mit aufrichtigem und ehrlichem Herzen geht, wird sich Gott euch offenbaren."[2]

Und die Motivations-Broschüre endet mit einem Versprechen zukünftiger Segnungen und Belohnungen.

"Euer jetziges bitteres Leiden wird in der zukünftigen Geschichte Amerikas und der Welt wie die Sonne leuchten. Je mehr ihr heutzutage leidet, desto mehr werdet ihr in der Zukunft aufleuchten."[3]

Das "derzeitige Leiden auf einem erbarmungswürdigen Weg" soll also zukünftig belohnt werden. Je mehr Leiden, desto mehr Ehre hinterher. Tatsächlich bedeutet das Leiden zuerst einmal ein sicheres Einkommen für das Mun-Imperium. Ohne die Sklaven auf der "Galeere des 20.Jahrhunderts" würde das kostenintensive Imperium schon bald kollabieren. Das fürchtet Mun wohl am meisten.

Die hier vorgelegte Arbeit will nun das Mun-Imperium in seinen einzelnen Teilen darstellen und dabei lexikalisch vorgehen, weil jede andere Bearbeitungsweise der Sache kaum gerecht würde. Vor allem würde durch eine anders strukturier-

---

[1] The Way of Tradition p 1. Tatsächlich läßt sich in dem Unterlagen zu Mun's Lebenslauf nichts finden, was diese These bestätigen würde (mit Ausnahme seiner eigenen, teilweise recht überzogen klingenden Selbstschilderungen).

[2] "On the MFT you can meet God. When you got out to the streets with a sincere and earnest heart the God will spell to you" a.a.O. p. 2

[3] "What you are doing suffering in a miserable way today, shall be shining out like the sun in the future history of America and the world. The more you suffer today the more shining you will be in the future.", a.a.O. p. 50.

te Darstellung die Möglichkeit, sich ein eigenes Urteil zu bilden, stark eingeschränkt. Doch allein diese eigene Urteilsfindung setzt erst die Möglichkeit frei, den bisher so in unserer Kultur nicht gekannten Tatbestand eines privaten, religiös begründeten Macht-Imperiums recht zu würdigen und, vor allem, ihm gegenüber sich recht und angemessen zu verhalten.

Die Arbeit zerfällt in zwei Hauptteile. Der erste stellt in kurzen Abschnitten die Organisationen, Aktivitäten, Firmen, etc. des Mun-Imperiums dar. Der zweite Abschnitt geht auf Personen aus dem Mun-Imperium und aus seinem Umkreis ein. Dabei liefert der erste Teil die Verstehens-Grundlagen. Der zweite allerdings verdeutlicht erst, wie weit das Imperium hinausgreift in das öffentliche Leben.

Um nicht zu viele eigene Abschnitte zu erhalten, wurden die speziell auf das Mun-Imperium bezogenen Abkürzungen mit in den ersten Teil "lexikalisch" aufgenommen.
Organisationen, Firmen und Aktionen des Mun-Imperiums sind durch Fettdruck hervorgehoben; Abkürzungen von Begriffen und inoffizielle Abkürzungen sind durch > gekennzeichnet. Es wäre sinnvoll, wenn jemand sich einmal anhand der Einladungslisten zu den unterschiedlichsten Konferenzen, Tagungen, Kongressen und Reise-Aktivitäten der Mun-Bewegung Gedanken darüber machen und eine Analyse darüber vorlegen würde, in welchen Umfeldern sich die Mun-Bewegung vor allem Personen mit großem öffentlichen Einfluß zu verpflichten versucht. Dies kann hier nicht untersucht werden, doch ist zu bedenken, daß die z.T. mit erheblichen materiellen Zuwendungen verbundenen Reisen und Tagungsaufenthalte, für Mun auch auch irgendeine Form von Gegenwert erbringen müssen. Mun mag vieles sein, ein gedankenloser Wohltatenverstreuer ist dieser brechnende und knallhart agierende Mann nicht.

Noch eines muß gesagt werden: Eine solche Arbeit leidet unter oder gewinnt mit ihrem Objekt. Ein Phänomen wie das Mun-Imperium besteht nicht statisch. Es verändert sich, so wie sich

die Menschen in ihm und die historischen Möglichkeiten (d.h.
seine Umfeldbedingungen) verändern. Darum ist diese Arbeit
kein Urteil ohne Berufungsmöglichkeit. Sie ist nicht mehr,
aber auch nicht weniger, als ein Überblick über das Mun-Imperium von einem fest umgrenzten Zeitraum und Standpunkt aus.
Damit ist gesagt, daß eine solche Arbeit zwar einen Überblick
vermittelt, daß sie aber ihre Grenzen hat. Zum Beispiel die,
daß sie nicht vollständig sein kann, weil das Mun-Imperium
viele Informationen vor der Öffentlichkeit und sogar vor den
eigenen Mitgliedern fernhält.

Benutzte Abkürzungen und Symbole

Benutzte Abkürzungen:

Abkürzungen von Organisationen und Firmennamen aus der Mun-
Bewegung werden in 4.0 in alphabetischer Reihenfolge mitauf-
gelistet, so daß hier darauf verzichtet werden kann.

a   = Artikel in
A = Austria / Österreich,
A> = Adresse,
Ac = Activity/Aktivität
Adv. =Advanced,
AL = Albanien,
AN = Angola,
AND = Andorra,
Ass. = Assistant
Assn. = association/Assoziation
AUS = Australien
B = Belgium / Belgien,
BG = Bulgarien,
BOL = Bolivien,
BR = Brazil / Brasilien,
Bss = Business/Firma,
BUR = Birma,
C = Cuba,
CA = California,
CAIB = Covert Action Information Bulletin, USamerikani-
sches Magazin,
CAM = Cameroun,
CDN = Canada
CH = Switzerland / Schweiz,
CI = Ivory Coast, Elfenbeinküste,
CL = Ceylon
CO = Kolumbien,
conn. = connected / connection / verbunden mit / Verbin-
dung
coop = cooperating with/kooperierend mit,
CR = Costa Rica,
CS = CSR /Tschechoslowakei,
CY = Cyprus / Zypern
D = Bundesrepublik Deutschland /Germany Federal Republic,

DDR = Deutsche Demokratische Republik / German Democratic
      Republic,
den. = denominational /denominations /Denomination(en),
Dir. = Direktor,
DK = Danmark / Dänemark
E = Spain / Spanien
EAK = Kenia,
EAT = Tansania,
EAU = Uganda,
EC = Ecuador,
EMAM = Ex-Members Against Moon,
epd ZA = Evangelischer Pressedienst - Zentralausgabe;
ES = El Salvador,
ET = Egypt / Ägypten
ETH = Ethiopia / Äthiopien
F = France / Frankreich
F> = Gründer/founder,
fd> = founded/gegründet
>FH< = Elterninitiative zur Hilfe gegen seelische Abhän-
      gigkeit u. religiösen Extremismus e.v.(HG), Jugendreli-
      giöse Institutionen und deren Co-Organisationen, Guru-
      istische Bewegungen und Psychokulte - Eine Findungshil-
      fe, München 1986[2];
FL = Lichtenstein
GB = United Kingdom / Großbritannien,
Gen. = General,
GH = Ghana
GR = Griechenland / Greece,
GWUCM = GroupWatch, Profiles of U.S. Private Organizati-
      ons and Churches Resource Center   (A> Box 4506, Albu-
      querque, NM 87196), File UCM (Unification Movement), o.
      J., 26 pages;
H = Hungary / Ungarn,
HK = Hong Kong,
HO = Honduras,
HQ = Headquarters / Hauptquartier
HumPro = Humanitarian Projects of Rev San Myung Moon (see
      Literatur - Stichwort)
I = Italy / Italien
IL = Israel
IND = India / Indien
int = international
IR = Iran
IRL = Irland,
IRQ = Irak / Iraq,

IS = Iceland / Island
J = Japan
JOR = Jordanien,
K = Kambodscha / Kampuchea,
KWT = Kuweit,
L = Luxemburg,
L> = Leiter,
LAO = Laos,
LAR = Lybien,
LB = Liberia,
LS = Lesotho,
lt. = laut
m / -M = member/Mitglied
M- = Malta
MA = Marokko
MAL = Malaysia
MC = Monaco,
MEX = Mexiko,
MOC = Mozambique,
MPI = Max Planck Institute,
MS = Master Speaks (siehe Stichwort);
mtl = monthly/monatlich,
MW = Malawi,
N = Norway / Norwegen,
NA = Niederländ. Antillen,
NIC = Nicaragua
NL = Netherlands / Niederlande
NZ = New Zealand / Neuseeland
OIOS = Virginia H.Hulet, Organizations In Our Society
   (Alphabetical List),   Hutchinson K.S., 1983, revised
   edition;
Org = Organization/Organisation
p = participants/Teilnehmer
P = Portugal ,
PA = Panama,
PAK = Pakistan
PE = Peru
PL = Polonia,
Pres = President / Präsident,
PY = Paraquay
R = Romania / Rumänien
RA = Republica Argentinia,
RB = Republik Botswana,
RC = Republic of China / Taiwan,
RCA = Republik Zentralafrika,

RCH = Chile,
Rel. = Religion,
ret. = retired/im Ruhestand,
RH = Republik Haiti,
RI = Republik Indonesia
RL = Libanon,
RMM = Mali,
ROK = Republik of Korea/Süd-Korea
RP = Philippinen,
S = Schweden
S> = Series of publications / Schriftenreihe,
SD = Swaziland,
SF = Finlandia / Finnland
SGP = Singapore,
SME = Surinam,
SN = Senegal,
SP = Somalia,
SPC = Spiritual Counterfeit (Anti-Cult-Organization in CA),
SU = Sowjetunion,
SUD = Sudan,
SVC = Vatikanstadt,
SYR = Syrien
T = Thailand,
TG = Togo,
TJ = China,
TN = Tunesien,
TR = Türkei,
TWP = The Washington Post
U = Uruguay,
UC = Unification Church,
VN = Vietnam
VP = Vice President/Vizepräsident,
WAL = Sierra Leone,
WAN = Nigeria,
YU = Yugoslavia / Jugoslawien,
YV = Venezuela,
Z = Zambia / Sambia,
Z> = Zeitschrift
ZA = South Africa / Südafrika,
ZRE = Zaire,
ZW = Zimbabwe.

Benutzte Symbole:

>+< = eingestellt/geschlossen/beendet - closed/finished

=- = see/siehe

! ! = Organisation gehört nicht zum Mun-Imperium, ist aber
in der Gefahr, unterwandert zu werden; Organization
marked by ! ! is not a part of the Moon-Imperium
itself, but it is endangered to become Moon-control-
ed or -submined.

**************** (Sternzeile hinter dem Namen) zeigt an,
daß über die sich hinter der Bezeichnung verbergende
Gruppe, Firma oder Aktivität keine näheren Informationen vorliegen. Die Bezeichnung wurde aus US-
Listen über die Mun/UC-Bewegung genommen. Die Über-
nahme hier erfolgt aus der sogenannten "Findungshilfe" der Münchner Elterninitiative zur Hilfe gegen
seelische Abhängigkeit und religiösen Extremismus
e.V. (2.Auflage 1986).
The ******-line points towards organizations,
activities or business-firms with Moon/UC-connceti-
ons. There ist not more information to be got but
the names have been included in reports from the
US.

Das Mun-Imperium: Firmen, Gruppen, Organisationen,
Aktivitäten und Stichworte

A & S Flower Shop * Mun/UC=-Bss (Blumenhandel) in den USA;

A.A.I. = Artists Association International,

AAI   I = August 20-23, 1987 Paris, "Moral Dilemma in the Arts"

Abbey Carpet Cleaners * Mun/UC=-Bss in den USA;

ABC Maintenance Co. * Mun/UC=-Bss in den USA;

Academie des Professeurs pour la Paix Mondiale d'Afrique du Nord, *
Mun/UC=-Organisation in Nordafrika; veranstaltet Kolloquien für
afrikanische Professoren in Versailles. Die Academie gehört lt.
"Afrique-Asie" (Bericht in epd ZA 151 v.9.8.85) zum Mun-Imperium. Die Zeitschrift warnt vor dieser Institution, die zu einer
"großangelegten Offensive" Muns, um in den frankophonen Ländern
des Mahgreb (Marokko, Tunesien, Algerien) Fuß zu fassen;

Academie pour la Paix Mondiale * Mun-Org in F;

ACC = American Constitution Committee;

ACCORD Inc. * UC-conn producer of "Blessed Family - An International Journal for the Blessed Families of the Unification Church"

ACU = Amnerican Community Union,

Ad hoc Committee Against Racial & Religious Intolerance - CARRI *
Mun/UC-Ac; SPC 1982. A> (1981) 4 West 43rd Street, New York City, New York 10036, USA. Chairman: Dr.Osborn Scott, Prof. CCNY;

Ad hoc Committee for Religious Freedom * Mun/UC=-Ac, eine Zeitschrift mit dem Titel "The Religious Freedom Record" wird her-
ausgegeben;

AED = Association for Education and Development

AFC = American Freedom Coalition

Afghanistan Documentary Movie Project Company, Inc. * UC-conn Bss,
fd> UC-M Lee Shapiro, Trustee: Lloyd Ebi, founded by CAUSA and
by the John Olin Foundation and the Harry Bradley Foundation;
(UN 11/87,2)

African Foundation for Moral Renewal and Vocational Apprenticeship
- FARMAP * "The program is the inspiration of the UC's World
Missions Department. Rev. Chung Hwan Kwak worked closely with
one of C.A.R.P.'s ministers in planning"; FARMAP = french/franz
title; Act in the Central African Republic.

"Beginning with three weeks spiritual training, these young people will then receive instruction in agricultural skills including crop planting and raising, animal husbandry and fish farming. Classes will also be offered in electricity, carpentry sewing, shoe-making and typing" (UN in HumPro)

African Institute for the Study of Human Values - AISHV * Institut gegründet in Accra/Ghana. "The AISHV will serve as a center of meeting for African scholars and as a center for the study of African religions and cultures of the African continent.It will serve not only to encourage the study of human values in the African context, but also make the tripartite religious heritage of Africa - the autochthonous religions, Christianity and Islam - known and available to the rest of the world". (HumPro)

Aibi Publishing Co. * Mun/UC-Publishing House/Verlag in Tokyo (Qu: Moonops-List Jan 78)

AISHV = African Institute for the Study of Human Values;

Akademie der Professoren für den Weltfrieden, Die * deutschsprach. Übersetzung des vollen Titels der **PWPA=-**, wie er 1988 in "Eine neue Vision für den Weltfrieden" gebraucht wurde.

Akeeb Kareem * Mun/UC-conn "Gospel & Soul"-Gruppe Nigeria> CARP IV

Aktion "Interreligiöse Zusammenarbeit" der Vereinigungskirche in Österreich * Mun/UC-Initiative eines ehem. r.K.Priesters, A> Heiligenstädter Str.86/67/14, A-1190 Wien; >0043-222-3734045<

Aktion Nachbarschaft mit Herz * Home-Church-Aktivität in Österreich (1989). Die ausgewählte "Nachbarschaft" wird angeschrieben mit: "Lieber Nachbar! Mein Name ist ...., wohnhaft in .... (Anm: der Wohnort differiert mit der dann angegebenen Abschrift in 1238 Wien, M.Langegasse 136/1/27 Tel.: 88 16 104). Ich habe diese Aktion 'Nachbarschaft mit Herz begonnen, weil ich zu guten nachbarschaftlichen Beziehungen beitragen möchte. Dort will ich persönlich gerne helfen, wo Hilfe benötigt wird und Engagement erforderlich ist. Ich meine - das Leben soll für jeden schön und wertvoll sein! Anschließend finden Sie einige Fragen, die Sie bitte beantworten: Kennen Sie in Ihrer Umgebung jemanden, der Hilfe braucht? Was würden Sie gerne verbessern oder verändern wollen? Für welche Punkte interessieren Sie sich? - bitte ankreuzen! Erziehung / Politik / Persönliche Mithilfe / Kunst / Religion / Finanzielle Unterstützung / Sport

/ Ökologie / Natürliche Heilmethoden / Musik / ..... In den
nächsten Tagen werde ich vorbeikommen und diesen Bogen abho-
len."

Aladdin's Coffee,Tea and Kindreds * Mun/UC-conn Bss in Berkeley/CA

Aladdin's Warehouse * Mun/UC-conn Bss Berkeley/CA;

ALC = American Leadership Conference;

All India Faith Fellowship * IRFF-cooperation in India=-

Alliance for World Unity * CARP-act. f. Professoren & Studenten.

Alpha Omega * Mun/UC-Ginseng Shop in F-Cannes (Nov 76);

Alpha-Omega Import/Export * Mun/UC-conn Bss >FH<;

AMASA = Associao Mundial de Assistencia e Amizade;

American Blessed Family Association * Org der in den Massentrau-
ungen "gesegneten" Paare. Z> "The Blessing Quarterly";

American Community Union - ACU * Mun/UC-Inst New York City;

American Constitution Committee - ACC * "component of the U.C. organization in the United States" (GWUCM,6);

**American Council for Human Rights of Japanese Wives of North Kore-
an Repatriates** * Mun/UC-Ac >FH<;

American Council for World Freedom * Mun/UC-Inst >FH<;

American Freedom Coalition - AFC * Mun/UC=-conn. polit.Org. in USA
"In my opinion, the American Freedom Coalition is not American,
it is Global and Korean. It is not about freedom, it is about
Godism, Unificationism and service to Father. It is not a
coalition of groups and individuals rallying around causes, it
is an organization structured for powerful political influence.
And it will to great harm to America if it succeeds".[1]

American Freedom Journal, The * Z>-AFC; "A monthly publication
produced by the **American Freedom Coalition**=-"[2].

----

[1]David G.Racer Jr, Not For Sale - The Rev. Sun Myung Moon And One
American's Freedom, St.Paul, MN 1989, p.75:
Meiner Meinung nach ist die American Freedom Coalition nicht
amerikanisch, sondern weltweit und koreanisch. Es geht nicht um
Freiheit, sondern um Gottismus=- (Anm: siehe Stichwort), Vereinigungslehre und Dienst für Vater (Anm:"Wahrer Vater" = Ehrentitel
von Mun). Es handelt sich nicht um eine Koalition von Gruppen und
Individuen für bestimmte Ziele, sondern um eine Organisation, die
für machtvolle politische Einflußnahme geschaffen wurde. Und sie
wird, wenn sie Erfolg hat, für Amerika schwere Nachteile bringen.

[2]The Washington Post, Sunday, Oct.15, 1989 B4.

American Leadership Conference - ALC * Mun/UC-Ac, (UN 4/87 p.5)
The American Leadership Conference is sponsored by CAUSA International (...) The American Leadership Conference is dedicated
to providing the highest quality program for our nation's leaders. Speakers at previous conferences have included U.S.Sena-
tors Orrin G Hatch, Paul Laxalt, Chic Hecht, Jeremiah A.Denton
and John McCain; Congressmen Dan Burton, James V.Hansen, Denny
Smith and William Whitehurst (...) Rev.Jerry Falwell. (from an
invitation to the 6th, 7th and 8th ALC, dated July 10,£987.

American Youth for a Just Peace * Mun/UC-Ac in USA;

Americans for Religious Liberty * Mun/UC-Inst gegr. im Zusammenhang mit San Myung Mun's Prozess wegen Buchfälschung und Steuerhinterziehung;

Amerikanische Führungskonferenz = American Leadership Conference;

Amerikanischer Verfassungsausschuß = American Constitution Commi-
tee;

AMM = Asian Mobile Medical Service
Korea 1971-1983 (one week each summer),
Okinawa 1971-1978 (one week each spring and summer),
Taiwan 1979 (one week in April),
Indonesia 1977 (two weeks in August),
Thailand 1979-1986 (ongoing at Sikhiu Vietnamese Refugee camp)
Zaire 1980-1981 (two month in summer),
Republic of Central Africa 1982 (three month in summer),
Zambia 1982-1986 (ongoing),
Philippines 1984-1986 (one week each summer). (UN 8/87,p.9)

Anderson, Robert B., former Secretary of Treasury and diplomat,
President GEAI, "pleaded guilty to evading taxes on about $127,500
of income in 1984, much of it received from the Rev.Sun Myung
Moon's Unification Church (...) In Addition, Anderson was charged
with failing to report on his 1983 and 1984 income tax returns
that he was paid at least $79.000 by the church and by the World
Conference on Economic and Social Order Inc., an organization clo-
sely associated with the Unification Church."(The Washington Post,
March 27,1987 p.1 & A8,1) "In 1983 and 1984, the prosecutor said,
Mr.Anderson was 'a paid consultant and advocate for the Unificati-

on Church International, led by the Rev.Sun Myung Moon` (...)"(The
New York Times, March 27,1987)

Antikommunismus (Stichwort/keyword)
Das hervorstechendste Merkmal der Mun-Bewegung scheint ihr glühen-
der Antikommunismus zu sein. Er baut auf der Lehre des San Myung
Mun auf und sieht im Kommunismus eine Art satanischer Gegenbewe-
gung zum Weg Gottes, wie ihn Mun und seine Bewegung zu vertreten
vorgeben. Nach Mun gibt es "zwei Arten der Demokratie", die "Abel-
Typ-Demokratie" und die "Kain-Typ-Demokratie". Über die letztere
lesen wir in einer frühen (internen) deutschsprachigen Trainings-
schrift des deutschen Munismus:
"Kain-Typ-Demokratie: Erwuchs aus der französischen Revolution.
Sie entstand als die Idee der Aufklärung, welche sich zu einer
materialistischen Ideologie entwickelte und die Gesellschaft des
Absolutismus ablöste. Diese Demokratie neigt zum Totalitarismus.
Sie versperrt vollständig den Weg, dem inneren Streben der ur-
sprünglichen Natur des Menschen zu folgen. Als sie in Deutschland
im Marxismus und in Rußland im Leninismus systematisiert wurde,
entstand aus der Kain-Typ-Weltanschauung schließlich die kommunistische Welt"[1].
Aus dieser Sicht folgert bei Mun die **Lehre von den drei Weltkrie-**
gen:
"Die drei großen Weltkriege sind unvermeidlich, damit die weltweite Bedingung der Wiedergutmachung zur Wiederherstellung der himmlischen Herrschaft errichtet wird. Der gefallene Mensch muß in
Kain- und Abel-Typen geteilt werden. Abel muß Kain unterwerfen, um
auf weltweiter Ebene die Tötung Abels durch Kain wiedergutzuma-
chen(..)"[2].

1
  Internationale Vereinigungskirche, Fragen und Antworten aus den
  Göttlichen Prinzipien, Frankfurt/M, 1974 , Antwort zu Frage 24,
  zitiert nach: F.-W.Haack, die neuen jugendreligionen teil 2 -
  Dokumente und Erläuterungen, München 1984 6.Aufl. S 62f
2
  a.a.O. S. 63f.

Unter den Ursachen für den dritten Weltkrieg wird als 2) genannt:
"Damit die Menschen auf Erden, die auf der himmlischen Seite
stehen, Satans dritte Versuchung Jesu auf einer weltweiten Ebene
überwinden und eine Bedingung der Wiedergutmachung schaffen, um
auf weltweiter Ebene Gottes dritten Segen wiederherzustellen. Dies
würde ein Fundament für den Herrn der Wiederkunft schaffen, die
Weltherrschaft wiederherzustellen"[1].

"Herr der Wiederkunft" ist der Titel, den Mun vor seinen Gläubigen
führt. Um seine Weltherrschaft geht es im Mun-Imperium.

"The World Anti-Communist League (WACL) is an international coalition of facist and conservative groups and political parties founded in 1966 by agents of the governments of Taiwan and South Korea.[1] One of the original groups was the **Asian People`s Anti-Com-
munist League (APACL)**. Its Japanese affiliate, **Shokyo Rengo=-**, became a WACL chapter in 1968. Shokyo Rengo (Victory Over Communism)
began after a 1967 meeting between Sun Myung Moon, Ryiochi Sasakawa, Yoshio Kodama, and two of his lieutenants. Kodama was the head
of Japanese organized crime, the **Yakuza**. One of the lieutenants,
Osami Kuboki, became a head of the Unification Church in Japan, as
well as a leader in WACL. Soon afterwards WACL began indoctrinating young Yakuza gang members in anticommunist ideology similar
to what the Moon organization was already doing in Korea with
government officials. Sasakawa, an important World War II Japanese
facist leader, became the head of Shokyo Rengo, and Kodama its
chief advisor.

[1] Scott Anderson and Jon Lee Anderson, Inside the League (New York
Dodd Mead, 1986) is the first book-length expose of the WACL. It
details the role of the Moon organization, as well as the involvement of Nazi war criminals, facist governments, American ra-
cists, Latin American death squath leaders, and other extremist
and criminal elements that comprise much of the League`s member-
ship. This book is an essential reading for anyone interested in
the political context, and activities of the Moon organization.
See also CAIB Number 25 (Winter 1986), for a discussion of WACL
aid to the Nicaraguan contras".

(Fred Clarkson, God Is Phasing Out Democracy, in: Covert Action,
Number 27 -Spring 1987- p.36).

1

a.a.O. S.65

Aquarius Verlag * Mun/UC-Verlag; A> Frankfurter Landstr. 8-10, D-6082 Mörfelden-Walldorf >06105-76089<

Artists Association International - A.A.I. * fd> Jan 1986 by San Myung Moon "as an international forum for artists whose goal is to advance the cause of idealism in and through the arts"(UN 11 /87,1), President: Bo Hi Pak, A> A.A.I., 401 5th Avenue, New York/NY 10016;

Asian Ecumenical Inter-Faith Council * CAUSA affiliate (GWUCM,13);

Asian Mobil Medical Service, The (AMMS) * UC-conn "volunteer medical team sponsored jointly by the Isshin Hospital=-, the International Relief Friendship Foundation (IRFF)=-, the Professors` Association for the Research of Principles (PARP)=-, the Collegiate Association for the Research of the Principles (CARP)=- and HSA-UWC=-.
Reverend Moon initiated the AMMS as an opportunity for health professionals to devote themselves cooperatively to the severe health problems existing in Asia, but it has already gone far beyond Asia. Composed of doctors, nurses, and medical practitioners from Asia, Europe, and America, the AMMS has been providing free medical and dental service annually for needy people in Korea, Taiwan, Japan, Indonesia, the Philippines, and other countries over the last 17 years" (UN 8/87 p.9).

Asian Professors Goodwill Seminars * IFVC-Ac since 1973, from the seminars started PWPA;

Asian Religionists Conference * IFVC-Ac, 3/73 (26 attendees), 6/73 (35), 9/73(50);

Asian Victory over Communism Rally * IFVC-Ac Tokyo, May 22, 1971;

Assembly of the World`s Religions - AWR * Serie von zwei Kongressen, die im Jahre 1993 ein **The Parliament of World Religions** (einberufen aus Anlaß des 100-jährigen Jubiläums des Weltreligionsparlaments 1893 in Chicago: 1985 und 1989; CWR=-connected. "In the last days or in the new age God will work to gather all of these four religions under one umbrella[1], unifying everything. With this intent the Unification Church, a new church was born." (MS "One God - One World`s Religion", March 20, 1972 p.18)

ASSINUR * Mun-Organisation f Geistliche aller Konfessionen in Brasilien;

Associao Mundial de Assistencia e Amizade - AMASA * Brasilian.IRFF A> AMASA-Brasil, Rua Galvão Bueno, 470; São Paulo, CEP.01506, Brasil, >2798349<; fd> 1978;

1

Buddhism, Christianity, Judaism, Confuzianism.

Association for a Moral and Ethical Society * 7 Killarney Parade, GB-Phibsboro; "...which is the adress of a UC member. This appears to be yet another organisation to add to our list of affiliated groups. Though there is of course nothing wrong on taking part in good-cause events, experience has proved that too often the UC turn them into propaganda exercises. One man had complained already that his two teenage daughters had been invited to an UC centre after signing the petition for peace". (FAIR newsletter, Oct 1981 p.7)

Association for Education and Development (AED) * Mun/UC "national social service organization in Kenya" (UN 2/87,7)

Association for the Unification of Latin America - AULA * "A new Moon unit called AULA (Association for the Unification of Latin America) was formed in Rome in December 1966.[1] AULA`s second annual conference, in December 1985 in Rome, was attended by a dozen former presidents of Latin American countries and was received by the Pope. The Moon organization is skilled at using the prestige of out-of-power politicians. Two weeks later three former presidents of Columbia, and two of Costa Rica represented AULA at Moon`s welcome home rally in Seoul, South Korea.[2] According to **Unification News**, AULA is drafting a proposed constitution for a 'United States of Latin America'.[3] AULA`s constitutional specialist is Cleon Skousen, head of the National Center for Constitutional Studies, who worked closely with CAUSA in 1986, organizing conferences of conservative U.S. state legislators.[4]

[1] AULA is headed by Jose Maria Chaves, a longtime Moon operative. A native of Columbia, Chaves is now based in New York. He is a director of the **Committee to Defend U.S. Constitution**, a Moon front group which placed full page ads in major American newspapers, claiming Moon was a 'Victim of a Government Conspiracy'.Warren Richardson, the first director of CAUSA North America and former general counsel to the **Liberty Lobby** was a director at one time it was David Finzer of the **Conservative Action Foundation**.(...)

[2] Times (London), December 17, 1985,

[3] Church and State, May 1986."

[4] cf: Stichwort/keyword: Mormonism and Moonism

(Covert Action, Number 27 -Spring 1987- P.46) et (GWUCM,5 dort wird als Gründungsjahr jedoch 1984 angegeben);

Association pour l`Unification du Christianisme Mondial - A.U.C.M. * UC in France;

Association pour la Promotion des Valeurs Morales et Spirituelles * Mun/UC=-org. in France;

Atlantic **Video** * "a Washington-based video production facility
headed by Bo Hi Pak's son, Jonathan Pak" und "rapidly becoming
one of the Washinton aerea's leading video production facilities"; enge geschäftliche Beziehungen zu **Global Image Associ-**
ates=-; "Among those from who Atlantic has provided services
are the Internal Revenue Service and the man who reportedly
brought Moon to IRS' attention, s. Robert Dole".[1]

A.U.C.M. = Association pour l'Unification du Christianisme Mondial
AULA = Association for the Unification of Latin America
  AULA IX = WMC XI = coop. con: **Summit Council for World Peace**=-
  & Novosti Press Agency, USSR-Moscow, April 4-13,1990;
Automobil-Production * cf. keyword/Stichwort **China**=- & **Panda Mo-**
  tors Corp.=-;
AWR = Assembly of the World's Religions

Back to Earth * Mun/UC-Bss in Ohio, (Qu: FOCUS 7/85)
Back to Eden * Mun/UC-conn Bss, Whole Earth and Unity Inc.=-   (Qu:
  EMAM-List)
Banco de Credito * Bank i Montevideo/Uruguay, zum Mun-Imperium ge-
  hörig;
Bicentennial God Bless America Committee * "a project of the UC in
  celebration of America's Bicentennial"; A> National HQ, 4 West
  43rd St, New York,NY 10036, >001-212-2211555<
Big Apple Harvest * Mun/UC-Ac in New York, (SPC-List 1982)
Blessed Churches: cf. **Churches/Kirchen** (Stichwort/keyword)
Blessed Family - An International Journal for Blessed Families of
  the Unification Church = Z> "a publication of the International
  Blessed Family Department of the HSA UWC, publisher: Rev. Chung
  Hwan Kwak, produced by ACCORD Inc=-, distributed by The Rose of
  Sharon Press,Inc.=-; Volume 4 = April 1, 1985; "The purpose of
  this journal is to be a source of information and inspiration
  for its readers in the worldwide movement of the Unification
  Church";

---
[1]The Washington Post, Sunday, Oct. 15, 1989 p.B1 & B5.

Blessed Family Department * Mun/UC-Org, A> 481, 8th Ave New York,
Blessed Wives Association * Org. f. die Frauen aus den **Blessed Fa-**
milies;

Blessing Quarterly, The = Z> der American Blessed Familiy Assn

Blessings (keyword/Stichwort)
    April 16, 1960 = Three couples blessing;
    May 15, 1961 = Blessing of 33 couples (36 couples);
    June 4, 1962 = Blessing of the 72 couples;
    July 24, 1963 = 124 couples blessing;
    Februar 21, 1977 = 74 couples blessing; World Mission Center
    September 15, 1978 = 200 couples matching and engagement GB;
    May 13, 1979 = 705 couples matching in America;
    Aug 6, 1979 = 35 couples blessed;
    December 30, 1980 = 843 couples matched; World Mission Center;
    July 1, 1982 = Blessing of 2100 couples at Madison Square Gar-
    den;
    October 14, 1982 = Blessing of 5837 couples in Seoul, Jamsil
    Gymnasium;

Blue Jay Enterprises * Mun/UC-Bss in 401 5th Ave New York/NY (Qu:
    FOCUS 7/85)
Blue Ridge Cottage Industries * Mun/UC-Bss (Moonops-List Jan.78)
Blue Tuna Band * CARP-Band in der Bundesrepublik, kam 1981 aus den
    USA. A> Adruma Victoria c/o CARP, Postf.1305, D-5300 Bonn 1;
    >0228/693304< Werbung in Werbeheft "die CARP-Hochschulbewegung"
Boston Principle Company * Mun/UC-Bss (Qu:EMAM-List)
Boston Tea Company * Mun/UC-Bss (Qu:Moonops-List Jan.78)
Bridge * Mun/UC-conn europäische "Jazz-Rock-Fusion", Auftritt bei
    CARP IV;
Bridge Builders, The * Mun/UC-Org in San Francisco (Qu: Moonops-
    List Jan.78)
Bürgerföderation für die Vereinigung des Vaterlandes * deutscher
    Titel einer am 15.05.1987 von Sun Myung Mun in Korea gegründe-
    ten Organisation. Sie "hat die Aufgabe, die Vereinigung Koreas
    in Freiheit unter Gott herbeizuführen". Dazu soll sie zunächst
    "ein neues Wertesystem formulieren" und eine Aufklärungskampag-

ne "bis in die Dörfer" organisieren. Am 38.Breitengrad soll ein
"Haus des Gebets" errichtet werden. (Qu: "Eine neue Version für
den Weltfrieden").

Builder, The = Z> United African Christian Council

Bundesrepublik Deutschland, aus d Geschichte der GvW/VK (Stichwort
keyword):
Zum ersten Mun-Missionar in Deutschland wurde der spätere öster-
reichische "Landesvater" Peter Koch=-(+1984), der jedoch am 19.Mai
1969 seinen Posten mit dem damaligen österreichischen Landesvater
Paul Werner tauschen mußte. Koch, der 1962 in San Francisco "akzeptiert" hatte, war 1963 als erster Mun-Missionar in die Bundesrepublik Deutschland gekommen und hatte zuerst in Münster/Westfa-
len, später in Heidelberg und Frankfurt/Main zu wirken begonnen.
Als "Gesellschaft zur Vereinigung des Weltchristentums (GvW)" und
mit der Selbstbezeichnung als "Vereinigte Familie" läßt sich die
Gruppe in Essen nieder, wo die Adolf Schmidt-Str.15 zum Domizil
wird. Versuche, das Schloß Ahrental in Sinzig zu mieten, schlagen
1971 nach einem kritischen Artikel im Magazin "Stern" (Nr.15/1971)
fehl. Die schon eingezogenen Mieter müssen räumen und der Vertrag
kommt nicht zustande. Zu dieser Zeit gibt es Gruppen und Missionare in Aachen, Berlin, Bonn, Bochum, Bremen, Dortmund, Düsseldorf,
Duisburg-Hamborn, Freiburg/Brsg., Hamburg, Hannover, Heidelberg,
München, Nürnberg, Kassel und Frankfurt. Man warb als "Vereinigte
Familie"=-

Business / Geschäftliche Bemühungen (Stichwort/keyword)
Das Mun-Imperium wurde schon als "religiös dekorierter Konzern"
beschrieben. Wie vielfältig die geschäftlichen Bemühungen Muns und
seiner Vasallen, insbesondere der Führungs-Gruppe sind, zeigt die
hier vorgelegte Arbeit in begrenztem Ausmaße.
Unter den "Instructions for the 3rd. 7-Year-Course" finden sich z.
B. besondere Hinweis zum "Business concept" wie:
"a) Market of Ginseng Tea.
b) Machines and Mechanics of our Products.
c) Effective advertisement - how to increase sales.
d) Management and facilities on international basis and standards
   most scientific.

e) Exchange of Techniques and realization of international funds.

f) System of Marketing on world-wide level. We'll control the Consumer's market. Thereby we control the factories. The future of the World Economy will be controlled by system of consumers. Ginseng Tea is just a training program for the worldwide market system."

Im der gleichen Quelle wird darauf hingewiesen, daß die Firmen auch eine Funktion im "spirituellen Bereich" haben und daß die Mun-Gläubigen anderseits auch als Arbeitskräfte im Business-Zweig des Mun-Imperiums Einsatz finden:

"4. Extension of overseas missions. a) Itinerary workers system. They are going out from Korea as Il Wha officials from the 36 couples, to help spiritually and with tea."

Am bekanntesten wurden die Firmen mit Namens-Bestandteilen, die oft eine innere Beziehung zur Mun-Ideologie haben, wie:

Happy World ...,

Il Hwa (Ilwha) ...,

Il Shin (Ilshin) ...,

International Exchange ...,

One Up ...,

One World ...,

Sae Il (Saeil) ...,

Saeilo ...,

Tong Il (Tongil) ...,

Calabash Dance Co. * Teilnahme an der 1st annual Unification Home Church Convention and Fair 9/82 New York;

California Service Company * Mun/UC-conn Bss, 4022 Santa Barbara, Los Angeles/CA (Qu: FOCUS 7/85)

Camp K * UC-Trainings-Camp in Santa Rosa/CA, (Qu: SPC-List 1982);

Camp Mozumdar * UC-Trainigs-Camp, in Californien (SPC-List 1982);

Camp Pizza * UC-Trainings-Camp in Pennsylvania (SPC-List 1982);

Camp Sunrise * UC-Kinder-Camp in Barrytown/N.Y.;

1986, July 11-25 "Builders of the Universe";

Campus Gemeinde * Projekt der CARP=-, "das auf dem Ideal der
christlichen Nächstenliebe basiert (...) Durch Besuche, Briefe
oder Ansprechen an der Universität gehen wir auf unsere Mit-
studenten zu und bieten dabei unsere Hilfe, Freundschaft, oder
was sonst immer gesucht wird, an" (Dieter Schmidt, Vors. der
CARP in einem Werbeheft) (1987).

Campus Renaissance Festival Tour * CARP-Ac USA 2/1987 (UN 4/87,7)

Canaan Health Food * Mun/UC-conn. Bss (Qu: EMAM-List)

Canadian Unity Freedom Foundation - C.U.F.F. * Politische Mun-Organisation (Qu: EMAM-List) "one of the most active Moonie political fronts" (Qu: NOW, Toronto/CDN, June 16-22,1988 p.12)

Cancel Crime Crusade, Inc. * Mun/UC-Ac (Qu:Moonops-List Jan.78);

Captive Nations * Mun-political Ac, (Qu:SPC-List 1982, EMAM-List)

CARRI = Ad Hoc Committee Against Racial and Religious Intolerance

CARP =Collegiate Association for the Research of the Principles

CARP Athletic Union * CARP-act. für eine "neue Sportphilosophie".

CARP Europe * Structure. CARP-Europe Newsletter 2/86: "In order to
make European CARP function even though the staff is still mis-
sing, Mr. Sa decided to use German CARP-HQ-Members also for European purpose.Based on that understanding the following structure has been developed:

President
(Mr.Sa Kwang-Kee)

Vice-President
(Dieter Schmidt)

N.L.-Conference

National-Leaders	Gen.Affairs (G.Sattler)	Witnessing (J. Eder)	Cult./Educa. (C.Dubisz)
Center-Leaders	1.Public Documents	1.Campus Church	1.Newsletter
	2.Conferences	2.Workshops	2.Cultural Events
	3.Accounting	3.Internat. Affairs	3.Publications
	4.Letters	4.IW-Work	4.Workshop for family members".

CARP monthly = Z> CARP; (Qu: FOCUS 7/85)

Cartographer Crafts Limited * MunUC-conn. Bss (Qu: FAIR-List 9/84)

CAUSA * angebl.von lat."causa = Ursache",
offizielle Abkürzung von "Confederation
of Associations for the Unity of the Society of the Americas"(einem Gerücht zufolge jedoch Abkürzung für:"Combattant`s
Against Universal Soviet Agression");fd>
1980. "It was organized in 1980 to fill
an acute ideological vacuum that existed
in Central and South America"(Bo Hi Pak,
UN 4/87,5)

"Whatever its name, control of the organization by the Unification Church has been continuous. The directors of CAUSA International are all serious Church members. According to an internal CAUSA strategy memo dated January 1984,[1], the CAUSA
directors proposed to 'cooperate so as to best support Our True
Parents (Mr.and Mrs.Moon) and Colonel Pak in this campaign to
find 70 million members.... We in CAUSA have been called by
True Parents to participate in a most crucial campaign which
will focus upon recruiting 70 million members within the com-
ming two years'. The 'directors' of CAUSA are the department
heads within the organization. The 'principal participants' in
the meetings which led to drafting the document were: Antonio
Betancourt, Thomas Ward, William Lay, Joe Tully, Takeshi Furu-
ta, Frank Grow, Celia Roomet, Roger Johnstone, David Decker,
and Tony Colombrito. Significantly, the CAUSA directors planned
to learn from 'the Japan IFVC`s (International Federation for
Victory Over Communism, or Shokyo Rengo) drive for 3.5 million
members.' The IFVC model was to aim for leaders, mostly political leaders 'and when the leader committed himself, he also
committed his movement.' ([1] CBS News, 'West 57th Street,' May
14, 1986)" (Covert Action, Number 27 -Spring 1987-, p.39).

CAUSA 3/85Jap = CAUSA International Conference March 29-31
"Educational Reformation topwards the 21 Century".

CAUSA 3/87Aus = Causa-Seminar 21./22.3.87, Kurhotel Ludwigs-
dorff, A-2405 Bad Deutsch-Altenburg "Christentum u Marxismus";

CAUSA 53-BN 4/87 = 25.4.87 Hotel Bristol Bonn,

CAUSA 7-S 4/87 = 11.4.87 Hotel Schloßgarten Stuttgart

CAUSA 10/87Aus = Causa-Seminar 10./11.10.87. in: A-2281 Raas-
dorf, Nr.40 "Gasthof Mayer": "Marxismus - das Ende d Spi-
ritualität";

CAUSA Deutschland e.V. * Deutscher Zweig der CAUSA; A> Bockenheimer Landstr.83, D-6000 Frankfurt /M 1, Z> CAUSA Magazin für gesellschaftspolitische Bildung=-, Dr.Stefan Marinoff, CAUSA-Re-
präsentant für Deutschland und Präsident des (ursprünglich mit
der Mun-Bewegung in keiner Weise zusammenhängenden "Verband der
freien Presse e.V.=-) schreibt im November 1987 an ein Mitglied
einer bundesdeutschen Landesregierung:

"Es gibt zwei Dinge, die in diesem Zusammenhang klar voneinan-
der zu trennen sind: die Vereinigungskirche und die Causa.
Erstere ist eine christliche Sekte, vertreten in über 100
Ländern und Millionen Mitgliedern und die zweite ist eine
geistig-politische Bewegung, die in ca. 40 Ländern wirkt,
ebenfalls weltweit über 15 Millionen Mitglieder hat, die zwar
1980 von Reverend Mun, dem Haupt der Vereinigungskirche, gegründet wurde, aber keine religiöse Bewegung ist, sondern ein
einziges politisches Ziel verfolgt: geistig-politische Überwindung des Weltkommunismus. Ihr Motto ist: Es ist an der Zeit,
dem Kommunismus ein Ende zu setzen!

Causa kann sich dieses eindeutige Ziel setzen, weil sie ähnlich
wie die kommunistische Weltbewegung international aufgebaut
ist, ein klares Programm - globale Begegnung der weltrevolutionären Herausforderung - aufweist und über die immensen finanziellen Mittel verfügt, um einen solchen Kampf aufzunehmen.
Letztere werden von einem weltweiten Wirtschaftsimperium -Indu-
striekonzerne, Banken, Versicherungen etc. - zur Verfügung
gestellt.

Causa International hat zwei Dutzend Unterorganisationen, wie
World Media Association, International Security Council, CARP
(Internationale Studentenorganisation) etc.

In den Vereinigten Staaten gibt Causa drei Tageszeitungen
heraus: Washington Times, New York City Tribune und Noticias de
Mundo. Washington Times ist heute die maßgebende Tageszeitung
in der ganzen Welt, die sich geistig mit dem Kommunismus täg-

lich auseinandersetzt. Der Chefredakteur Borchgrave gehört zu
den renommiertesten Journalisten der USA, und er gehört nicht
der Vereinigungskirche an. (...)
Ich versuche, mit Hilfe der Causa International, eine Kampagne
der psychologischen Kampfführung auf multinationaler Basis in
den Sowjetblock hinein zu organisieren. Das Ziel wäre, den
vorhandenen passiven Widerstand der unterdrückten Völker zu
synchronisieren. Dadurch würde die Gesamtstrategie des Westens
vervollständigt, durch eine offene Komponente.
Führende Vertreter der konservativen geistigen Elite - mein
Freund Prof.Rohrmoser, Prof.Hornung, Prof.Löw - wirken bei
Causa Deutschland mit, wobei selbstverständlich keiner von uns
sich der Vereinigungskirche anschließt. Das erwartet auch
niemand von uns.
Im Übrigen hat diese Vereinigungskirche, in deren Tätigkeit ich
Einblick gewinnen konnte, nichts gemein mit obskuren mystischen
Sekten. Sonst würden der Causa nicht internationale Kapazitäten
aktiv beistehen."
CAUSA International * polit. Mun/UC-Org., Pres. Bo Hi Pak; "affi-
liates include the **Freedom Leadership Forum**=-, **Freedom Research
Foundation**=-, **Korean Cultural Freedom Foundation**=-, Little Ang-
els of Korea Folk Ballet, Little Angels School Foundation, One
World Crusade=-, and **Radio Free Asia**=-" (GWUCM,6);
CAUSA Institute * A> 401 Fifth Avenue, New York/NY 10016, >001-212
-6846122< >Telex 220410 CAUS UR<
CAUSA Magazin für gesellschaftspolitische Bildung = Z> 1.Jgg 1986
herausgg: CAUSA Deutschland e.V.=-, A> Bockenheimer Landstr.83,
D-6000 Frankfurt/M 1.
CAUSA Ministerial Alliance - CMA * "Diese Vereinigung von Seelsor-
gern wurde 1984 in den Vereinigten Staaten gegründet. (...)
CAUSA bemüht sich, diese oft konkurrierenden Gemeinden und
Kirchen trotz verschiedener theologischer Auffassungen für eine
Zusammenarbeit auf breiter Basis in allgemeinen gesellschaft-
lichen Anliegen zu gewinnen. Außerdem wird versucht, durch die
gegenseitige Inspiration den Geist des Christentums zu bele-
ben"! (Aus einer Werbeschrift von CAUSA Österreich).
CAUSA REPORT AUSTRIA = Z> CAUSA-Österreich, A> cf: CAUSA Verein z
Erziehung zum Frieden=-

CAUSA **Schweiz** * sponsert Seminare der **Föderation für** nationale
Fragen=-
CAUSA **USA** * "in the last year in Washington more than 1.000 state
legislators attended. Over 70.000 Christian ministers, Catholic
priests, and Jewish rabbies have been associated with CAUSA Seminars throughout the country" (Bo Hi Pak, UN 4/87 p.5).
"CAUSA USA has organized expense-paid seminars and conferences
for congressional staff members, Hispanic Americans, and conservative activists. In 1985, about 10,000 people (mostly
clergy) were recruited to attend all-expense paid CAUSA USA
indoctrination conferences. The group has financed trips by
Latin America journalists and political leaders to Seoul, South
Korea. According to Silvio Arguello -- a businessman from Miami
who was attempting to establish a pro-contra Nicaraguan exile
group -- CAUSAUSA also held conferences for Nicaraguan exiles
and other Hispanics in Washington D.C. and Fort Lauderdale,
Florida." (GWUCM, 9f.)
CAUSA **Verein zur Erziehung zum Frieden** * CAUSA Österreich; gegr.
1986, A> Hütteldorferstr. 51/15, A-1150 Wien >0043-222-9275772<
CAUSA **World Services** * internationale Hilfsorganisation der CAUSA,
CCP = Creative Community Project
Celebration of Life * Mun/UC=-Ac; SPC 1982;
CEMP = Center for Ethical Management and Planning,
Center for Ethical Management and Planning - **CEMP** * Mun-Org, Sitz
Berkeley/CA.
Chapter One * durch 3 ehem Mitglieder der **Providence Band** gegrün-
dete Band; "Our first public concert was a fundraiser to make
money for a project to build a school in Liberia. All donations
were given directly to Steve Buono who has been a missionary in
Africa since 1984"(UN 1/88,7). Das Project trägt den Namen "LIB
-**Aid**"=-; A> Edric Debos, 481 8th Avenue, New York/NY 10001;
Château de Bellinglise * Mun/UC-Bss in F; A> F-60157 Elincourt-Ste
-Marguerite; (cf.: Frankreich/France=- Stichwort/keyword)).
Childrens Relief Fund * KCFF=-Inst. (Qu:EMAM-List)

China (Stichwort/keyword)

Das kommunistische China ist eines der Hauptziele munistischer Logistik und vor allem der wirtschaftlichen Bemühungen. Die Vorbereitungen werden von **Hongkong**=- aus betrieben, von wo u.a. z.B. in Südchina Ginseng-Verkaufsstände gemanagt werden. Mun hat in seinen Reden (**MS**=-) immer wieder auf die Bedeutung Chinas für die Mun-Bewegung hingewiesen.

Nach glaubwürdigen Berichten hat die Mun-Bewegung Mitglieder als Sprachlehrer vor allem in die an Korea (Nord) angrenzenden Provinzen eingebracht.

Inzwischen fand in Peking auch schon eine Tagung des **ISC**=- statt und chinesische Wissenschaftler und Journalisten werden reichlich zu Tagungen und Konferenzen des Mun-Imperiums eingeladen.

Ein weiterer Hinweis findet sich in "The Detroit News" v. Sept. 26, 1989, p.2D: "The Rev. Sun Myung Moon's Unfication Church is a major backer of an effort, to open a small car factory in the Peoples' Republic of China, Automative News reported. The plant would produce 300.000 vehicles a year for export by 1995 at a location in Guangdong Province near Hong Kong. The plant is being developed by the U.S.firm Panda Motors Corp. An Automative News investigation tied the firm to the Unification Church".

Christian Bernard Jewelry * Bss (Qu: EMAM-Listing) North Bethesda/ Maryland; 845 N. Michigan Ave, Chicago; Bloomingdale/Illinois, San Francisco, San Diego, San Mateo, Los Angeles, Las Vegas,Atlantic City/NJ, Willow Grive/PA, Virginia Beach/VA, Washington D.C., (Qu: FOCUS 7/85);
Ateliers (F): Avenue Quebec, Zl Courteboeuf, F-91940 Les Ulis; Commerce (F): 16, rue Portefoin, F-75003 Paris, Stands Galeries Lafayette (Haussman et Montparnasse) (cf: Frankreich/France=-).
Christian Counceling Service * Mun/UC-Ac (Qu: Moonops-List Jan.78)
Christian Political Union * Mun/UC-Ac (Qu: Moonops-List Jan.78);
Christiana Bahn, Inc. * Mun/UC-conn Bss "wholesale furrier" in New York/NY (Qu: FOCUS 7/85);
Christlich alternative Studenten * Mun-Studentenliste bei der Wahl zur Studenten-Vertretung (CARP-Aktion) Berlin 1983.
Church and Social Action = Z> NCCSA

church organizations (Stichwort / keyword)
Der Begriff "church organizations" beschreibt etwa dasselbe, was von den Kritikern als Tarn-Organisationen oder front-organizations bezeichnet wird. Mun selber nennt Beispiele z.B. in einer Rede an die 47 Teilnehmer der 12. UTS-Graduierung: "Therefore, when you go back to your hometowns, you can utilize all the church organizations, that already have been established: CAUSA, PWPA, ICC, CARP, etc., for your restauration work. The foundations of these organizations are substantial and you have to connect with and work with them, helping them to reach people from the Christian culture, patriotic conservatives, and retired military Personnel and veterans". In der gleichen Rede werden auch d. **International Security Council** und **ACC** genannt.

Churches / Kirchen (Stichwort/keyword)
*"**Blessed Churches**": "Soon after Faith Jones began to receiving messages from Heung Jin, she was ordered to travel throughout Europe on a special mission. The mission was to select Christian Churches that were to be taken over by the Unification Church. This take over was to remain unknown to the priest or minister and his parishioners.[48]
Faith Jones entered each of the churches at a time when no one else was there. She then carried out certain rituals which 'blessed' the churches and made the spiritual possessions of the Unification Church. As the priest or minister was not informed of what was happening, no permission was asked or granted. It was all done in secret.
Each major city in Europe, including the Soviet Union, now has a number of these 'blessed' churches. The priest or minister and his congregation do not even realize that their church has been desecrated by the Moonies.[49]

[48] Kim Young Whi, Christianity and our Church, Speech of May 8, 1984, p.6.   [49] opus cit. p.9" [1]
City Tribune = Kurzform f. **New York City Tribune;**

---

[1] Mignot: The Cult of Heung Jin Moon and the New Pentecost (p.4)

Clark Equipment AG > Switzerland based Bss, Technology License A-greement on Transmissions (12/77) (Tong Il=-)

Clean Living Products * UC=-conn. Bss; Annoncen in UN 88 "Recom-mended by U.C."; A> Kim Haycroft, 45 Storm Street, Tarrytown NY 10591, >001-914-332-1563<.

club neue mitte * Mun/UC-Ac in Österreich, vergl: Neue Mitte=-;

CMA = CAUSA Ministerial Alliance,

Coalition for a Free World * Mun/UC political front (Qu: FOCUS 7/85)

Coalition for Religious Freedom - CWR * Organisation im Umfeld des Mun-Imperiums. "The (...) Washington-based Coalition for Reli-gious Freedom (CRF) which, according to CRF president Don Sills, has received at least $500.000 from Moon sources.[1] A prominent CRF spokesperson and executive member is Joseph Paige. As Executive Vice President of the Black Baptist Shaw Divinity School, Paige received $60.000 from the Unification Church for his school, which in turn gave Moon a much publici-zed honorary doctorate. Paige is also active in CAUSA.[2]

In 1984, the Association of Concerned Taxpayers, headed by then Rep.George Hansen (Rep.-Idaho), started CRF.[3] A CRF fundraising letter signed by Hansen declared that ' a deadly government assault against religion has erupted in America (and) powerful government forces are moving quickly to smash the great consti-tutional guarantees protecting the freedom of religion.' (...) CRF claims that the Moon prosecution and the alleged attack on religion by government 'is largely the result of the ungodly secular humanist philosophy that has contaminated our schools, the media, and the various levels of government.' The 1985 CAUSA Lecture Manual stated that 'in the United States, and intermediary stage prior to communism may be secular huma-nism.'[4]

The CRF executive committee has developed rapidly since 1984, to include most of the major televangelists, such as Tim LaHa-ye, Jerry Falwell, James Robinson, Rex Humbard, D.James Kenne-dy, and Jimmy Swaggart. Recently, the Moon organization opened an international front in its 'religious freedom' campaign.

According to Moon's **New York City Tribune**, the **World** Council on Religious Liberty (**WCRL**)=- was founded in December 1986 at a conference on Geneva/Switzerland.

[1] Seattle Post-Intelligencer, Sept.17, 1986.

[2] Fred Clarkson, The Manifest Sins of Sun Myung Moon, in: Christianity and Crises, Oct.28,1985.

[3] Hansen himself was later jailed for fraud and failure to disclose loans and profits from rightwinging oil baron Nelson Bunker Hunt to his wife, as required by congressional disclosure rules. He was recently paroled. Joseph Paige has also served time. According to a Washington Post account (August, 14, 1973), Paige and a co-conspirator formed a 'non-profit corporation ... falsely representing it as a part of the (Federal City) college, (of which Paige was Dean) and diverted checks written on the $230.000 federal education grant into a special ... bank account from which they drew checks for personal use.' The criminal records of Moon, Hansen, and Paige have led Washington insiders to refer to CRF as the 'Coalition of Religious Felons.'

[4] Clarkson, op.cit. n [2]"

Coalition for the Defense of Religious Freedom * Mun/UC-Ac (Qu: FAIR-List 9/84); (evtll.Verwechslung m.CWR/possibly ment CWR?)

College-Vereinigung für die Erforschung von Prinzipien * deutschsprachige Übersetzung des vollen Namens der **CARP**=-, wie er 1988 in der Schrift "Eine neue Version für den Weltfrieden" verwendet wurde.

Collegiate Association for the Research of the Principles (CARP) * established July 1960,

CARP I   = 1.CARP-World Convention

CARP II   = 2.CARP-World Convention July 16-22, 1985 Tokyo

CARP III = 3.CARP-World Convention Oct.9-15,1986 New York

CARP IV   = 4.CARP-World Convention Aug   1987 Berlin

CARP-Mag = Impulse - Magazin für Universität u.Gesellschaft

CARP-Werbung: Ein Bericht (3/87):

"Vor ungefähr eineinhalb Monaten traf ich zufällig in (...) Herrn Dieter Schmidt. Er fragte mich nur, ob ich nicht ein paar Kinos in der Nähe wüßte, da er nur auf der Durchreise sei. Irgendwie kamen wir ins Gespräch und schließlich schlug er mir vor, in ein Cafe zu gehen. Ich bin überzeugt, daß dies wirklich nur eine 'absichtslose' und zufällige Begegnung war.

Wir unterhielten uns sehr lange über Philosophie, Glauben, menschliche Beziehungen, was uns beide in Anbetracht dessen,daß wir uns erst kurz kennengelernt hatten, zum Schluß doch erstaunte. Er erwähnte kurz, daß er für eine Organisation tätig sei. Privaterweise tauschten wir Adressen und er gab mir, obwohl er es, glaube ich, nicht vorgehabt hatte, seine Visitenkarte. Darauf stand: 'Dieter Schmidt, 1.Vorsitzender der deutschen C.A.R.P. e.V. (Hochschulvereinigung), President of German C.A.R.P.'. Von CARP hatte ich noch nie etwas gehört. (...)
Von Dieter Schmidt bin ich inzwischen zu verschiedenen Veranstaltungen eingeladen worden (Ski 'workshop', so eine Art Karate-Workshop in Holland, Seminar in Nürnberg). Ich sagte jedoch immer ab (...).
Letzte Woche schließlich (...) besuchte mich Frau Miriam S., persönlich, ohne Anmeldung. Sie stellte sich als Abgesandte von Dieter Schmidt vor und als eine Art PR-Person von CARP. Sie erzählte mir, daß sie die CARP-Aktivitäten in München ausweiten und sich quasi an der Uni etablieren wollen. Auch erwähnte sie ein 'großes Ding' in Berlin (...) Über die Finanzierung von CARP konnte und wollte sie mir wenig sagen, auch nicht über einen 'Gründer` bzw.Schirmherren. Auf viele meiner Fragen antwortete sie ausweichend und unkonkret. Sie stellte CARP als eine Studenten- bzw. Junge-Leute-Vereinigung dar, die auf der Suche nach 'neuen Werten' ist in dieser so orientierungslosen und wertelosen Zeit. Als Wertegrundlage soll man sich 'Prinzipien` näherführen, z.B. 'das Prinzip Liebe'. Nun, wir sprachen etwa drei Stunden miteinander und Wesentliches kam nicht dabei heraus außer eben der Tatsache, daß es beim Unkonkreten blieb".

Come Unity Center * Mun/UC-Ac (Qu: Moonops-List Jan 78);

Comite National Pour la Fraternite D'Armes Franco-Americaine * Mun -UC-Ac; A> 18 Rue Duphot, F-75001 Paris, >0033-1-2968727< Telex 270679F SEPRI; vergl.auch: Veterans` Committee for French-American-Brotherhood=-

Committee for Human Rights of Japanese Wives of North Koreans * UC Mun-Ac (Qu: Moonops-List Jan 78);

Committee for Responsible Dialogue * Mun/UC-Ac USA;

Committee to Defend the First Amendment * Mun/UC=-Ac, SPC 1982;

Committee to Defend the U.S. Constitution * "a Moon front group which placed full page ads on major American newspapers claiming Moon was a 'Victim of a Government Conspirary'" (Covert Action, Number 27 -Spring 1987-, p.46), (GWUCM,5).

Communaute Creatrice * Mun/UC-Ac F;

Communist Research Group * Mun/UC-Ac USA, Qu: SPC-List 1982;

Consolidated Block Association * Teilnahme an der 1st Unification Home Church Convention and Fair, 9/82, New York;

Copenhagen Declaration, The * Statement of the International Security Council-Meeting in Copenhagen, Sept.21-23, 1986.

Cornerstone, The = Z> "the Cornerstone is published monthly by the students of the UTS", A> 10 Dock Road, Barrytown/NY 12507;1976

Council for Church and Community Change - CCCC * Mun-Ac, Ortsgruppe der NCCSA; in der jeweiligen Abkürzung wird noch der den Ort kennzeichnende Buchstabe vorgestellt: Atlanta CCCC = ACCCC.

Council for the World`s Religions (CWR) * founded Oct.1984

"Although practices in the major religions may differ, they are all moving towards the same purpose and goal. The ultimate dispensational will of God is to bring about the unification of all humanity, the establishment of a worldwide fatherland. In order to achieve this, there must come about a movement that will embrace the different religions and lead them to the common goal. When this is achieved, there will be no need for religion any longer." MS "Unification of the Fatherland", 87-01-01 midnight speech p.1.

"God declared: 'I trust you my son. I now declare to Heaven and Earth that Rev.Moon my son is the greatest victor that ever existed`.(...) This is, why the U.C. can declare that Rev.Moon is higher than Jesus. God himself made this declaration. Jesus, followed by Buddha, Mohamed etc. became Father`s supporter no.1. Today all different religions are squabbling with one another, yet Father is funding seminars and meetings in order to bring unity. This can be done because this unity has already been achieved in the spiritual world by all the great religious leaders and can now be achieved in the physical world." MS "God`s Day", 87-01-01 morning speech, p.4 ;

Council for Unified Research and Education * Mun/UC-Ac USA;
Council of the Unified Research of the Science * Mun/UC-Ac Qu:SPC-
    List 1982.
Creative Community Project * Mun/UC-Ac in CA; developed from: New
    Education Development Systems, Inc.=- in 1975 "to administer a
    broad volunteer program, including a medical clinic for senior
    citizens".
Creative Designs * Mun/UC-conn Bss, Gallery in San Francisco/CA;
    Qu: FOCUS 7/85;
Creative Originals, Inc. = "we need managers to sell flowers and
    jewelry at our beautiful new small kiosks" (UN-Ad 2/87,15)
Critique = Z> FLF-newsletter
Croisade Internationale pour un Monde Vrai - Association Chretien-
    ne Supra Confessionelle * Mun/UC-Act in F (Frankreich/France=-)
C.U.F.F. = Canadian Unity Freedom Foundation
CWR = Council for the World`s Religions;
    CWR 8/85a = Chiang-mai/Teil.Aug,5-10,1985
    CWR 8/85b = Pune, Aug.22-26,1985
    CWR 7/86 = Bangalore, June 27-29,1986
    CWR 8/86 = Bad Nauheim, August 13-18,1986
    CWR 7/87a = July 12-16, 1987
    CWR 7/87b = July 20-24, 1987
    CWR 8/87 = August 20-25, 1987
    CWR 9/87 = September 10-14, 1987
    CWR 10/87 = October 15-20, 1987
    CWR 11/87 = November 7-11, 1987

COUNCIL FOR THE WORLD'S RELIGIONS

D & A = Dialogue & Alliance
Day of Hope Dinner * Mun/UC-Ac: Day of Hope Tour=- USA;
Day of Hope Tour * Mun/UC=-Ac;
    New York NY, Sept. 18, 1974 Madison Square Garden,
    Philadelphia PA, Sept. 27, 1974, Academy of Music,
    Washington DC, Oct.16, 1974, DAR Constitution Hall,
    Atlanta GA, Oct.30, 1974, Civic Centre Auditorium,
    Chicago IL, Nov.12, 1974, Arie Crown Center, McCormick Place,
    Seattle WA, Nov.28, 1974, Opera House, Seattle Center,

San Francisco CA, Dec.9, 1974, San Francisco Opera House,
Los Angeles CA, Dec.23, 1974, Shubert Theatre.

Paris, Feb.26, 1976,

D.C.Striders * Mun/UC-Sport-Team "The D.C.Striders is organizatio-
nally independent from the Unification Church. It is largely
supported by contributions from the Unification Church" (WoW 9/
1977,91);

D.C.Striders Track Club * Mun/UC-Sportverein, Washington D.C.

Decision Research Group * Teilnahme an der 1st Unification Home
Church Convention and Fair, 9/82, New York;

Defregger Kulturtage * Mun/UC-conn Ac des Josef Blassnig in Hopf-
garten in Defreggen (Osttirol), veranstaltet am 7.März 1987;
"Josef Blassnig hat selbst öffentlich und unmißverständlich vor
den rund 40 Teilnehmern des Abends erklärt, daß er selbst d Defregger Kulturtage als eine Veranstaltung verstehe, d dazu die-
ne, Gedankengut der VK zu verbreiten" (pdi - informationsdienst
presserat der diözese innsbruck, 1987-03-26/Nr.69)

Deli Sun * Mun/UC-conn Restaurants New York u.Washington D.C., Qu:
EMAM-List.

Democratic Program Committee * Teilnahme an d 1st Unification Home
Church Convention and Fair, 9/82, New York;

Demokraten gegen Extremismus - DgE * Mun/UC=-Act. in Österreich,
A> Postfach 155, A-1190 Wien, Sprecher: Ing.Eckhart Riehl, Döb-
linger Hauptstr.36/5, >0043-222-3419173<, Feb.1988: Veranstaltung einer "Plakataktion: Vergangenheitsbewältigung - Gegen-
wartsbewältigung"; Man wollte mit dieser Aktion auf die kommunistischen Diktaturen in Europa hinweisen.

Demokratie (Stichwort/Keyword)
"The democratic world has no direction and we must guide it." (MS
"Ideal Nation of God", Febr.21, 1980 p.3).

Der Report - Unabhängige Wochenzeitung = Mun/UC-Z> in D, 1977-1979
zuvor "Zeitreport".

DgE = Demokraten gegen Extremismus;

Dialogue & Alliance - A Journal of the International Religious
Foundation = Z> IRF, A> JAF Box 1186, New York/NY 10116; ISSN
0891-5881;

Die Familie = Z> mtl der VK in Österreich, seit 1979;
die neue hoffnung - Beiträge zur Vereinigung der Welt = Z> d Ver-
  einigungskirche; 1977-1983   >+<
Dili Deli * Mun/UC-conn Bss, Laurel Center, Maryland (Qu: FOCUS 7/
  85);
Diplomat National Bank * Bank in Washington, D.C., die lt. Frazer-
  Report dem Mun-Imperium zuzurechnen ist.
Divine Principle Centers * Mun/UC-Centres (Qu:Moonops-List Jan78);
Divine Principle Families * UC-Ortsgruppen (Moonops-List Jan 78);
Divine Principle Home Study Course, The * Act. d. Divine Principle
  Study Groups;
Divine Principle Study Groups * Mun/UC-Ac;
DNB = Diplomat National Bank
Doctor U.S. Pakh Heart Foundation * Mun/UC-conn Bss in Virginia,
  Qu: FOCUS 7/85;
Dong Wha Titanium Industrial Co. * gegr.1973; Qu: Frazer-Report.
  "Dong Wha Titanium produces titanium dioxide, which is marketed
  in Korea to paint, rubber, and ink industries. It was establi-
  shed in 1973 and became a joint venture with UC-Korea in April
  1974. Sun Myung Moon was chairman of the board and owner of 90.
  5 percent of the stock. A Japanese national named Yaji Junsei
  was listed as owner of 6.6 percent of the stock. Dong Wha`s
  assets were put at $2.2 million, 1975 gross sales at $1.302.000
  and profits at $164.000."[1]
Doorbraak = UC-Monatszeitschrift in den Niederlanden,1978-1982(?).
Down Home Inn * Mun/UC-Inst., 305 W 34th St., New York/NY; Qu: SPC
  -List 1982.

Dreieinigkeit (Stichwort/keyword): cf: Trinity=-

EAA = (inoff.shortening) European Artists Association
East Lothian Shipbuilding and Fishing Company * Mun/UC-Firma, SPC-
  List 9/84.

1

  Frazer-Report p.327

East Sun Automotive Department * Teilnahme an der 1st Unification
Home Church Convention and Fair, 9/82, New York;
East Sun Building * Teilnahme an der 1st Unification Home Church
Convention and Fair, 9/82, New York;
EAW = (inoff.shortening) European Arts Workshop
   EAW I = Jan 29-Feb 1,1986 D-
   EAW II = Jan 29-Feb 1,1987 NL- ("Huize Glory")
Ecumenical Conference on New Religious Movements * Von "The Catho-
lic University of America - also nicht der Munbewegung -veran-
staltete Konferenz zum Thema der Neureligiösen Bewegungen. Als
Chairman fungierte der im Ruhestand lebende Bischof von Ohio,
Rt.Rev.John H.Burt, als Honorary Chairman The Rev.William
J.Byron SJ, President (der Universität). Als Co-Sponsoren
wirkten je eine Vertreterin des National Council of Catholic
Women und der "Church Woman United". Conference Director (und
wohl auch die treibende Kraft des Ganzen) war jedoch ein Mann,
der sich bei einer Kirchen-Konferenz (Amsterdam Sept.1986) als
Agent bzw. Consultant der UC für den Kontakt mit den katholischen Bischöfen in den USA vorgestellt hatte: Marvin Bordelon.
Das Conference Committee setzte sich zusammen aus: Bischof
Burt, Marvin Bordelon, Dr.Mose Durst (Führer der HSA UWC/USA),
zwei für ihr Eintreten zugunsten der Jugendreligionen, insbesondere der Scientology und der UC bekannten US-Theologen
Dr.Dean Kelly und Dr.Franklin H.Littell, (letzterer hatte in
der Bundesrepublik 1985 eine Art Goodwill-Tour für die UC
abgehalten) sowie einem Rev.Thomas Stransky (The Paulist Fathers). Datum der Konferenz war der 27.April 1987, Ort: The
Catholic University of America.
Im Konferenz-Report hieß es: "It was noted early on that this
conference was a historic first -- the first meeting ever
between the leaders of mainline Christian Churches and representatives of NRMs. This sense of a breaktrough seems to have
permeated the deliberations, described by some participants
afterwards as 'genuinly inspired, high level, filled with
trust and candor, insightful, hopeful, promising, ect'" Das ist
durchaus verständlich und wird es noch mehr, wenn man im Konferenz-Report liest, daß die "teilnehmenden" NRMs (New Religious
Movements = die von den Gruppen selbst erwünschte Klassifika-

tion) die drei kontroversest diskutierten überhaupt waren: Neben der führend mitbeteiligten UC die "Scientology Kirche" und die "Internationale Gesellschaft für Krishna Bewußtsein (ISKCON)". Alle drei in der letzten Zeit durch Kriminalfälle von erstaunlicher Gravität ins öffentliche Bewußtsein gehoben. (Dr.Dean Kelley hatte jedoch im Hinblick auf Mun und die Scientology-Führer dies auf der Amsterdam-Konferenz als Beispiele für eine "Verfolgung religiöser Minderheiten" genannt).

Daß diese drei Gruppierungen auch zu den Finanziers der "Ökumenischen" Konferenz gehörten (der Begriff Ökumene wurde hier eindeutig und vermutlich absichtlich mißbraucht), gibt ihnen besonderen Anlaß zu großer Genugtuung. Unter den neun Rednern der Konferenz waren neben Dr.Kelley und Dr.Littell, sowie neben Dr.Mose Durst (UC) auch die Vertreter der Scientoloy und der ISKCON.

Wenn die Washington Post (May 2,1987) meint: "So this week's session was organized to be as informal, low-key and unofficial as possible, with no advance publicity, no reports and no effort to reach consensus", dann ist das in einem Punkt verständlich: Voraus-Publizität hätte erhebliche Kritik gebracht. Ein ähnlicher Versuch (1985 in Deutschland) war daran gescheitert, daß die Voraus-Publizität zu einem Sturm der Kritik und letztlich zum Ausfallen der geplanten Konferenz führte. Daß die Konferenz dann ganz anders gewertet wurde (und nicht "low-key and unofficial as possible"), zeigen die Konferenz-Papiere.

Ecumenical Foundation for Community Development * Mun/UC-Ac, Qu: SPC-List 1982.

Ecumenical Movement for the Advancement of National Goodwill EMANG "ecumenical association of ministers" in Süd-Afrika; "in the Sotho language the word emang means 'stand up and be counted'"; Konferenzen für "ministers of all races and denominations (...) and we also try to get a balanced representation of conservatives and liberals" (UN 5/87,2)

Eden Awareness Training Center * Mun/UC-Org.

Eden Floral Farm * Mun/UC=-conn.Bss, Züchtung der für das Fundraising benötigten Blumen (Rosen); USA

Eden Press * Mun/UC=-Inst. in Berkeley/CA; Qu: Moonops Jan 78;

edition neue mitte * Mun/UC-conn-publishing company in Österreich/
  Austria (Wien);
Eine Welt = Z> Deutschland, monatl., >+<
21-Tage-Workshop cf: 21-day-workshop (twenty..)
Elmayan Press * Mun/UC-Bss in F; Qu: Moonops-List Jan 78;
Elterngemeinschaft der Vereinigungskirche * Mun/UC-Tarnorganisati-
  on in D und A;
EMANG = Ecumenical Movement for the Advancement of National Good-
  will=-
  EMANG   I = 7/86 "Education and Liberation", 20 p
  EMANG II = 10/86 "Sharing Responsibility in Education" 40/45p

Empoverment-Techniques/Unterwanderungstechniken Stichwort/Keyword
Bewegungen wie die UC leiden hinsichtlich ihrer öffentlichen
Geltung stark an der Kritik, die sie sich durch ihr Auftreten,
ihre Lehren und ihre Methoden zugezogen haben. Die öffentliche
Geltung steht oft im eklatanten Widerspruch zur Selbsteinschätzung
der Gruppe. Insbesondere Erlebnisberichte Betroffener oder Ge-
richtsverfahren (wie das wegen Bilanzfälschung etc. gegen San
Myung Mun, oder das Verfahren der UC gegen die Daily Mail in
London) tragen zum Negativ-Image der Gruppe bei. Dieses Negativ-
Image behindert die Gruppen dann u.a. auch bei ihren Versuchen,
sich in bestimmten Bereichen festzusetzen.
Als Beispiel dafür kann der Brief eines Geschäftsführers eines zum
Mun-Imperium gehörenden Betriebes an einen Geistlichen gewertet
werden, der die UC kritisch dargestellt hatte. Dort heißt es:
"Seit einigen Monaten bin ich verantwortlicher Geschäftsführer der
Werkzeugmaschinenfabrik Heyligenstaedt in Gießen, einem Unterneh-
men, das seit 1985 zur koreanischen Aktiengesellschaft Tong Il ge-
hört.
Aus der Frankfurter Rundschau vom 28.2.87 (...) und zahlreichen
anderen Veröffentlichungen muß ich bestürzt zur Kenntnis nehmen,
daß die evangelische Kirche ganz offensichtlich das Grundgesetz
unseres Staates in übelster Weise strapaziert, nämlich eine Welt-
anschauung verleumderisch kommentiert, und dadurch tausende von
Arbeitsplätzen der betreffenden deutschen Firmen gefährdet.
Ich möchte Ihnen hiermit in aller Höflichkeit - aber auch in aller
Deutlichkeit - mitteilen, das wir dies keinesfalls hinnehmen wer-

den" [1].

Der betreffende Geschäftsführer hat wohl zu Recht ein Durchschla-
gen der Kritik an der Mun-Sekte auf die geschäftlichen Erfolge
ihres industriellen Imperiums-Teiles gefürchtet.

Auch im politischen Bereich kann das Negativ-Image störend wirken.

So hatten die Mun-Sekte und ihre Studentenorganisation CARP in einem Bundestagswahlkampf (1976) versucht, mit Wahlhelfern und Flug-
blättern der CDU/CSU "Wahlhilfe" zu geben, was diese Parteien sich
aber mit Rechtsmitteln (Einstweilige Anordnung) verbeten haben.

1

Brief DE/Ny v.6.März 1987

Es ist verständlich, daß mit allen Mitteln versucht wird, jede Form des Negativ-Images zu bekämpfen und eine Weißwasch-Kampagne an seine Stelle zu setzen. Dazu hat sich die Vereinigungskirche - wie übrigens andere Gruppen, von denen insbesondere die sogenannte Scientology-Kirche und die "Internationale Gesellschaft für Krsna-Bewußtsein (ISKCON)" zu nennen sind - einer Vielzahl von Methoden und Techniken bedient.

Diese Techniken haben alle das eine Ziel: Empoverment, d.h. die Steigerung der Macht und des Wirkungsrahmens der betreffenden Gruppe, in unserem Falle der UC.

Die Technik der Verschleierung: Anfangs freimütig geäußerte Lehren oder abgegebene Schriften werden immer mehr "aus dem Verkehr gezogen". Sie verlieren keineswegs an Geltung, werden aber "wegen der Gefahr von Mißverständnissen" nur den Mitgliedern nach einer gewissen Schulungszeit übergeben und mitgeteilt. So wurde in der Bundesrepublik im Anfang für den "neuen Messias aus Korea" geworben, während man bald dazu überging, San Myung Mun als "Kirchenführer" oder "Prophet" (in dem Sinne, in dem man Martin Luther King ebenfalls so tituliert hatte) zu bezeichnen.

Der Technik der Verschleierung dient es aber auch, wenn bestimmte Informationen grundsätzlich nicht der Öffentlichkeit übergeben werden. Im Falle der Mun-Bewegung wären das z.B. die sogenannten Master-Speeches (MS=-).

Die Technik der Umdeutung: Die Technik impliziert zum einen das Umdeuten von Lehrbestandteilen oder Handlungen gegenüber der Öffentlichkeit. So wird die Lehre vom 3.Weltkrieg dahingehend uminterpretiert, daß bei Vorhaltungen gesagt wird: "Wir meinen einen geistigen 3.Weltkrieg". Tatsächlich handelt es sich aber um Aussagen, die für einen "geistigen" 3.Weltkrieg unsinnig wären.

Zum anderen wird diese Technik dahingehend angewendet, daß man sich beispielsweise als "Dialogpartner" der Gruppe ausgibt, die man in der Tat am schärfsten und unversöhnlichsten bekämpft. So ist es hinsichtlich der Mun-Bewegung aufschlußreich, Mun's haßvolle Reden über den Marxismus und Kommunismus mit den Mun-Seminaren zum Thema "christlich-marxistischer Dialog" in Beziehung zu setzen.

Die Technik der geschaffenen Verpflichtung: "Wes Brot ich eß, des
Lied ich sing", sagt ein altes deutsches Sprichwort. In Korea
sagte ein Kirchenführer zum Autor "Wer sich von Mun nur einmal
einladen läßt, ist bei uns draußen, denn er hat sich kaufen lassen", als dieser ihn nach der Mun-üblichen Strategie, Geistliche
einzuladen, ihnen Reisekosten und Verköstigung zu gewähren gefragt
hatte.
Cincinnati Enquirer (Aug.17,1987): **"Pastors get 'Moonie' junket
offer** - Enquirer News Services. DES MOINES, Iowa - The Unification
Church - the'Moonies' - has made an offer to 500 Iowa pastors, and
20 of them can't refuse it. For $350, a pastor gets a 12-day trip
to Japan and Korea. The package includes the flight, rooms in
first-class hotels in Tokyo and Seoul, 'banquet-style meals',
cultural performances and tours of historical and religious sites.
The trip also includes daily lectures on the theology of the
Rev.Sun Myung Moon and visits to Korean sites of the early days of
the controversial Unification Church".
Dazu gehört es auch, den Celebrities (wichtigen Personen) ein - u.
U. auch mit einer "Unkostenpauschale" versehenes - Amt anzutragen.
Welche Schwierigkeiten jedoch damit verbunden sein können, zeigt u
a. der in dieser Arbeit unter dem Stichwort **Anderson, Robert B.**=-
geschilderte Sachverhalt.
Die Technik der "Guten Freunde" und Gäste (Image-Saugen): Diese
Technik ist mit der vorgenannten eng verwandt. "Wer sich mit
derart hochgestellten und wichtigen Persönlichkeiten umgibt, kann
doch kein schlechter Mensch sein" - lautet die einfältige Logik
dieser Technik. Mun selber hebt in seinen Sonntagsreden (Master
Speaks=-) nicht selten darauf ab, desgleichen Bo Hi Pak und andere
Führer des Mun-Imperiums.
Übrigens werden solche Personen dann automatisch zu Verteidigern
der Bewegung, wenn sie für ihre Nähe zu Mun bzw. seinen Organisationen kritisiert werden. Mitunter sind sie ja auch der "Technik
der geschaffenen Verpflichtung" ausgesetzt gewesen oder gar erle-
gen. Solche Personen sind die besten Anwälte der Bewegung und
ihres Führers. Das für sie investierte Geld hat sich am besten
rentiert. Es hat gute Gründe, wenn Kritiker Mun`s immer wieder vor
dem (vor allen mehrmaligen) Besuch der vom Mun-Imperium veranstal-
teten Konferenzen warnen.

Die Technik der gezielten Konversion: Diese Technik versucht aus kritischen Gruppen wichtige Personen herauszuziehen und sie zu einer Sinnesänderung zu bewegen. Dies gelingt Mun am leichtesten bei den Kirchen. Es ist zu berücksichtigen, daß gerade bei den Kirchen ein erheblicher Prozentsatz von gutwilligen und lieber "positiver d.h. aufbauender Kritik" gegenüber offener, enthüllender Kritik gegenüber jedoch ablehnend eingestellter Personenkreis zu finden ist.

Als Beispiel für einen vermutlichen Erfolg dieser Technik sei auf das Stichwort **"Ecumenical Conference on New Religious Movements"**=- hingewiesen.

Die Technik der Einschüchterung: Als Beispiel für diese Technik kann zum Beispiel der Brief des Heyligenstaedt-Geschäftsführers gelten, der oben zitiert wurde. Dazu gehört aber auch die Technik, den Kritiker als Störenfried des gesellschaftlichen Friedens und als die eigentliche Quelle des Negativzustandes zu "entlarven".

Epoch Maker = Mun/UC-Z> Qu: EMAM-List;

Ethics and Environmental Conference * Mun/UC-Ac

Ethics for a New Age * Mun/UC-Ac (Qu: Moonops-List Jan 78);

European Artists Association * Mun/UC-Künstlervereinigung; Jahres-
beitrag 40 Hfl (US-$25 f.Non-Europeans); gegr.1987; A> Christo-
pher V.Davies, Gooioord 273, NL-1103 CR Amsterdam, Tel.:>31-20-
95198<

European Arts Workshop * seit 1986 stattfindende Treffen von UC/VK
-angehörigen Künstlern; Aus den Treffen entstand die EAA=-
European CARP-Newsletter = Z> CARP Europe, Editor-in-Chief: Claus
Dubisz; Editors: Kurt Wenzel, Masaki Nakamasa; Graphics & Lay-
out: Peter Wressnigg; Publisher: Mr.Kwang Kee Sa; No.2 = 7/86.

Faculdade de Teologia da Unificaos * UC-Hochschule in Brasilien,
Es handelt sich um das südamerikanische Gegenstück zu **UTS**-Bar-
rytown; A> Estrada do Mooro Grande, 656 - Riacho Grande CEP 09
700, S.Bernardo do Campo, SP Cx.P.7051 >Brasilien-01-443-6566<;
Die fünf Departamentos der Hochschule sind:
01 Departamento de Linguas: Portugiesisch, Englisch, Korean.

02 Departamento de Theologia General: Vereinigungs-Theologie, Vereinigungs-Philosophie, Biblische Theologie, Kirchengeschichte

03 Departamento de Pragmàtica: Prakt.Theologie, Verwaltung;

04 Departamento de Ciéncas Humanas: Einführung in die Philosophie, Allgemeine Philosophiegeschichte, Geschichte der Religionen, Soziologie, Psychologie, Anthropologie, Wissenschaftsmethodik, Studium der Probleme Brasiliens, Politikwissenschaft

05 Departamento de Desportos: Leibeserziehung.

Mit der Gründung dieser Hochschule, die im Jahr 1985 erfolgte, hat die Mun-Bewegung in Südamerika ihre Position gefestigt und verstärkt. Die Studenten missionieren vor allem in der nahegelegenen Großstadt Sao Paulo.

Familie Unifee * Mun/UC-Ac in CH, (Qu:Moonops-List Jan 78)

Family Association for the HSA UWC * Mun/UC-Untergruppierung der HSA UWC;

Family Youth Survival * Teilnahme an 1st Unification Home Church Convention and Fair, 9/82, New York;

Fan Community Center * UC-Ac in Richmond/Virginia for young people "The opening of the youth-oriented center last weekend coincided with flyers distributed in the Fan that do not identify the community program as a project of the controversal church" (Richmond Times Dispatch, Jan 30, 1982; HumPro)

Far Eastern Travel Agency * Mun/UC-Firma, New York/NY, Qu: EMAM-List

FARMAP * franz.Titel der African Foundation for Moral Renewal and Vocational Apprenticeship=-, Central African Republic;

Fast Brothers * Mun/UC-conn Bss Qui: FOCUS 7/85;

Fathers Fish * Mun/UC-conn Bss in Richmond/NY (Qu: FOCUS 7/85);

Federation for Worldpeace and Unification * Mun/UC-Org.

Fest-Kalender der UC (Stichwort/keyword)
Der innere Kern des Mun-Imperiums, die Tong il Kyo/Unification Church, hat ihr eigenes Kirchenjahr, dessen Feste sich sowohl nach dem Solar-(S.C.) als auch Lunar-Kalender (L.C.) richten. Es handelt sich um Tage aus dem Leben Mun`s und der Geschichte der UC. Tong il Kyo/UC has its own cyclus of festivals, related to Moon`s biography and the history of his church.

S.C. Jan. 1 (1968) Day of God / Gottestag
S.C. Jan. 3   Birthday of Jesus Christ / Geburtstag Jesu
L.C. Jan. 6   Birthday of Parents / Geburtstag der Eltern
S.C. Feb.22 (1948) Imprisonment (Inhaftierung) in North Korea
          (1955) Foundation of **Sungwha Youth Assn** HQ
          (1968) Wedding (Heirat) of 436 couples
S.C. Feb.24 (1960) Distribution of Holy Prayer
L.C. Mar. 1 (1960) Parent's Day / Elterntag
L.C. Mar. 1 (1946) Birthday of Sungjin / Sungjins Geburtstag
L.C. Mar. 3   Resurrection / Auferstehung [1]
S.C. Mar.13 (1960) Distribution of Itinerary Stone
L.C. Mar.16 (1960) Wedding of Parents / Hochzeit der Eltern
L.C. Mar.21 (1960) Wedding of 3 sons & daughters
S.C. Apr.17 (1960) Declaration of Spiritual Resurrection
                   Deklaration der Geistigen Auferstehung
S.C. Apr.   (1961) Deklaration of Physical Resurrection
                   Deklaration der leiblichen Auferstehung
S.C. May 1 (1954) Foundation (Gründung der) of H.S.A.-U.W.C.
S.C. May 15 (1961) 33 couple wedding / Heirat der 33 Paare
S.C. Jun. 4 (1962) 72 couple wedding / Heirat der 72 Paare
S.C. Jul. 4 (1955) Imprisonment (Inhaftierung), South Korea
S.C. Jul.24 (1963) Sanctification of Creatures - World Day
                   = L.C. May 1 (1963)
S.C. Aug.17 (1955) Birthday of Hijin / Hijins Geburtstag
L.C. Oct. 1 (1960) Childrens Day / Kindertag
S.C. Oct. 4 (1955) Out of Prison (Haftentlassung) South-Korea
S.C. Oct.14 (1950) Out of Prison (Haftentlassung) North-Korea

Darüberhinaus sind die Geburtstage der Mun-Kinder von besonderer
Bedeutung für die Mun-Gläubigen. Der Geburtstag Sungjin's und
Hinjin's war schon mit aufgelistet worden. Die vorliegende Feste-
Liste bietet in einer besonderen Spalte noch die Geburtstage
weiterer Mun-Kinder:
In addition there are the dates of birth of the Moon-children of
special importance:
L.C. = Lunar/Mond-, S.C. = Solar/Sonnen-Calendar/Kalender

----

[1]

Es ist vermutlich die "Auferstehung" Mun's gemeint

```
L.C. Dec.11, 1969 = S.C. Jan 27, 1961: Yejin (Daughter/Tochter)
L.C. Dec. 3, 1962 = S.C. Dec.29, 1962: Hyojin (Son / Sohn)
L.C. Jul.18, 1965 = S.C. Aug.14, 1965: Injin (Daughter)
L.C. Oct.23, 1966 = S.C. Dec. 4, 1966: Hungjin (Son)
L.C. Nov.23, 1967 = S.C. Dec.24, 1967: Eunjin (Daughter)
L.C. May 25, 1969 = S.C. Apr.10, 1969: Hyunjin (Son)[1]
```

FgF = (inofficial shortening) Forum für geistige Führung (unter diesem Begriff wurde 3/87 für CAUSA eingeladen.)

FIEJ Golden Pen of Freedom * Auszeichnung, die durch die World Media Associaton=- verliehen wird (GWUCM,10);

First Amendment Research Institute * Mun/UC religious-political front Qu: FOCUS 7/85; "has been lobbying the government to make deprogramming a crime" (Ex-Moon Update, Vol.3, No.5-7/81,3).

F.M.S.A. = Fondation Mondiale de Secours et d`Amitie

Föderation für Weltfrieden und Vereinigung e.V. - FWV * politische Mun-Org in der BRD; Satzung errichtet 28.1.71 in Essen. Zweck d Vereins: "Der Zweck dieses Vereins ist die Förderung der Verwirklichung a) der Welt des Friedens und der Einigkeit durch Aufklärung über die fundamentale Wesensart des Lebens und des Universums im Licht der ewigen Wahrheit; b) der Welt des gegenseitigen Respektes, Wohlstandes und der Gerechtigkeit durch Ausschaltung von schädlichen Einflüssen wie Kommunismus, Rassenunterschiede, Unwissenheit, Armut, Vorurteil und Unmoral und durch Anreiz von Ehen verschiedener Rassen, freiem Austausch akademischer Forschung und kulturellen Wirkens 5. Zu diesem Zweck wird der Verein folgende Funktionen ausüben: a) Den Irrtum und die Ungültigkeit des atheistischen Kommunismus darzulegen, kritisch zu analysieren u die Konzepte zur Verdrängung des Kommunismus zusammenzufassen u zu publizieren, damit die antikommunistische Bewegung wirksamer koordiniert u gesteuert werden kann.

----

[1]

Hier wurden vermutlich die Daten des Lunar- und Solar-Kalenders vertauscht.

b) Nach der fundamentalen Wahrheit in allen orientalischen und westlichen Religionen zu suchen, so daß die gemeinsame Basis für ihre Bemühungen geschaffen werden kann, und dann ihre harmonische Zusammenarbeit zu ermutigen und sie zu veranlassen, ihr gemeinsames Ziel zu verfolgen.

c) Den grundlegenden Zweck akademischer Forschung auf allen Gebieten zu unterstützen durch Förderung ihres Studiums und Erleichterung des Austausches ihrer Entdeckungen.

d) Die Presse- und Kommunikationsfreiheit auszudehnen und Massenkommunikationseinrichtungen zu gründen und zu handhaben.

e) Den Lebensstandard der Städte und den der ländlichen Gebiete einander anzugleichen durch praktische Führung und technische Unterstützung der Landbevölkerung.

f) Die Ausbreitung von Ausbildung und Erziehung anzuregen und zu verwirklichen, wobei Entwicklung von Charakter und Verstand unter dem Motto steht: 'Wir werden Charaktere ausbilden, der Welt zu dienen` und zu diesem Zweck verschiedene Schulen und Hochschulen zu gründen und zu leiten.

g) Die Einstellung in Bezug auf die Systeme der Rassenunterschiede und Rassentrennung abzuschaffen durch freie Mischehen, die alle existierenden Schranken u Rassen übersteigen.

h) Gesundheit und Hygiene zu fördern durch einen Kreuzzug gegen Armut durch Demonstration von hygienischen Praktiken und durch medizinische Hilfe und Körperertüchtigung durch verschiedene athletische Aktivitäten.

Zu diesem Zweck soll der Verein durch Lehrgänge, Diskussionen, Vorträge, Seminare, Verbreitung von entsprechender Literatur, Fernkurse und andere geeignete Mittel die Menschen anregen, sich mit zweckentsprechenden Fragen zu befassen.(...)

30. In dem Verein gibt es folgende Abteilungen:

a) **General-Sekretariat:** Ist verantwortlich für Betrieb, Projekte, allgemeine Angelegenheiten, Beziehungen zur Öffentlichkeit, Direktion, Organisation, Beratung, Personal, Finanzen, Buchhaltung und diverse Arbeiten der Körperschaft, die keiner der anderen Abteilungen übertragen wurden.

b) **Abteilung für Vereinigung der Welt-Ideologien:** Ist verantwortlich für die Aktivitäten spezifiziert unter Punkt 5a.

c) **Abteilung für Vereinigung der Welt-Religionen:** Ist verantwortlich für die Aktivitäten spezifiziert unter Punkt 5b.

d) **Abteilung für die Vereinigung der akademischen Forschung der Welt:** Ist verantwortlich für die Aktivitäten spezifiziert unter Punkt 5c.

e) **Abteilung für die Vereinigung der Welt-Kultur:** Ist verantwortlich für die Aktivitäten spezifiziert unter Punkt 5d.

f) **Abteilung für die Vereinigung der Welt-Wohlfahrt:** Ist verantwortlich für die Aktivitäten spezifiziert unter Punkt 5e.

g) **Abteilung für die Vereinigung der Welt-Bildung:** Ist verantwortlich für die Aktivitäten spezifiziert unter Punkt 5f.

h) **Abteilung für Weltfrieden und Vereinigung der Menschen:** Ist verantwortlich für die Aktivitäten spezifiziert unter Punkt 5g.

i) **Abteilung für Weltfrieden und Vereinigung im Gesundheitswesen:** Ist verantwortlich für die Aktivitäten spezifiziert unter Punkt 5h."

Die Föderation ist die deutsche IFWU=-Gruppe.

FO = Forum Ost,

FO 11/86 = Baltic World Council / Forum Ost Wien 5.11.87: "Was gehen uns die baltischen Staaten an";

FÖ = Forum Österreich,

Fondation Mondiale de Secours ed d'Amitie * IRFF-France, A> 5,Passage Doisy, F-75017 Paris;

Forum-Aktivitäten (Stichwort/keyword)

Im Mun-Imperium wird seit einigen Jahren viel Zeit, Kraft und Geld darauf verwendet, sogenannte "Foren" als Tagungs-Institutionen zu betreiben. Diese werden sowohl auf "nationaler Basis" ("Forum Österreich" etc.) als auch Themen-bezogen ("Religion und Weltgestaltung" etc.). es fällt auf, daß Multiplikatoren eingeladen werden, um diese Namen öffentlich für das Mun-Imperium, einsetzen zu können. Der meistens mangelnde öffentliche Zuspruch scheint dabei von Belanglosigkeit. So ergibt sich die Überlegung, daß diese Foren lediglich einem Hauptzweck dienen: Personen mit öffentlicher Geltung vor den Karren des Mun-Imperiums zu spannen und sie sich zu verpflichten. Dies umso mehr, als man sich auch noch in den meisten Fällen der Mühe und den Kosten unterwirft, die - teils recht belanglosen - Vorträge in einer jeweils eigenen Zeit-

schrift zu publizieren. Daß dabei u.U. etwas ad-hoc-Rennommee für
das Mun-Imperium herausspringt, scheint eher ein Nebeneffekt. So
zeigt sich, daß bei solchen Foren engagierte Vortragende, sich oft
als Apologeten Muns und seiner Bestrebungen engagierten, um so
ihre eigene Teil- und u.U. Honorar-nahme zu verteidigen.

Forum Für Geistige Führung * "Eine Initiative der CAUSA Deutschland"; "CAUSA geht davon aus, daß es nur dann zu positiven Ver-
änderungen kommen kann, wenn sich gläubige und verantwortungs-
bewußte Menschen in gemeinsamen Zielsetzungen zusammenfinden.
CAUSA fördert die Auseinandersetzung mit bestehenden Wertesy-
stemen und den Gedanken einer Renaissance des Sittlichen. Aus
dieser Motivation heraus entstand als eine Initiative von CAUSA
Deutschland das Forum Für Geistige Führung, das sich mit den
Herausforderungen der Gegenwart und Zukunft Deutschlands im
globalen Rahmen auseinandersetzt" (Aus "Forum für geistige
Führung" 1987 Nr.3, S.3). Das Forum veranstaltet "**Tagungen für
Geistige Führung**"=- (TFGF)
Forum Für Geistige Führung = Z> des **Forum Für Geistige Führung**=-
**Forum für nationale Zeitfragen - Forum National De Reflexion Poli-
tique** * CAUSA=-Schweiz-Untergruppierung 1988
    FFNZ I = 23.04.88 Bellevue-Palace Bern "Geistige Identität der
    Schweiz
Forum Religion und Weltgestaltung - FRW * Mun/UC-Ac in Österreich
seit 1984; "In Wien ist geplant, einen monatlichen Klubabend
des Forums Religion und Weltgestaltung zu etablieren, der im
Leseraum der Zeitschrift 'Die Familie` stattfinden soll.
In Graz hat sich bereits ein kleiner, aber intensiver interre-
ligiöser Kreis gebildet, dem Vertreter der katholischen Kirche,
der evangelischen Kirche, der Mormonen, der neuapostolischen
Kirche, der 7-Tages-Adventisten und der Vereinigungskirche angehören" (Die Familie 6/87)
Deutschland: A> Reuterweg 93, 6000 Frankfurt; >069/5973828 & 59
70611<. Die Briefbogen tragen die Aufschrift:
"Das **Forum Religion und Weltgestaltung** ist ein Projekt von IRF
(International Religious Foundation). IRF ist eine internationale interreligiöse Stiftung, die 1983 auf Initiative mehrerer

Theologen in Zusammenarbeit mit dem theologischen Seminar der Vereinigungskirche in New York gegründet wurde".

Österreich: A> Stollgasse 7/8, A-1070 Wien, >0043-222-937165 / 835330<.

Bei den Einladungen wird darauf hingewiesen: "Alle Gäste sind zum gemeinsamen Mittagessen eingeladen. Getränke gehen auf eigene Kosten".

Forum Österreich - FÖ * Mun/UC-Aktivität zur Abhaltung von Tagungen und Konferenzen. Firmiert als "Eine Initiative zur ideologischen Erneuerung". Man will die "ideologischen Voraussetzungen einer gesunden Demokratie" (Schreiben v. 02.03.1990) zum Gegenstand der Bemühungen machen. A> Hütteldorfer Str. 51/15, A-1150 Wien. >0043-222-927245<, Generalsekretär: Mag. Andreas M. Thomas. Das FÖ hat wohl die Funktion, dem Mun-Imperium einen Zugang zu Personen mit öffentlichem Wirkungskreis zu verschaffen und sie, bzw. ihren Namen, für das Mun-Imperium zu nützen.

Forum Ost - Verein zur Verwirklichung der Menschenrechte * politische Organisation in Österreich u der BRD; A> Urban Loritz-Pl 3/13, A-1070 Wien >0222-9618046<; Wilhelmstr.27. D-8000 München 40, >089-394179<.

"Das FORUM OST wurde im Dezember 1984 gegründet. Ausschlaggebend waren für die Gründungsmitglieder persönliche Erfahrungen mit Freunden und Verwandten aus Osteuropa und die Anregung durch Lehre und Werk des Rev. Sun Myung Moon.

Das FORUM OST will einen Rahmen bilden für Menschen aller demokratischen Lager unabhängig von ihrer Herkunft und Konfession, die sich mit friedlichen Mitteln für die von Gott gegebenen Rechte aller Menschen einsetzen wollen". Aus der Satzung: Zweck des FO ist u.a. "das Sammeln und Verbreiten von Informationen über totalitäre Systeme, insbesondere den Kommunismus, und ihre Praxis; die Auseinandersetzung mit der Ideologie des Kommunismus sowie die Ausarbeitung von Grundlagen und Alternativen zu seiner Überwindung unter Verwendung ausschließlich friedlicher Mittel; die ideelle und materielle Unterstützung von Einzelpersonen oder Gruppen, die sich mit friedlichen

Mitteln für die Verwirklichung der Menschenrechte einsetzen;
die Kontaktaufnahme und Zusammenarbeit mit Personen und Organi-
sationen mit ähnlicher Zielsetzung".
Vorstand 1/88: **Obmann:** Ing.Eckart Riehl (Wien); **Obmann-Stellv.:**
Mag.Maria Pammer (Wien); **Schriftführer:** Christine Scalisi
(Wien); **Kassierer:** Manfred Krist (Wien); **Beirat:** Ing.Karl Ebin-
ger, (Wien).
Forum Ost Uni-Club * Studentenorganisation des **Forum Ost**=-
FPI = Free Press International;
FPI International Report * Z> der **FPI**=- cf: International Report=-

Frankreich/France (Stichwort/Keyword)
    Academie pour la Paix Mondiale=-
    Association pour l`Unification du Christianisme Mondial - AUCM
    CAUSA France
    La Vocation Spirituelle de la France=-
In der Zeitschrift **BULLES** - **Bulletin de Liaison pour l'Etude des
Sectes** (2^e trimestre 1988 N° 18) werden in einem Artikel "Les
Sectes Sous le Masque - Liste non exhaustive des associations
controlees des sectes" (pp.9-12) folgende Mun-Hinweise gegeben:
1/ A.U.C.M. (Associatiopn pour l'Unification du Christianisme Mon-
    dial) - Château de Mauny, 76350 Grand-Couronne.
2/ Academie des Professeurs pour la Paix Mondiale - 11, rue Toune-
    fort, 75005 Paris.
3/ C.A.R.P. - 9, rue de Pierrelais, 92140 Chatillon-sous-Bagneux.
4/ CAUSA - 9/11, rue de Chatillon, 75014 Paris.
5/ Croisade Internationale pour un Monde Vrai - Association Chre-
    tienne Supra Confessionelle.
6/ M.U.R.S. (Mouvement Universitaire pour la Revolution Spirituel-
    le) - 22, rue d'Estienne d'Orves, 92260 Fontenay-aus-Roses.
7/ Rassemblement pour l'Unite des Chretiens - 11,rue Git-le-Coeur,
    75006 Paris.
8/ SOS Droits de l'Hommee - 4, place Andre Malraux, 75001 Paris.
9/ New Era (New oecumenical Research Association) - 9, rue de Cha-
    tillon, 75014 Paris.

Moon Enterprises

1/ Christian BERNARD (Bijouterie):
- ateliers: avenue Quebec, Zl Courteboeuf, 91940 Les Ulis;
- commerce: 16, rue Portefoin, 75003 Paris, Stands Galeries Lafayette (Haussman and Montparnasse).

2/ Laboratoires Alpha-Omega - 16, rue Ledru Rollin, 94100 Saint-Maur.

3/ Presses de Normandie - Château de Mauny, 76530 Grand-Couronne.

4/ Château de Bellinglise - 60157 Elincourt-Ste-Marguerite.

Free Press International- FPI * Mun/UC "worldwide news service owned by News World Communications with overseas bureaus in 15 world capitals". publishes "FPI International Report"=-

Freedom Leadership Forum * CAUSA Internat. affiliate (GWUCM,6);

Freedom Leadership Foundation, The * Mun/UC-Org f Multiplikatoren (GWUCM,1);

Freedom Research Foundation * CAUSA Internat. affiliate (GWUCM,6);

FREEDOM TOURS * "a subsidiary of GO TOURS"=- >001-718-7845550<(cf: UN 9/86 p.19).

Friends of Soul of Russia Newsletter = Z> Soul of Russia Group=-

Frontier Series = S> IOWC-Office Japan, start Oct 1977

Frontier `78 * Mun/UC-Ac, Qu: SPC-List 1982

Future Production * Mun/UC-conn. Bss. "a New York based production company", aufgeführt unter "Groups linked directly or indirectly to the Unification Church" (The Washington Post, Oct.15, 1989 B4.

FRW = Forum Religion und Weltgestaltung

GA = Global Affairs Z> International Security Council

Gambia, The (Stichwort/keyword)
"Heart-Parents Scholarship Program. IRFF acts as the United States agent for the support program for grade through high school youngsters including school uniforms, books and fees." (HumPro)

Heart Parent Scholarship Fund, The=-

Ganada * Mun/UC-conn Bss in Long Island City/NY   (UN8/85,5)
GCWR = Global Congress of the World`s Religions
GEAI = Global Economic Action Institute
   GEAI-SC = GEAI Standing Committee-Member
   GEAI-SC/TDD = GEAI-SC Trade Development, and Debt,
   GEAI-SC/RS = GEAI-SC Religion and Society,
   GEAI-SC/MA = GEAI-SC Monetary Affairs,
   GEAI-SC/PS = GEAI-SC Political and Security,
   GEAI-SC/T   = GEAI-SC Technical
Gebr.Honsberg GmbH * Tong Il-conn Bss in D-5630 Remscheid;"Mit no-
   tariellem Kaufvertrag vom 17.11.1986 hat die Heyligenstaedt &
   Comp.Werkzeugmaschinenbfabrik GmbH, Gießen 98,8% der Geschäfts-
   anteile an d Gebr.Honsberg Gmbh, Remscheid erworben. Das Stamm-
   kapital d Gebr.honsberg GmbH wurde im Dezember 1986 v DM 15 Mio
   auf DM 25 Mio erhöht" (Rundbrief "Giessen, im April 1987" d HWH
   Werkzeugmaschinen Holding GmbH=-, weiteres siehe dort).

Geld (Stichwort/keyword): Money=-

Gelöbnis/Pledge (Stichwort/keyword)
Das sogenannte Gelöbnis bindet den Mun-Anhänger an Mun als den
"wahren Vater". Es wird am Sonntagmorgen in einer Andacht (Gottes-
dienst, meistens um 5.00 Uhr) abgelegt. Es ist als bindender
Schwur zu verstehen. Ehemalige haben gesagt, daß die Strafe für
das Brechen dieses Schwures die Übereignung von "15 Generationen
an Satan" bedeute (die eigene und jeweils sieben vorausgehende und
nachfolgende). Der Text lautet:
"Mein Gelöbnis: Als das Zentrum des Kosmos will ich den Willen
unseres Vaters, den Zweck der Schöpfung erfüllen, sowie die Ver-
antwortlichkeit, die Er mir zum Erreichen der eigenen Vollkommenheit übertrug. Ich will ein getreuer Sohn (Tochter) und ein Kind
des Guten werden, um in aller Ewigkeit hilfreich in Seiner Nähe zu
sein, in der vollkommenen Welt der Schöpfung, indem ich Freude und
Herrlichkeit ihm bereite. Das gelobe ich.

Ich will völlig auf mich nehmen, den Willen Gottes, die gesamte Schöpfung mir als Erbe zu übergeben. Er hat mir Sein Wort gegeben, Seine Persönlichkeit und Sein Herz ruft mich, der ich gestorben war, zu neuem Leben, indem Er mich eins werden läßt mit sich und mich zu seinem wahren Kind erhebt. Um dies zu erreichen, ging unser Vater 6.000 Jahre unbeirrbar den Opferweg des Kreuzes. Das gelobe ich.

Als ein wahrer Sohn (Tochter) will ich dem Vorbild unseres Vaters folgen und mutig das Lager der Feinde angreifen, bis ich sie völlig gerichtet habe mit den Waffen, mit denen Er für mich den Verlauf der Geschichte hindurch den Feind, Satan, besiegt hat, durch das Säen von Schweiß für die Erde, Tränen für die Menschen und Blut für den Himmel - als ein Diener, aber mit dem Herzen eines Vaters, um seine Kinder und das Universum, verloren an Satan, wiederherzustellen. Das gelobe ich.

Der Mensch, die Familie, die Gesellschaft, die Nation, die Welt und der Kosmos, die bereit sind, unserem Vater zu dienen, der die Quelle ist des Friedens, der Glückseligkeit, der Freiheit und aller Ideale, werden die vollkommene Welt des einen Herzens in dem einen Körper verwirklichen, indem sie ihre ursprüngliche Natur wiederherstellen. Um dies zu tun, werde ich ein wahrer Sohn (Tochter) werden und unserem Vater Freude und Befriedigung bringen. Und als unseres Vaters Repräsentant werde ich auf die Schöpfung Frieden, Glückseligkeit, Freiheit und alle Ideale der Welt des Herzens übertragen. Das gelobe ich.

Ich bin stolz auf die eine Herrschaft, stolz auf das eine Volk, stolz auf das eine Land, stolz auf die eine Sprache und Kultur, die Gott als Mittelpunkt haben. Ich bin stolz, das Kind des einen Wahren Elternpaares zu werden; stolz auf die Familie, die die eine Tradition ererben wird; stolz darauf, als Arbeiter mitzuwirken bei der Errichtung der einen Welt des Herzens.

Ich werde unter Einsatz meines Lebens kämpfen.

Ich werde verantwortlich sein, meine Pflicht und meine Mission zu erfüllen.

Das gelobe ich und schwöre ich. (3x)

<u>Gelöbnis der Familien</u>: Wir Familien, Zentrum des Kosmos, als Brüder und Schwestern senkrecht verbunden und vor dem neuen Himmel Fleisch und Blut der Wahren Eltern, geloben und schwören vor den

wahren Eltern, des Siegesruhmes würdig zu werden, indem wir unsere Stellungen in verantwortungsvollen Aufgaben bewahren und die vom Himmel verordneten Familiengesetze und Traditionen befolgen.

<u>My Pledge</u>: As the center of the cosmos, I will fulfil our Father's Will (purpose of creation), and the responsibility given me (for self-perfection). I will become a dutiful son (or daughter) and a child of goodness to attend our Father forever in the ideal world of creation (by) returning joy and glory to Him. This I pledge.

I will take upon myself completely the Will of God to give me the whole creation as my inheritance. He has given me His Word, His personality, and His heart, and is reviving me who had died, making me one with Him and His true child. To do this, our Father has persevered for 6.000 years the sacrificial way of the cross. This I pledge.

As a true son (or daughter), I will follow our Father's pattern and charge bravely forward into the enemy camp, until I have judged them completely with the weapons with which He has been defeating the enemy Satan for me, throughout the course of history, by sowing sweat for earth, tears for man, and blood for heaven, as a servant but with a father's heart, in order to restore His children and the universe, lost to Satan. This I pledge.

The individual, family, society, nation, world, and cosmos who are willing to attend our Father, the source of peace, happiness, freedom, and all ideals, will fulfil the ideal world of one heart in one body by restoring their original nature. To do this, I will become a true son (or daughter), returning joy and satisfaction to our Father, and as our Father's representative, I will transfer to the creation peace, happiness, freedom and all ideals in the world of the heart. This I pledge.

Im am proud of the one Souvereignity, proud of the one people, proud of the one land, proud of the one language and culture centered upon God, proud of becoming the child of the One True Parent, proud of the family who is to inherit one tradition, proud of being a labourer who is working to establish the one world of the heart.

I will fight with my life.

I will be responsible for accomplishing my duty and mission.

This I pledge and swear.

Pledge of the Families: We families, the center of the cosmos,
brothers and sisters vertically connected and flesh and blood of
the True Parents before the new heaven, pledge and swear before
the True Parents to become worthly of possessing the glory of
victors by maintaining our positions in responsible activities and
by oberserving the family laws and traditions decreet by heaven.

Gemeinschaft vom Heiligen Geist für die Vereinigung der Weltchri-
    stenheit * 1988 in "Eine neue Vision für den Weltfrieden" ge-
    brauchte deutsche Übersetzung des englischsprachigen Namens d.
    VK "Holy Spirit Association for the Unification of World Chri-
    stianity".
Gene`s Sandwich Shop * Mun/UC-business Ac, Qu: Moonops-List Jan 78

Genf / Geneva (keyword/Stichwort)
In Genf ist die Munbewegung stark repräsentiert. Im Mai 1989 sind
vor allem drei Adressen wichtig:
1) 2,rue Saint-Laurent: Das eigentliche Zentrum der Eglise de
l'Unification, das auch in den Gottesdienstnachrichten der Zeitungen angebenen ist (jeden Sonntag 10 h). Das Wohnungschild weist
den Namen "Perottet" aus.
2) 20, Boulevard Georges-Favon; im 7.Stock befinden sich ICF und
der 8.Stock ist mit "Perottet" ausgewiesen. Laut Aussagen eines
schweizer. Sachkenners ist es die Wohnung für Führungspersonen.
3) 4,rue Hesse; eine reine Büro-Etage. Nach Auskunft eines dort
beschäftigten Koreaners "von einer Firma gemietet, die uns die
Räume gibt". Diese Firma sei angeblich nicht munistisch. Der
schon genannte Sachkenner nennt jedoch einen "schweizerischen
Munie" als den Firmeninhaber. Auf dem Briefkasten befinden sich
mit der gleichen Schreibmaschinenschrift folgende Namen, die an
der Wohnungstür ebenfalls erscheinen:
    Mc Callum SA,
    Keminto SA,
    Warn Int. Europe,
    Prosider,
    One Trade (sarl),
    Heiner Handschin S.A.,
    Yves Nidegger,

Forum N at R. Pol.,

CAUSA,

Comite R. et L.,

Artists Ass. Int.,

CARP,

Adewole Bellow (mit Namenstape dazugefügt).
An der Wohnungstür zusätzlich:
The Segye Times.

Genri Undo * Mun/UC-Bewegung in Japan, Qu: Moonops-List Jan 78.

Geschäftl. Bemühungen (Stichwort/kexword) cf: **Business**=-

Gesellschaft zur Vereinigung des Weltchristentums (GVW) * Erster
Name des deutschen Zweiges der Tong il Kyo / Unification Church
Satzung vom 28.12.1971. Zweck des Vereins war es gemäß § 4:
"Es ist der unmittelbare und ausschließliche Zweck des Vereins,
über die kirchlichen, politischen, nationalen, rassischen und
sozialen Schranken hinweg die Menschen der Welt unter Gott zu
vereinen." §5 "Zu diesem Zweck soll der Verein durch Lehrgänge,
Diskussionen, Vorträge, Seminare, Verbreitung von entsprechender Literatur, Fernkurse und andere geeignete Mittel die Menschen anregen, sich mit religiösen Fragen zu befassen. Gelder
werden für diesen Zweck nicht erhoben, sondern die Finanzierung
der Tätigkeiten des Vereins soll auf freiwilligen Spenden der
Mitglieder oder anderer Freunde des Vereins beruhen". Der
Verein wurde von den Familien Winkler, Sorgenicht und von Paul
Werner gegründet.

Gewalt gegen Kritiker und Andersgläubige (Stichwort/keyword)
Nachrichten wie die folgende zeigen, daß die im Westen von der UC
zur Schau getragene Dialog- und Toleranz-Orientierung dort der
Wirklichkeit nicht entspricht, wo sich die UC mächtiger und durch-
schlagsfähiger fühlt. Allerdings ist darauf hinzuweisen, daß die
Berichterstattung über Kritiker auch in den westlichen Ländern
immer von deutlichem Haß und von Diffamierung gekennzeichnet ist.
Ein Auszug aus **The Korea Herald Sunday,** Seoul, Sept.11, 1988,
berichet von Konfrontationen der Mun-Anhänger mit anderen Kirchen

in Korea, sofern diese es wagen, selbst innerhalb der eigenen Räumlichkeiten und Reihen, Kritiker zu Wort kommen zu lassen oder die Mun-Bewegung als negativ einzustufen:

"About 300 Protestants Friday clashed with some 100 members of the Unification Church at a Christian church in Chonju, Chollabuk-do, leaving at least 10 people wounded.

The fight broke out at 10:40 a.m. when the Unification Church faithfuls stormed the Antioch Church where the Christian faithfuls were listening to a lecture by Prof.Tak Myong-hwan.

Tak is director of the Institute for the Research of International Religion. He is a harsh critic of the Moon Sun-myung church.

The Unification Church believers beat the Audience indiscriminately, wounding 10 people.

They also smashed 30 windowpanes and furniture in the church's office with wooden cubs and stones, police said.

Police said the violence lasted for one and a half hours.

On Aug. 31, some 20 unification Church members reportedly kidnapped and beat a Protestant minister who was about to give an anti-Unification Church lecture at a rally in Changhyunggun, Chollanam-do, police said.

After 11 hours of captivity, Lee Tae-bok, a 45 year-old minister of the Pyonghwa Church in Seoul's Silim-dong was released and is currently hospitalized for injuries requiring three weeks of medical treatment.

In Chonan, Chungchongnam-do, about 1.000 Protestants clashed with many Unification Church followers in a stadium on Aug. 14, leaving 50 people from both religions injured.

The episode occured at 2 p.m. as Unification Church goes charged into Oryong Stadium where the Protestants from all denominations were preparing to hold a joint prayer meeting for a successful hosting of the Seoul Olympics and blocking of the spread of the Unification Church".

In allen Fällen zeigten sich die Mun-Anhänger als Aggressoren, die Vereinigungen andere Kirchen angriffen, bei denen die UC kritisch gesehen und dargestellt wurde.

Ginseng Sun, The * Mun/UC-Tea House; Qu:Moonops-List Jan 78.

Ginseng Tea House * Mun/UC-Tea House; Qu: Moonops-List Jan 78.

Gipfelrat für den Weltfrieden, Der * deutschsprachige Übersetzung von The Summit Council for World Peace=-, wie sie in "Eine neue Version für den Weltfrieden" verwendet wurde.

G.K.S. Axles Ltd. > GB-Bss, Technology License Agreement with Tong Il Company, Ltd=- (12/76)

Glass Garden Glassward Company * Mun/UC-conn Bss in New York/NY, Qu: FOCUS 7/85;

Global Affairs (GA) = Magazin> ISC, quarterly;

Global Congress of the World`s Religions * Mun/UC-Ac "Founded on November 30,1980, the GCWR is a forum for and an affirmation of worldwide religious cooperation." (HumPro); Zur Vorbereitung diente eine Serie von Konferenzen "Towards a Global Congress of the World`s Religions"=-. A> P.O.Box 56079, Washington, D.C. 20011 U.S.A.

Global Economic Action Institute, The (GEAI) * Im Free Minds News- letter March/April 1986 (p.8) findet sich folgender Hinweis: "The National Office has been apprised of what may be the new- est Sun Myung Moon, Unification Church 'front`.

The Global Economic Action Institute headed by Robt.B.Anderson, former Treasury Secretary in the Eisenhower Administration is said to be courting the upper echelons of high finance and the international business community of major cities in the U.S. and elsewhere.

Heads of firms who have prominent names with international con- nections on their Boards of Directors are being feted at break- fests in posh business clubs where the featurend speakers are highly placed American political figures and members of the In- ternational diplomatic Community.

The president of one such firm after being appropriately wooed was then asked to induce his Board Members with International connections to join G.E.A.I. When pressed by him, G.E.A.I. staff admitted to their personal membership in the U.C. and to its financial backing in the 'Institute` which has tax-exempt status. When asked to disclose facts and figures, their finan- cial reports were said to be 'slightly delayed and being worked

upon`. When asked about their purpose and agenda, there was no
reply. He concluded they were hidden. Their glazed expressions
did little to reassure him that clarification would follow.
The astute chief officer thereupon withdrew his membership,
stating his intention to ask both friends and board members to
terminate their own association with G.E.A.I. as well.
Like CAUSA`s International Security Council which is courting
prominent military figures on a multi-national basis and Moon`s
known systematic attempts to organize religious figures and
labour unions in a number of countries, Global Economy Action
Institute may be the newest ploy: The deceptive co-opting of
prominent names in the domestic and International business
world to lend legitimacy to U.C. and it`s goals for a Theocra-
tic state led by Moon".

Global **Image** Associates- **GIA** * Mun/UC-conn. Firma in Washington/
   DC. "a Georgetown advertising agency. (...) The man who appeared to have final say on all GIA`s work was Bo Hi Pak, the most
   important man in the Unification Church aside from Moon himself. (...) GIA`s top officers are also Unification Church
   members of considerable prominence, a reflection of GIA`s
   importance to the church. James Gavin, GIA`s CEO and vice
   president, was the Washington Times` first promotion director
   when the paper was established in 1982; he was later appointed
   Pak`s personal assistant at the Times. GIA president Michael
   Smith, I was told, was chosen by Moon to marry a sister of Bo
   Hi Pak. Marc Lee, an important GIA consultant, was one of the
   first Americans to join the Unification Church back in the late
   '60's, and I was told he too is married to a sister of Pak."[1]
   Nach der genannten Quelle ist der Zweck der Firma vor allem der
   Versuch, für die Mun-Bewegung Image-Gewinne zu erzielen. So
   verstand es GIA auch, für eine Kampagne des farbigen Präsident-
   schaftskandidaten Jesse Jackson[2] einen Werbeauftrag zu erhal-

---

[1]Andrew Leigh, Inside Moon`s Washington, in: The Washington
Post, Sunday Oct. 15,1989 B1 & B4.

[2]"Smart Start", "to urge parents to become more involved in
their children`s education" op.cit.

ten, wobei GIA auf jede Bezahlung verzichtete.[1] Die Wichtigkeit
von GIA wird dadurch hervorgehoben, daß GIA durch die Ehe der
Führungsleute über den "in-law club" mit dem Mun-Imperium
verankert ist.

Global Insight = Mun/UC Media Front (Z>) Qu: FOCUS 7/85;

Glocester Lobster Company * Mun/UC-conn Bss in 95 East Main, Glo-
cester/MA   Qu:FOCUS 7/85;

Go`N Yoy Convenience Stores * Mun/UC-conn Bss 17 different stores,
open 24hrs in Washington State;

Go`N Yoy Food Corp. * Mun/UC-conn Bss; Qu: Seattle Post Intelli-
gencer, Aug.4, 1981;

Go Tours * Mun/UC-conn business, 38-38 9th St, Long Island City/NY

Go World Brass Band - GWBB * Mun/UC-Band mit Teams in USA/D, gegr.
1978,

G.O.D. = GOTTismus Offensive Deutschland

God / Gott * (Stichwort/Keyword)
"God (...) needs an object so that He can have give and take and
manifest His almighty energy as a God of omnipotence. (...) **we
want the power to control the universe - all things. We also have
a desire one way as or another to influence all man on the** face
ofthe earth. If there is a way to unite with God or possess God,
than everything that belongs to God becomes yours and comes into
your sphere of control and influence. Therefore our ultimate
desire is to posses or occupy God, since we desire to posses the
greatest of all". (MS "One God - One World`s Religion", March 20,
1972 p.3 & 4).
"Present day Christians don't know that Adam was God's physical
body; he was the visible form of God (...) There are two aspects
of God, external and internal, so God wanted to have a visible
God, Adam, who harmonized with him." (MS 79-10-21 "God of Lamen-
tation" p. 9).

----

[1]"Smith offered his PR services for free, and Jackson accepted", op.cit. B1.

GOD = God:The Contemporary Discussion-Conferences = "God Conferences"

    GOD I   = Dec 26-31,1981

    GOD II   = Dec 30,1982 - Jan 4,1983 Ft Lauderdale/Florida

        110 participants / 30 countries

    GOD III = Dec 30,1983 - Jan 4,1984 Dorado Beach/Puerto Rico

    GOD IV   = Aug 9-15, 1984, Seoul/Korea,

    GOD V   = Dec, 29, 1986 - Jan 3, 1987 Coronado/California

    GOD VI   = April 16-22, 1988 Florida

God Bless America Bicentenial Committee * Mun/UC-Ac; Moonops-List Jan 78, >FH<

God Bless America Festival * Mun/UC-Festival aus Anlaß des Bicentennials am 18.Sept.1976 am Washington Monument (cà 300.000 p).

God Conferences * (God:The Contemporary Discussion) Mun/UC-gesponsorte Konferenzen, vorzugsweise für Theologen und Religionswissenschaftler aller Religionen.

Godism * CAUSA=-Ideologie, angebliche Gegenideologie zum Kommunismus, wird als "neue spirituelle Kraft" ausgegeben. cf GOTTISMUS "Godism is a new worldview. God is the source of all truth. Yet, that truth must be properly communicated to man. The Old Testament expressed the truth of God in a way which was appropriate to that time. When Jesus came, however, the same truth of God took on a new expression. During the 2000 years which have elapsed since the time of Jesus, the intellectual level of mankind has been tremendously heightened, and science and technology have made great strides. What is regarded as common sense truth today would have been incomprehensible to someone living in the time of Jesus.

A great part of the confusion about God which is prevalent in the minds of modern men arises because of the disparity between the modern, scientific character of our age and an expression of divine truth which was elaborated for people of 20 centuries ago.

In order to resolve this disparity, there must be a new expression of truth that can speak clearly to the modern intellectual and scientific mind on the basis of the present level of human development. Godism is a new expression of God and His entire reality - spiritual and physical - in accord with the modern scientific point of view. It is capable of giving every person a grasp of God and the universe, thus providing the basis for a new value perspective (...).

What we need today is the vision to grasp and understand the entirety of Gods, and the reality of man and the universe. This vision is what Godism is trying to provide.(...).

When new truth comes, however, or a new expression of the truth, it engenders a spiritual awakening. It is like man's spiritual blindfold being taken away. He sees the whole perspective and comes to understand the whole implication instead of only part of it. He is no longer in darkness and he has sufficient information to make intelligent judgements as to what is good or bad for his life".[1]

Godism/GOTTismus ist ein Begriff, der mit den Begriffen **Moonismus** und **Unificationismus** erklärt und ausgetauscht werden kann. "I. **Moonism is Godism.** (...) III. **Godism (Unificationism).** By Godism we are going to achieve the creation of the Fatherland. The goal is a unified World" (Qu: Father's Instructions for 19 84; Todays World" Jan/Feb 1984 p.9)

God`s Light Infantry * Mun/UC-Ac in GB; Moonops-List Jan 78.

Golden Age Clubs * Mun/UC-Ac; Qu: FAIR-List 9/84.

Golden Age Records * Mun/UC-Ac; FAIR-List 9/84.

Golden Gate Publishing Co. * Mun/UC-Firma; Qu: Moonops Jan 78.

Golden Gate Seafoods Inc. * Mun/UC-Firma; Qu: The Advisor 3,6.

Golden West Printing * Mun/ International Exchange Enterprises=- conn Bss, (same adress) (Sacramento Bee, Jan 2, 1976)

Golden Star Senior Program * Teilnahme an der 1st Unification Home Church Convention and Fair, 9/82, New York;

Good Carpet Care * Mun/UC-Firma der International Exchange Maintenance; Qu: EMAM-List.

Good Neighbours Inc. * Mun/UC-Inst., SPC-List 1982.

Good News Finally = HARP=-Z>; Moonops-List Jan 78.

Goodwill Medical Service Volunteers, The * Mun/UC-Ac der ICF=-.

1

CAUSA Institute, Introduction to CAUSA Worldview (Draft Edition) Section 7, New York o.J., (1983? 84?) p.49 & 50)

GOTTismus Offensive Deutschland - G.O.D. * Mun/UC-Ac "Durch den GOTTismus kann die Verwirrung im westlichen Wertsystem behoben werden. Zum einen vermittelt der GOTTismus dem westlichen Gedankengut eine ideologische Rahmenorientierung, und zum anderen unterstützt der GOTTismus den Menschen in seiner Sinnsuche und ermutigt ihn, eine harmonische Beziehung zu seinem Schöpfer zu unterhalten. Der GOTTismus beruht auf der jüdisch-christlichen Tradition, nach der der Mensch durch das Erlösungswerk Jesu Christi versöhnt wurde. Gleichzeitig steht der GOTTismus aber auch nicht im Widerspruch zu anderen großen Weltreligionen, die alle die Einheit Gottes betonen" (Ernst Spari, Isolde-Str.3, D-1000 Berlin 41).

Government/Regierung (Sticwort/keyword)
Mun ist besonders viel an der Beeinflussung von Regierungen und Regierungvertretern gelegen. In vielen Fällen werden Regierungsvertreter zu allen möglichen Konferenzen eingeladen. Am weitestgehenden erfolgreich war Mun mit den **ISC=-Bemühungen**. Seine Erfolge begannen mit der antikommunistischen Schulung von Regierungsbeamten in Südkorea. Folgerichtig finden wir etwa in den "Instruction for the 3rd. 7-Year-Course" unter der Überschrift "3. Responsibility towards the nation" folgende Hinweise:
"a) Bring out defense system to the Government to defeat Communism. Education of Police Force thru Unification ideology is the best method, because they are aware. Free World governments do not like Communism. Government authorities are in the position to support our movement.; security, police, etc. for national interest. We already laid the foundation for this, Government and Church goals should run parallel.
b) Training of Government members. VOC-lectures of Government employees. Especially in Germany we want that connection.
c) Training of city- and state-Oficials. Also armed forces to be educated. Military strenght is the backbone of nations security".

Grace and Park Association * Mun/UC-Ac; Qu: Moonops-List Jan 78.
Grass and Star = Z> "in Korea promotes Korean poetry and literature" (WoW 5-6/74,132)
GVW = Gesellschaft zur Vereinigung des Weltchristentums

GWBB = Go World Brass Band

GWBB Audiovision Co. * Mun/UC-Business;"Recording Studios; High Speed & Real time; Cassette copying; Post-production; Record pressing; Video Filming; Editing & Copying; System transfer; Photography; Artwork"; VAT No 340 8302 86 "7-day, 24 hour service"; A> 42 Lancaster Gate, London W2 3NA >0044-1-7235190<.

H.S.Lemmers Groothandel * Mun/UC-Firmal-NL; Moonops-List Jan 78.

Han Corporation * "The Cult Awareness Network has established a connection between the Han Corporation and the UC. Daniel Bozarth of Han has been maintaining residence at the UC`s World Mission Center, and Han planned to build an addition for its equestrian center on land owned by Ginseng Up, a UC affiliate. Further, one of Han`s adresses (50 E. Sunnyside Lane, Irvington NY) is property owned by the UC and is adjacent to Rev. Moon`s new estate (see adresses)" (GWUCM,21).

Han Ma Dang * CARP-Ac, Sportwettkampf auf dem jährl. CARP-Weltstudenten-Kongreß; Hyo Jin Moon (World-CARP-Pres.): "Beim Han Ma Dang sollt Ihr das Beste aus Euch selbst u. auch aus Euren Konkurrenten herausholen. Das ist der wahre Geist dieses Wettbewerbs." (Uni-Impulse 2,18)

Hanida * Moon`s Produkte, Ginseng-Kosmetik;

Hanida Ginseng Cosmetics * Mun/UC-Bss in CDN-Toronto; Qu: FOCUS 7/85;

Hankook Titanium Industrial Co. * Mun/UC=-conn. Bss., fd> 1968; named in/aufgeführt im "Frazer-Report" wie folgt/ as following: "The reports stated that Hankook Titanium was established in 1968 and became a joint venture with UC-Korea in April 1972.Stock Ownership was:

UC-Korea..76.00
UC-Japan...5.32
Sun Myung Moon..1.49
Seung Kyung Moon...0.77
The report listed Hankook Titanium's 1975 assets as $4.9 mil-
lion, gross sales $2.296.000, and profit $87.000"[1]
"Hankook Titanium, is 26.1 percent owned by the church founda-
tion and 24 percent owned by a related foundation in Japan.
(...) The company, which recently benefited from a government
decision to bar Du Pont from building a similar plant in South
Korea, makes materials used in paint and other industrial pro-
ducts". (The Washington Post, March 28, 1988).

Happiness Seafoods Inc. * Mun/UC-conn Firma,   Qu:The Advisor 3,6.

Happy World Inc. * Mun/UC-Bss Tokyo, "a diversified company that,
among other activities, distributes computer equipment and runs
a canning factory on Hokkaido Island and a health-drink factory
near Tokyo. Nakada[2] said Happy World is not a church organization but that some employes may be church members.
Happy World's main activity is importing consumer goods, such
as marble vases, miniature treasure pagodas and ginseng teas
from church-owned companies in South Korea, including Il Shin
Stoneworks, Tong Il Co.Ltd. and Il Hwa Co.Ltd., according to
Nakada and the company's sales brochures"(TWP Sept.16,1984 A20)

Happy World Products * Mun/UC-business; A> USA east coast: Tony, 3
Caesar Pl, Moonachie,/NJ 07074 Tel.:>001-201-8960336<; USA west
coast: Gary, 17813 S.Mainst. £115 Gardena/CA 90248 Tel.: >001-
213-3276243<; (ann UN 3/87,7)

Hardy Spicer Company Ltd. (BRD Company Ltd) > GB-Bss, Technology
License Agreement with **Tong Il Company, LTD** (propeller shafts)

HARP = High School Association for the Research of Principles

Hatobue Chorus * Mun/UC-Cor in Japan * Moonops-List 1/78.

1

 Frazer-Report p.327

2

 Happy World Inc. executive manager

Haus Regenbogen Ges.b.R. * Mun/VK-Bildungszentrum der österr.Ver-
einigungskirche seit 1984; A> Wiener Neustädter Str.101, A-2824
-Seebenstein, >F-7205<

Headwing * Von Mun geprägter Begriff für seine politischen Aktivitäten. "According to a copy of this speech, Moon spoke to hundreds of his key followers on March 31, 1987. He said that God
had revealed to him a new political movement whose time had arrived.

In this new movement, there would be no left wing or right
wing: there is only headwing. Headwing, Moon said, was the
merging of the great world political movements.

Left wing was reresented by communist nations and left-leaning
governments. Right wing consisted of the free countries and
democracies such as in America.

Headwing would bring this two fractions together under his
leadership".[1]

Heart Parent Scholarship Fund, The * IRFF-Activity, "Gambia is one
of the poorest nations on earth. Through our work with the leaders of the Christian community in this predominantly Moslem
nation we are in contact with bright children who are finally
unable to obtain an education, doomed to a future of ignorance
all for the lack of $200" (UN 11/87,6), A> IRFF The Heart Pa-
rent Scholarship Fund, Private Mail Bag £16, GPO Banjul, The
Gambia/ West Africa.

Heart-Parent Scholarship Program * IRFF-Programm in Gambia;

Hearts of Oak Association * Mun/UC-Org, Qu: FAIR-List 9/84.

Heaven and Earth = Newsletter, Z> in Boston/MA, Qu: EMAM-List.

----

[1]David G.Racer, Not For Sale, St.Paul MN, 1989, p.74:
Der Kopie dieser Rede zufolge sprach Mun am 31.03.1987 zu hunderten seiner wichtigsten Anhänger. Er sagte, daß Gott ihm eine neue
politische Bewegung offenbart habe,deren Zeit jetzt gekommen sei.
In dieser Bewegung würde es keinen rechten und linken Flügel geben: Es gebe nur den "Kopfflügel". "Kopfflügel", so Mun, sei das
Zusammenfließen der großen weltpolitischen Bewegungen. Der linke
Flügel sei durch die kommunistischen Nationen und die linkslastigen Regierungen, der rechte durch die freien Länder und Demokra-
tien, wie z.B. Amerika, repräsentiert. "Kopfflügel" würde diese
zwei Richtungen unter seiner Leiterschaft zusammenbringen.

Heiliges Salz: cf. **Holy Salt**=- (Stichwort/keyword)

Helping Hands - Neighborhood Voluntary Service * Home Church service in Hong Kong. =-Hongkong (Stichwort/keyword)

Heyligenstaedt & Comp.Werkzeugmaschinenfarbrik GmbH * Tong Il-conn Bss in D-6300 Gießen; "Mit notariellem Kaufvertrag vom 17.11. 1986 hat die Heyligenstaedt & Comp. Werkzeugmaschinenfabrik GmbH, Gießen 98,8% der Geschäftsanteile an der Gebr.Honsberg GmbH, Remscheid erworben. Das Stammkapital der Gebr.Honsberg GmbH wurde im Dezember 1986 von DM 15 Mio auf DM 25 Mio erhöht. Im Dezember 1986 wurden 100% der Geschäftsannteile der Wanderer Maschinen Gesellschaft mbH, Haar (bei München) mit einem Stammkapital von DM 8 Mio sowie 98,8% der Geschäftsanteile an der Wanderer Maschinen Grundbesitzgesellschaft mbH, Haar (bei München) mit einem Stammkapital von DM 7 Mio an der Heyligenstaedt & Comp. Werkzeugmaschinenfabrik GmbH, Gießen übertragen.

Am 19.12.1986 erfolgte die Umfirmierung der Heyligenstaedt & Comp. Werkzeugmaschinenfabrik GmbH, Gießen in die Firma HWH Werkzeugmaschinen Holding GmbH=-, Gießen. Geschäftsführer der Holding sind: xxxx, xxxx und Herr Dr.Kae Hwan Kim" (Rundschreiben "Giessen, im April 1987").

Heyligenstaedt GmbH & Co.KG * Tong Il-conn Bss; Gegr.19.12.1986, "mit einer Kommanditeinlage von zunächst DM 5.000.000,-- (...). Die Kommanditeinlage wurde im März 1987 auf DM 10.000.000.-- u im April 1987 auf DM 15.000.000,-- erhöht. Persönlich haftende Gesellschafterin ist die Heyligenstaedt Verwaltungs GmbH, Kommanditistin ist die HWH Werkzeugmaschinen Holding GmbH. Die Geschäftsführung obliegt der Heyligenstaedt Verwaltungs GmbH. Die Eintragung im Handelsregister erfolgte am 21.04.87 unter der Nummer HRA 1925 (Anm: Giessen). Durch Gesellschafterbeschluß vom 22.12.1986 erfolgte anschließend eine Ausgliederung des Betriebes der Kommanditistin in die neue KG als Betriebsgesellschaft. Danach erfolgte die Einbringung des Betriebsvermögens per 31.12.1986 als Sacheinlage der Kommanditistin (...) Zum 31. 12.1986 tritt die KG anstelle der Kommanditistin in alle Rechte und Pflichten hinsichtlich des eingebrachten Betriebsvermögens ein. Sie tritt insbesondere auch in alle zu diesem Zeitpunkt bestehenden Arbeitsverträge sowie alle sonstigen schwebenden Geschäfte ein" (HWH Werkzeugmaschinen Holding GmbH, Rundschreiben "Gießen, im April 1987).

Heyligenstaedt Verwaltungs GmbH * Tong Il-conn Bss in D-6300 Giessen. Stammkapital DM 50.000.--; Alleinige Gesellschafterin: HWH Werkzeugmaschinen Holding GmbH=-, Gießen; HRB 1423 Gießen vom 25.02.87.

High School Association for the Research of the Principles - HARP*
Mun/UC-Schüler-Organisation.

HMA = Home Members Association

Holy Oak Community * Mun/UC-Org * Qu:FAIR-List 9/84.

Holy Oak Hill Farm Community * Mun/UC-Org * Qu: Fair-List 9/884.

Holy Salt / Heiliges Salz (Stichwort/keyword)

"Mittels sogenannten 'Heiligen Salzes' können die Mitglieder der Vereinigungskirche Satan fernhalten.

'Wenn wir Heiliges Salz benützen, können wir einen Zustand der Trennung von Satan herstellen. Heiliges Salz wurde gemacht, als Vater heiratete'[1].

Mit diesem Heiligen Salz kann ein Raum geweiht werden, ein neues Haus, Nahrung, Kleider, Fahrräder usw. Wenn es zu Ende geht, kann der Leiter neues Heiliges Salz durch 'Vervielfachung' herstellen. Die Zeremonie ist einfach. Der Leiter kauft eine bestimmte Menge Salz, schüttet es in sieben Portionen aus (selbst auf einer Zeitung oder sonst irgendwo ist dieser Vorgang möglich). Die Haufen müssen in etwa gleichgroß sein, brauchen jedoch nicht abgewogen zu werden. Dann spricht der Leiter ein Gebet:

'Beauftragt die Dinge dir zu weihen, müssen wir alles mit Heiligem Salz reinigen. Von nun an laß mich das Heilige Salz vervielfachen, wenn es dir gefällt'[2].

----

[1]
120 Day Training Manual, p.394

[2]
a.a.O.

Diese Gebet muß im Namen des Vaters, des Sohnes, des Heiligen Geistes sowie der 'Wahren Eltern' und dem Namen des Leiters selbst gesprochen werden. Wenn er 'gesegnet' ist, d. h. nach Mun-Ritus verheiratet, muß er das Gebet auch im Namen seiner Frau sprechen. Nach dem Gebet hat er den Rest des alten Heiligen Salzes als 'Samen-Salz' über die sieben Haufen zu streuen, das Salz zu vermischen und ein Dankgebet zu sprechen. Diesen Ritus kann im Ernstfall jeder vollziehen, der 'an die Wahren Eltern glaubt'.

Ein Raum wird mit folgendem Ritus gesegnet: Der Mittelpunkt der Wohnung oder des Zimmers wird mit dem Salz gesegnet, wobei der Segnende folgendes Gebet spricht:

'Von nun an laß mich bitte dieses Haus (oder diesen Raum) mit Heiligem Salz salzen, so daß dieses Haus (dieser Raum) für deine Zwecke gebraucht werden kann, im Namen des Vaters, des Sohnes und des Heiligen Geistes und der Wahren Eltern und meiner selbst'."[1]

Holy salt will be used for blessings and protection. There seem to exist two types of holy salt:

"My sister Faith can provide you with new salt for the blessing of churches. You must bless the doorway with these words, throwing salt:

1. to the left - 'This house is dead to the old age',
2. to the centre - 'Given birth into the new age',
3. to the right - 'Into the Family of the True Parents'

'In True Parents Name, Amen, Amen, Amen'.

Then if you havenot already done so, bless the centre in the normal way with ordinary holy salt".[2]

Holy Spirit Association for the Unification of World Christianity
  - HSA-UWC * founded May 1, 1954 in Seoul . "In a small rented room, on May 2, 1954, the formation of an organization was initiated. Five members were present - Sun Myung Moon, C.W.Lee, H.

----

[1]

Friedrich-Wilhelm Haack, Jugendreligionen - Ursachen, Trends, Reaktionen, München 1980[2], S.122

[2]

Heung Jin Nim, London, "8.50 am, 19th July 1985" an die HSA UWC-Familie in Malta, die vor dem Umzug in ein neues Haus stand. Über das alte Haus heißt es: "give it back to the old world".

W.Eu, David S.C.Kim, and H.M.Eu (a cousin of H.W.Eu) It was in this tiny room, that Mr.Moon submitted us to three names, asking us in all seriousness to choose the one most suitable for our new organization. They were all written in Chinese letters, (...) 'Holy Spirit Association for the Unification of World Christianity` (HSA-UWC, or Unification Church). I translated our final choice into English for a small sign board on which were written both Chinese and English letters. I had a little difficulty in translating it, because Holy Spirit implies one of the Trinity as taught in orthodox Christianity, but in Korea it means holy, or spiritual association(Sil-Yung). I could find no other way to translate the original Chinese letters (...)The official date of dedication was announced retrospectively as May 1, 1954, even though the signboard was hung up on May 3. Mr.C.W.Lee was the first president of HSA-UWC and Mr. H.W. Eu the second" (David S.C.Kim in WoW 5-6/74,133).

"The Belvedere estate in Tarrytown, New York, was acquired as a training center on October 10, 1972. On March 1,1973, a hundred day training program was instituted there for Unificat. Church leaders troughout the world. Forty-three men arrived for the first training program, and aproximately graduated from this program by May 1974" (WoW 5-6/74,126)

"In the June of this year (1977), the National Council of Churches charged that the Unification Church of the Rev. Sun Myung Mun was not a Christian Church according to the standards of the National Council and its Commission on Faith and Order"(WoW 9/77,48).

Holy Wedding (Stichwort/keyword)
"The Unification Church Holy Wedding for World Peace Through Ideal Families";
"For whom do you get married? For yourself? No, first you get married for God, then for mankind and then for children.
These are the very points I am concerned with when I am matching couples. If I see that two people will love God together and serve mankind when they marry, then they are a good match. I also see whether their children will live the same way in the future. I

feel sorry for you because I am not concerned whether individuals will be happy being married to each other!" (MS "The Burden on Our Shoulders", June 11,1978);

"The first wedding in Unification Church history was that of Reverend and Mrs.Sun Myung Moon in 1960. This marriage is considered as the cornerstone not only for all later Church weddings but as a foundation for God`s blessing of all mankind.

Since 1961, there have been succesively larger mass weddings of Unification Church members: 36, 72,124, 430, 777 and 1.800 couples. These and other such weddings are considered an expansion of the initial foundation to encompass in ever-widening circles a sphere for blessing of God to flow to the world. This present wedding in Madison Square Garden is the first mass wedding to take place outside Korea and the first in a series of weddings that will ultimately total 10.000 couples. These weddings will be held in the near future in Asia, Europe and possibly Africa. Included in the weddings will be Church members representing all six continents" (The Unification Church Holy Wedding, New York City, July 1st 1982)

"Before the wedding ceremony itself, there is 'an engagement ceremony' called **Sung Ju Sik**'=-, or the Ceremony of Holy Wine. This is the ceremony, by which the original sinful blood is 'transformed' into pure and sinless blood.

When the wedding ceremony is over (...) they participate in a really unbelievable ceremony, called the **Tang Kam Bong Ceremony**=-, in the presence of Sun Myung Moon. In a word, this is a ceremony of 'beating and being beaten'."[1]

Home Church * Mun/UC-Missions-Ac. Mission durch sozialen Dienst.
"Actually, Reverend Moon has been asking us to concentrate on Home Church since 1977 (...) Everybody is welcome, we want everybody to be Home Church Association members and not necessarily be members of the Unification Church" (Rev.Kwak,UN 2/87, 1&2)

---
[1]

Myung Hwan Tak, What is the Unification Church?, Lichtbildserie, Text zu Bild 32. u. 34 von der Hochzeit der 777 Paare am 21.Oktober 1970 in Seoul.

"Home Church is the title given to the public service and community outreach program of individual members of the UC. The model of Home Church is for each member to establish a neighbourhood consisting of 360 homes. Then through service, care and education to this area the member takes responsibility for the physical and spiritual well being of every person living in that area. (...) Common 'Home Church' activities include: street cleaning, house cleaning, yard work, house repair, grocery shopping, tutoring, babysitting, painting, field trips, laundry, flower planting, and car repair." (HumPro)

Home Church Association * Mun/UC-Ac für das Home Church program.

Home Church News - Newsletter of the Home Church Associazion = Z> Home Church Association in GB; A> Whitecroft Salderland Road, Barrhead, Glasgow, >0044-41-8811335<;

Home Church Theme Song Contest * Mun/UC-Ac; c/o Andreas Higashibaba; A> 10 Dock Road, Barrytown NY/ 12507.

Home Members Association - HMA * Mun/UC-Org für sogenannte "Home-members", d.h. UC-Mitglieder, die nicht ihr eigenes Zuhause und ihren UC-unabhängigen Beruf haben. "Regular activities will be encouraged that build an active spiritual family and community. Included in the general list of activities, (...) are interacting with the Blessed Family Association's, Unification Student Association, Local and State HMA meetings with Divine Principle lecture and discussion and Bible study, Sunday Services, and developing newsletters and communication networks. As well, supportive and active participation in all activities of the **Unification Church** and **Movement** (...)" UN 11/88,9.

Hongkong (Stichwort/keyword)
At August 18,1986 an article in the "South China Morning Post" stated, that more than 2.000 young people are believed to be members" of **"The Holy Spirit Association for the Unification of the World Christianity"**. (...) The somehow totally absurde overstatement concerning the number of members, there are not more than 22 full members in three communes and some 50 members in Hong Kong, may be in fact a downplay of the real power of this cult. (...)

The real power of San Myung Moon's worldwide religious and industrial and as well political kingdom is with the business activities. So in Hong Kong.

While the cult is selling its message at the Chinese University or the Kowloon YMCA, running workshops and taking part in Christian prayer meetings, the **Il Hwa Hong Kong Ltd,** residential at Takshing House, running ginseng shops for example at the Wing On Centre and the Wing On Plaza, is one of the major financial backbones of the HSA UWC cult. In 1983, Il Hwa HK Ltd made a bargain for the Moonie's flat at 27 Chatham Road Kowloon. They got the property for 1.1 Million Hong Kong Dollars instead of 1.5 million as originally demanded.

The **Il Shin (HK) Co.** at Luen Fat Building and the **Saeilo** International **Ltd** at Alexander House (12-20 Chartier Road Central HK) are some strong arms of the Moon-Forces in Hong Kong. Saeilo sells stones, according to the telephonists statement. But Mr. Fumio Hosoya, director of Saeilo admits: "We tried to sell machinery to China but the contract is not signed yet". Three more society-names are placed at the Saeilo's frontdoor: **Ritterfield Ltd, Juma Ltd** and **Password Ltd.** Mr.Hosoya: "We bought them from lawyers for business reasons, you see". But at the Saeilo stone & machinery office the visitor hardly could find any prints or slices of business activities. One rather expects to take action in a intelligence agency.

But the little flock of Father Moon's HSA UWC as well may play a major part in the future strategies of the messianic imperium. It points towards Mainland China with all its fingers and tails.

Jeremy Jordan, leader for ten years in Hong Kong matched by "Father" to a Japanese wife is pondering upon a volunteer project of the Moonies in Mainland China. It may establish the future development of the notorious anticommunist cult in the People's Republic of China.

"Our opinion is that such a youth service project in the Mainland would have tremendous potential in the future for the following:
- helping Hong Kong youth build up the desire for want to help the development of the Mainland and build up an active interest in the Nation.

- helping Mainland China`s people recognize Hong Kong people`s desire to help the Mainland actively.
- helping the Mainland eventually realise that religious organizations such as those who back such a project and others, are of great importance in helping the Mainland, also in areas of morality and ethics as part of the religious teaching" (written statement of HSA UWC). (...)

"The Religious Youth Service (RYS)" worked in 1986 in the Philipines with a special volunteer program, including five Unification Church members from Hong Kong. Other members of the church in Hong Kong are involved in the **"Helping Hands - Neighbourhood Voluntary Service"**, thereby may be confusing their customers with the famous and wellknown "Helping Hand", a social organisation, headed by the governor`s wife. The "Helping Hands - Neighbourhood Voluntary Service" as well as the so called **"Home Church"**-program of HSA UWC forces the church members "to take responsibility to care for an area of 360 homes or families" free of charge, but trying to invite them to the HSA UWC or converting them into members. The quotation is taken from the **"Unification News"** (December 18,1985), a Hong Kong based newsletter of the cult.

"Helping Hands" introductionary letter tells about the wide range of activities the Moonies offer to their customers:
"If you have any odd jobs or errands that I can help you with, I`ll be happy to lend a hand free of charge.
Do you need something washed, laundered, painted,moved, fixed or whatever I`ll do my best! I also can help tutor students."
Without any surprise while students are the number 1 target of the Moonies missionary activities. The cult's students organization **CARP,** headed by the "True Parents" eldest son Hyo Jin Moon, is busy at the Hong Kong Chinese University.
Another Moon youth organization, the **"Youth Seminar on World Religions"** visited on its first tour around the world Hong Kong on August 8th 1982, entering from here Mainland China.

Hope Academy * Mun/UC-Inst, Qu: SPC-List 1982,   >+<
Hope Industries * Mun/UC-Firma, Qu: OIOS
Horizonte * Mun/UC-conn Chor in Österreich, Auftritt bei CARP IV;
HSA Publications * HSA-UWC-Verlag, 4 W 43rd St, New York/NY 10036

HSA-UWC = The Holy Spirit Association for the Unification of
            World Christianity,
H.S.Lemmers Groothandel * Mun/UC-conn Bss in NL (Qu:Moonops Jan78)
HSU & CO. * Mun/UC-conn-Firma in Columbus/Ohia (Qu: OIOS; FOCUS 7/
    85);
Huiz Glory * Mun/UC-Zentrale in NL-Bergen-am-Zee;
HWH Werkzeugmaschinen Holding GmbH * Tong-Il-conn Bss; A> Aulweg
    39-47, POB 5640, D-6300 Giessen 1 >0641-705201<; Alleingesell-
    schafterin der Heyligenstaedt Verwaltungs GmbH=-; Kommanditi-
    stin der Heyligenstaedt GmbH & Co KG=-;   "Das eingebrachte
    Betriebsvermögen umfaßt das gesamte Vermögen der Kommanditistin
    mit Ausnahme der folgenden Aktiva und Passiva, die bei der HWH
    Werkzeugmaschinen Holding GmbH verbleiben: - das gesamte Grund-
    vermögen, -die Beteiligungen an den Firmen Heyligenstaedt GmbH
    & Co KG, Gebr. Honsberg GmbH, Wanderer Maschinen Gesellschaft
    mbH, Wanderer Maschinen Grundbesitzgesellschaft mbH, Heyligen-
    staedt Verwaltungs GmbH, - die langfristigen Verbindlichkeiten
    gegenüber Kreditinstituten. Zum 31.12.1986 tritt die KG anstel-
    le der Kommanditistin in alle Rechte und Pflichten hinsichtlich
    des eingebrachten Vermögens ein" (HWH Werkzeugmaschinen Holding
    GmbH, Rundschreiben, Gießen, im April 1987, S.2)

I Shin Stoneworks Company = Il Shin Stoneworks Company
I Wha Pharmaceutical Co = Il Hwa Pharmaceutical Co.
IBSA = International Black Students Alliance
ICA = The International Chinese Association
    ICA II = July 1-4,1986 at UTS Barrytown/NY;
ICARRI = International Coalition Against Racial and Religious In-
   tolerance;
ICC = Interdenominational Conferences for Clergy
    ICC 84/IV = Feb 20, 1984, Bahamas
    ICC 84/V = Feb 27, 1984, Bahamas
    ICC 86/IV   = May 6-9, Tokyo - May 9-16 Seoul,
    ICC 86/V   = June 17-27, 1986 Korea, 93 m / 26 den (3 Musl)
    ICC 86/VI   = Aug 11-22, 1986
    ICC 86/VII = Oct 6-17, 1986
    ICC 86/VIII = Dec 1-12, 1986
    ICC 87/   = March 23-April 3, 1987 in Korea & Japan,
    ICC 38 = July 13-21, ROK-Seoul, 220 p;
    ICC 39 = Oct 19-28;
    ICC 40 = Nov 9-18;
    ICC 41 = Nov 30-Dec 9;
ICC **Alumnae** * Bezeichnung für die Teilnehmer an UC-gesponserten IC
   C-Reisen; es gibt eigene (regionale) Alumnae-Konferenzen;
ICCP = International Conferences for Christian Professors
ICF = International Cultural Foundation,
    ICF-GS = ICF Greek Seminar July 5-8, 1979, (Seminarthemen be-
   faßten sich ausschließlich mit der Mun-Ideologie) = ISUM IIb
ICF Press * International Cultural Foundation Press has served as
   publishing arm of ICF in support of the first eleven ICUS con-
   ferences. It has published the proceedings of each annual ICUS
   conference from the second in Tokyo to the eleventh in Phila-
   delphia. To commemorate the first ten ICUS conferences, ICF
   Press published 'Science and Absulote Values, Ten adresses by
   Sun Myung Moon` " (ICUS XII brochure)
ICF-Report, The = Z> A bi-monthly newsletter covering activities
   orf ICF and PWPA. Published by ICF New York;
ICID = International Conference for Inter-Denominationality
    ICID I = 1978 Seoul

ICLIF = International Conference on Law and Individual Freedoms,
   ICLIF I = Oct., 8-10, 1980
ICPA = International Christian Professors Association
ICSA = International Christian Students Association
ICUS = International Conference for the Unity of the Sciences
   ICUS I   = 1972 New York/NY, 20 participants / 8 nations
   ICUS II   = 1973 Tokyo, 60 / 17
   ICUS III = 1974 London, 128 / 28
   ICUS IV   = 1975 New York/NY, 340 / 57
   ICUS V   = 1976 Washington D.C., 360 / 53
   ICUS VI   = 1977 San Francisco/CA, 400 / 50
   ICUS VII = 1978 Boston/MA, 450 / 60
   ICUS VIII = 1979 Los Angeles/CA, 485 / 67
   ICUS IX   = 1980 Miami Beach/FL, 600 / 80
   ICUS X   = 1981 Seoul, 808 / 100
   ICUS XI   = 1982 Philadelphia/PA, 525 / 100
   ICUS XII = 1983 Chicago/IL, 300 / 80
   ICUS XIII = 1984 Washington D.C., 250 / 40
   ICUS XIV = 1985 Houston/TX, 240 / 40
   ICUS XV   = 1986 Washington D.C., 245 / 43
ICUSA = International Christians for Unity and Social Action
Ideal City Project * Mun/UC-Inst in Booneville/CA; >FH<
Ideal City Ranch * Mun/UC-Firma in Booneville/CA >FH<;
Ideal Garage * Mun/International Exchange Enterprises=-conn Bss,
   Oakland/CA (Sacramento Bee, Jan 2, 1976)
IFA = International Family Association
IFVC = International Federation For Victory Over Communism
IJWP = International Journal on World Peace, PWPA=-Magazin,
Il **Hwa** * Bezeichnung für Mun-Firmen & Produkte = Ein Frieden, ver-
   einigter Frieden;
Il **Hwa American Corporation** * Mun-Firma, (Qu: EMAM-Liste)
IL **HWA CO., LTD** * 505, Sutaek-ri, Kuri-up, Namyangju-gun, Kyonggi-
   do. Tel: 433-6141/6. Clb: ILGINSENGCO SEOUL. Tlx: ILHWA K26212.
   Pre: Hon, Sung-pyo. Est: 1971. Cap: W 5.300.000.000. Emp:1063.
   Bank: Korea First Bank, The Kwangju Bank.

Mfr & Exp items: Ginseng Tea/ Ginseng Extract/ Honeyed Ginseng/ Ginseng Powder Capsule/Ginseng Nectar/ Ginseng Up/Living Water/ Ginseng Powder. Imp items:Glucose / Lactose.[1]
"2.500 employees; sales increased from $51 million in 1985 zo $ 69 million in 1986 to an estimated $132 million last year, according to Management Effiency Research Institute"(The Washington Post, March 28, 1988).

Il **Hwa Hong Kong Ltd.** * A> Room 310A, Tak Shing House,20 Des Voeux Road, Central HK, >HK-5-2230712<; Il Hwa Hong Kong owns the HSA UWC flat at Kowloon;

Il **Hwa Korean Import** * Mun-Firma in den Niederlanden (Qu: Moonops Jan 1978);

Il **Hwa Pharmaceutical Co.** * Mun/UC-conn Bss, formed in 1971; Frazer-Report: stock ownership   percent

Kim Won Pil...5.2

Hong Sung Pyo..5.1

Lee Yo Han...1.4

Lee Soo Kyung..1.5

Kim Young Hui..1.9

Lee Sang Hon...1.5

(Ownership of the rest of the stock was not given)

Il-**Mi Clinic** * Klinik in Seoul, Mun/UC-Project der ICF (HumPro)

Il **Shin** = Ein Glaube, vereinigter Glaube

Il **Shin (HK) Ltd** * A> Luen Fat Building, HK;

Il **Shin Stone Works Co., LTD.** * 106-1, Panpo-dong, Kangnam-gu, Seoul. Tel: 555-3160. Cbl: ILSTONE. Pre: Yoo, Hyo-young. Est:1971 Cap. W 780,000,000. Emp: 500. Bank: Korea First Bank. Fac:San 52, Shinwon-ri, Pusol-myon, Ichon-gun, Kyonggi-do. Tel: (0336) 2-5131/2.

Mfr & Exp items: Marble Vase (Sculptured Marble Vase, other Industrial Stone Works) / Marble & Granite Slab for Building Materials / Marble & Granite Tabo Pagoda (Korea National Treasure No.20 Immitation) / Marble & Granite Sokka Pagoda (Korea Natio-

---

[1]

Korean Business Directory 1984/85 p.349 £1009

nal Treasure No.21 Immitation). Imp.items: Marble Block Granite
Block / Unpolished & polished Granite Slab / Polished Marble
Slab. [1]

"Il Shin manufactures stoneware vases. Exports in 1975 totaled
$600.000 and were handled by Tong Il Industries (Japan) and
Shiawase Shoji Co., both located in Tokyo. Il Shin`s stockhol-
ders were listed as: Percent
Unification Church..22.30
Moon Sung Kyun..15.00
Kim Won Pil...10.00
Yoo Hyo Young...13.83
Chung Yoon Chang...8.33
Kim In Chul...5.84
Ownership of the remaining shares was not disclosed"[2]
"The church foundation also owns 44.5 percent of the Il Shin
Co." (The Washington Post, March 28,1988).

ILS = International Leadership Seminars
    ILS II = July 15 - Aug 23, 1974 Barrytown
    ILS IV = July 28 - Aug 20, 1976 Barrytown

IMEA = International Middle East Alliance
    IMEA I   = July 18-20, 1984 McAfee/New Jersey
    IMEA II   = Aug 30-Sept 2, 1984 McAfee/New Jersey, 23 / 10
    IMEA III   = Nov 16-19, 1984, Washington DC, 33 / 12
    IMEA IV   =
    IMEA V   =   1985, New York,

Impulse - Magazin für Universität und Gesellschaft = Z> C.A.R.P.eV
    Heft 1, Januar 1987; Verantwortl.Redakteur: Peter Wressnigg; A>
    Konviktstr.7, D-5300 Bonn 1 >0228/693472<.   Ab Nr.2 = Uni-Im-
    pulse=-

----

[1]

Korean Business Directory 1984/85 p.352

[2]

Frazer-Report, 327

"In-laws club", The (Stichwort/keyword)

Anläßlich der Hochzeit eines Moon-Sohnes mit der Tochter eines anderen hochrangigen Führers des Mun-Imperiums bringt die Zeitschrift "Unification News" (April 1987) auf S.4 ein Foto, auf dem Bo Hi Pak den Vater der Braut umarmt mit der Bild-Überschrift:

"Below Dr.Pak welcomes Reverend Kwak into the 'In-laws club`".
Diese Bemerkung verdeutlicht, worum es sich bei der Führungsschicht des Mun-Imperiums handelt: Um einen extrem vernetzten und durch familiäre Bindungen abgesicherten Clan. "In-laws" sind nach Auskunft des Wörterbuches "angeheiratete Verwandte".

Am 31. März 1987 verheiratete Sun Myung Mun im New Yorker World Mission Center der Unification Church seinen Sohn Hyun Jin Mun, 18, mit Jun Sook Kwak, 19, der Tochter von Rev. u Mrs.Kwak zuerst nach westlichem, später in kleinerem Kreis nach koreanischem Ritus. Bei der Feier war die Führung des Mun-Imperiums gut vertreten.

"Reverend Young Whi Kim, president of the church in Korea, gave the Congratulatory Adress (...). Dr.Pak announced the arrival of the bride and groom (...) The Invocation was given by Dr.Osami Kuboki, president of the church in Japan " (UN 3/87 p.1/2). Dann startete "under the humorous guidance of Dr.Durst" der entertainment-Teil (mit dem "New York Symphony"-Orchester).

Kwak, Chung Hwan, Rev. Special assistant to San Myung Mun, Advisor HSA UWC, Vice-President ICF, President IRF, Director UC World Mission Department, New ERA Advisor, YSWR Advisor,

Moon, Sung Kyun, President (of 1978): Tong Il Industries Co. (o/b 4%),

Pak, Bo Hi, Moon`s Representative, Chairman & Pres News World Communications, Inc.; President and chief executive officer of the Washington Times Corporation; President of CAUSA International;
"former embassy military attache who is now the head of the Korean Cultural and Freedom Foundation" (WoW 9/77,97)
President & director: International Oceanic Enterprises;
"Seoul April, 16 - A close confidant of Unification Church leader Re. Sun Myung Moon was pelted with stones and eggs at a university today by students who called him a 'pro-American flunky`, witnesses said" (The Washington Post, April 17,1987 A 19)

Inchon * Mun/UC-gesponsorter Film über d Landung MacArthurs in Korea; FOCUS 7/85:"$46 million dollar film starring Laurence Oli-
ver, Jackie Bisset, Ben Gazzara -about Douglas MacArthur in Korea";

India (Stichwort/keyword)
"IRFF acts in cooperation with the All India Faith Fellowship=-and
National Council for the Church and Social Action in support of a
residence and school facility in Kurnool.";
Tibetan "Medic-Aid"=- and "Teach-Aid"=-. IRFF acts as the United
States agent for organizing sponsors for support of medical stu-
dents and teachers for refugee communities in northern India.
Mr.John Bowles and Mrs.Melinda Fornier, Directors" (HumPro)

Initiative '79 * Mun/UC-Ac in D 1979 "Die Vereinigungskirche ist
in d. Öffentlichkeit immer mehr zum Gegenstand heftiger Kontro-
versen geworden. Anlaß für uns, Ihnen die Möglichkeit zu geben,
sich persönlich mit Lehre, Werk und Bewegung Sun Myung Moon`s
auseinanderzusetzen." (Brief an Lehrerkollegien von W. Waldner)
Insight = Z> Wochenmagazin, The Washington Times Co.,
integral - die Zeitschrift der Neuen Mitte = Z> Monatsmagazin der
Edition Neue Mitte f. Ost-West-Problematik, Austria/Österreich,
1976-83,   >+<
Inter-University Cultural Organisation * Mun/UC-Org in Schottland;
Qu: FAIR-List 9/1984.
Interdenominational Conference for Clergy - ICC * Mun/UC -Konfe-
renz für Geistliche, Kooperation mit dem "Interfaith Affairs
Committee" der Unification Church. die Teilnehmer werden als
"ICC Alumnae" bezeichnet.
Interfaith Affairs Committee * Mun/UC-Ac, hauptsächlich zur Ver-
teidigung von San Myung Mun im Zusammenhang mit seiner "Verfol-
gung" wegen Steuerhinterziehung und Bilanzfälschung, >FH<;
Interfaith Endavour * Mun/UC-Act., Qu: SPC-List 1982.
International Black Students Alliance - IBSA * Mun/UC-Studentenorg
für farbige Studenten in den USA.
International Chinese Association, The - ICA * CAUSA-gesponsorte
Org,fd> 1985 in Los Angeles, (UN 10/85,2); anders in UN 5/87,5:
"The International Chinese Association (ICA) was initiated by

Reverend Sun Myung Moon on July 1, 1984, for the purpose of bringing God-centered unity among Chinese people through the application of Unification principles." Pres.Dr.Edwin Ang (VP of UTS)

International Christian Professors Association (ICPA) * Mun/Uc-Org soll dem"internationalen Dialog und der die Grenzen der Denominationen überschreitenden Beziehungen" und der "Verwirklichung von Gottes Willen auf Erden" dienen. Gegr. 28.03.81, hält sogenannte "International Conferences for Christian Professors" ab; enge coop m. ICSA=-, New ERA=-, YSWR=-, God Conferences=-; "The purpose of the International Christian Professor`s Association is to promote international dialogue and friendship transcending denominational affiliation among Christian academics, thus contributing to the realization of God`s will on earth" (ICPA 1984)

International Christian Students Association (ICSA) * Mun/Uc-Org, gegr. 1981, coop m. ICPA=-, New ERA=-, YSWR=-;

International Christmas Friendship Festivals * Mun/UC-Ac >FH<;

International Coalition Against Racial and Religious Intolerance (ICARRI) * Mun-Org zum Zwecke der Gegenarbeit gegen kritische Darstellungen, gegr.1979;

International Conference for Asia Tomorrow * Mun/Uc-Ac >FH<;

International Conference for Christian Professors (ICCP) * Mun/UC-Ac der ICPA=-

1st ICCP Nov,6-8,1981,

2nd ICCP May,7-9,1982,

3rd ICCP May 3, 1983,

International Conference for Clergy * Bezeichnung für die Internationalen ICC-Konferenzen;

International Conference of Professors and Scholars * Mun cultural front (Qu: FOCUS 7/85);

International Conference on Law and Individual Freedom - ICLIF * Mun/UC-Konferenz für Anwälte u Theologen, seit 1980.

International Conference of the Arts * ausgerichtet von **Artists Association International**=- (The Washington Post, Aug.19,1988: "The Ballett Project")

Walldorf Astoria Hotel New York, 25.-28.08.1988 "Absolute Values in Contemporary Culture" (anwesend: Dave Brubeck Qartett)
International Conference on the Unity of the Sciences (ICUS) *

"Reverend Moon founded ICUS with the firm conviction that the
world's scientists and scholars have a great potential to sub-
stantially contribute to the progress and wellbeing of humanity. ICUS was also established in order to foster the partizi-
pation of the academic community in an international, transdis-
ciplinary dialogue which Reverend Moon's hopes will contribute
to the establishment of an integrated worldview founded on the
premise of absolute, universal values. (...)

ICUS has two enduring themes: 'Science and Values' and 'Unity
of Knowledge.' The two enduring themes of ICUS are complementa-
ry and derive from the Founder's vision described in the previous section. These two themes are viewed by the founder as
immanent in the following premises:

1.The universe has both, a substantial physical and substantial
spiritual dimension which are interrelated;

2.There is an underlying purpose (Divine Will) manifest in the
relationships between and within the natural order and the human social order grounded in certain fundamental principles and
values which govern harmonious life and existence; 3.The central absolute underlying all values is true, unconditional love." (ICUS Goal and Perspectives, January 31, 1986).

Moon: "We won a great success at the Science Conference. What is the use of it if you
are lax like this after the success? We are
still traveling on the road toward the final success.We still have another summit to
cross over(...) After establishing our own
universities, I will hire top level professors from all over the world, perhaps some
who attended our International Conferences
on the Unity of the Sciences" (MS "Selfre-
flection", Dec.1, 1976, p.7 & 17)

"ICUS spends over $ 2.000.000 a year on this project"(Vision,5/
85 p.15)

"One good example is the Science Conference, which is attended by hundreds of prominent scholars. They used to come with the attitude that they were doing us a favour, but now they see the value of what I am doing and worry about what they will do if I should ever discontinue the conference. They cherish my presence. Do you think I should continue the Science Conference? Even if it costs millions of dollars? Have you ever felt while you were fund raising that you wanted to contribute just a little bit for the Science Conference? Many of the participants have the power to influence important people, including heads of state in their own countries". (MS Dec.23, 1979 p.11).

"A spokesman for the cultural foundation told Religious News Service that the $450.000 it costs to run the conference was provided by a 'grant` from the Unification Church"(Rel.NewsService,Domestic, Dec 7, 1976)

"Eminent scientists who reportedly accepted up to $3.000 plus expenses from the Rev.Sun Myung Moon to take part in his conferences have only provided 'legitimation` to the Korean evangegelist`s other activities, according to a social scientist` who declined an invitation to participate in one such conference.

(...) The 500 conferees were divided into three categories, the social scientist said - those for whom all expenses, including travel, were paid; others who paid for their own travel,but for whom hotel and meal expenses were paid, and the 'promising neophytes` who had only meals paid for.' A fourth category of people are so important - either organizationally or intellectually - that they received a considerable honorarium (reportedly as much as $3.000) for their participation,` Dr.Horowitz stated" (Relig.News Service,Domestic,March 3,1977)

International Cultural Foundation (ICF)* founded 1968 by Rev.Moon.

International Education Foundation * Mun/UC-Org >FH<

International Exchange Carpet Cleaning * Mun/UC-Firma >FH<

International Exchange Employment * Mun/UC-Ac (Qu:Moonops Jan.78)

International Exchange Enterprises, Inc. * Mun/UC-conn Bss, A> 425 Brannan St., San Francisco, "Chartered by the California secretary of State in 1970, it was created to 'engage in the printing, employment agency, gasoline station, restaurant, con-

struction and farming businesses; and to carry on such other
business operations and transactions as are incident to those
stated.'(...)" (Sacramento Bee, Jan 2, 1976) owns Ideal Ga-
rage=-, Seno Travel Service=-, Golden West Printing=-.

International Exchange Maintenance, Inc. * Mun/UC-Firma "a carpet
cleaning company with contracts with the U.S. General Services
Administration to maintain rugs for federal offices in Monte-
rey, Solano, San Joaquin, San Mateo, Santa Clara and Sacramento.

Those range from Mather, McCellan and Travis Air Force Basis to
the Federal Bureau of Investigation office on Cottage Way in
Sacramento to the offices of two Sacramento congressmen, John
E.Moses and Robert Legett."(Sacramento Bee, Jan 2, 1976)

International Exchange Press * Mun/UC-Ac >FH<

International Exchange Union * Mun/UC-Firma in San Francisco/CA,
Qu: EMAM-Listing.

International Family Association- IFA * Mun/UC-Org >FH<

International Federation for Victory Over Communism - IFVOC * fd>
as: "International Federation for the Extermination of Communism". "An extensive educational program in Korea necessitated
the building of a special training center in the Sutaek-Ri complex in 1970. Military and government personnel from the villa-
ge to national levels have participated in special training
programs sponsored by the Korean IFVC. The women's society of
IFVC, organized in January, 1971, held a Woman`s Anti-Communism
Rally on July 13, 1971, with 600 participants." (WoW 5-6/74,
129);

International Federation for World Peace * Mun/UCC=-"Aufspringer"-
Aktivität, fd> 1990, mit der Mun bzw. das Mun-Imperium offensichtlich auf den allgemeinen Zug zur Bereinigung von Gegensät-
zen aufspringen und von ihrem früheren aggressiven Antikommunismus ablenken wollen. In dem Aufruf des "Initiating
Committee" heißt es: "With the collapse of the Berlin Wall,
however, world leaders suddenly awakened to the realization
that world peace is achievable. If we work together **uniting** our
physical, mental and spiritual resources, lasting peace can be
attained in our lifetime. (...) It is in this spirit that we
recommend the establishment of the International Federation for

World Peace as a global organization beyond the boundaries of nation, creed or color, in order to secure the immense blessing of lasting peace for the future generations. The Federation will function as an instrument of cooperation between governments and peoples." Man sieht wohl in so einer Gründung auch die Möglichkeit, das eigene Wirtschaftsimperium ins Spiel zu bringen und ihm Marktanteile zu sichern: "While the West generally enjoys a high level of material prosperity, the emerging new democracies in Eastern Europe and the Soviet Union, which are currently carrying out perestroika, as well as China and North Korea, are presently suffering under difficult economic conditions. The Federation will support the economic well-being of these countries and will support the succes of perestroika in the Soviet Union. It is therefore recommended that privat enterprises voluntarily pool their resources to create a fund to be used for the development of these struggling nations. (...) It ist also recommended that world financial institutions sponsor economic programs in these emerging new democracies. Projects such as the **International Peace Highway**=-, initiated at the **International conference on the Unity of the Sciences**=- in 1981, will be of major importance in implementing greater economic development. The Federation will foster and encourage the construction of manufacturing facilities for the essentials of life in places where they are desperately needed." Im Mun-Imperium wird auf diese Weise versucht, der Strategie der wirtschaftlichen Expansion internationale und offizielle staatliche Unterstützung zu sichern. Den Aufruf, der signiert und mit Adresse und Foto versehen werden soll, haben nach hier vorliegenden Informationen alle Teilnehmer und Begünstigte von Mun-Konferenzen und Institutionen zur Unterzeichnung zugeleitet bekommen. Das Mun-Imperium kann sich auf diese Weise der Namen z.T. angesehener Persönlichkeiten versichern und damit den Anschein allgemeiner öffentlicher Unterstützung geben. Es hat jedoch im Mun-Imperium schon seit langem eine Organisation mit einer ähnlich lautetenden Bezeichnung (**International Federation for Worldpeace and Unification**=-) gegeben.

International Federation for the Extermination of Communism * established first in Korea and in April 1968 in Japan" später umbenannt in "International Federation for Victory over Communism (IFVC)";

International Federation for Worldpeace and Unification, The * Mun
   UC-Org, moonops 23 jan 78: "British IFVC" Nr.121;

International Folk Ballet * Mun/UC-Ac, Qu: SPC-List 1982

**International Foundation for the Advancement of Biological Medi-
   cine** * Mun/UC-Org, Qu: EMAM-List

International Friendship Banquet * Mun/UC-Ac, Qu: SPC-List 1982

International Friendship Nights * Mun/UC-Ac, Qu: moonops 23 jan 78
   "(IRF) SF `70-2" Nr.122;

International Highway Construction Corporation, The * A> The 3rd
   Shintaiso Bldg, Room 437,2-10-12, Dogenzaka, Shibuya-ku, Tokyo,
   Japan >Japan-3-4962893<; "The construction of an international
   highway was proposed by the Rev.Sun Myung Moon, the founder of
   the International Cultural Foundation, who was also the promo-
   ter of the below-mentioned conference, and it was resolved that
   the project was undertaken by unanimous consent in the 10th
   International Conference on the Unity of the Sciences (ICUS)
   that took place in Seoul, Korea on November 10,1981.
   This International Highway Project proposes that all the nations of the world stop pursuing their own self-interests in
   hostility and struggle, and that each one of them can have a
   new sense of value from a higher-level global view of love for
   humanity and that a straight highway passing trough all the
   countries of the world be constructed so that all the people on
   the earth may equally enjoy freedom, peace and happiness on the
   basis of wealthy economic conditions supported by scientific
   technology, thus realizing a terrestrial paradise where all
   humankind is one family. The first plan of this proposed
   international highway is to join Tokyo, London and Moscow by
   passing through Seoul, Peking and crossing through Eurasia.

Based on the above-mentioned concept, the International Highway Construction Corporation was established in April, 1982,
and in May, 1983, the re-
search of the Japan-Korea
Tunnel for the Internati-
onal Highway Project con-
sisting of men of learning and experience (Yasuo Sasa as chair-
man) was inaugurated to specially study and investigate the
possibility of the realization of this international highway."
(Qu:Informationsbroschüre No.1983)
Das erhoffte Produkt dieser Firma wird im Mun-Imperium als
International Peace Highway bezeichnet.
Directors:
Honorary Chairman: M.Matsushita, former Pres of Rikkyo Univers.
Chairman: Yasuo Sasa, Honorary Prof. of Hokkaido University;
Vice Chairman: G.Kajikuri, Chief Dir. Int Highway Const.Corp.;
  & M.Kanayama, former Jap Ambassador in Rep.of Korea;
Councelors: M.Okada, former Pres of Osaka Univers.; T.Kageyama,
  Pres. of Kinki Univers.; R.Kuboki, Cief Dir of ICF; G.Takada,
  Hon Prof of Kyushu Univers.; B.Yamada, Ex-Pres. of Utsunomiya
  Univers.;
Subcommittee No.1: Chairman M.Matsushita; Vice-Chairman: K.Toba
  Prof. Waseda Univers.; S.Kurebayashi, Chief Dir.of Int.Econo-
  mic Research Center;
Subcommittee No.2: Chairman Yasuo Sasa; Vice-Chairman: K.Ozeki,
  Councelor of Kumagai-Gumi Co.,Ltd., T.Fukuda, Execut. Dir. of
  Sankoh Consultant Co.,Ltd;
Subcommittee No.3: Chairman S.Kitahara, Managing Dir.of Kumagai
  -Gumi Co., Ltd; Vice Chairman: Y. Mochida, Manager of Strait
  Routes Dept., Japan Railway Construction Public Corporation;
Subcommittee No.4: Chairman T.Hirano, Prof.Tokyo Univers.; Vice
  Chairman: A. Miyawaki, Prof. Yokohama National Univers..
International Highway Research Center * Mun/UC-Front Qu:FOCUS-List
  7/85;
International Ideal City Project * UC-Ac San Francisco (Qu:OIOS);
  moonops 23 jan 78: "Boonville, Mendinco Co./CA `69 cf IRF/NEDS/
  CCP/Int.Pioneer Citry, Eden Awareness Center `?75" Nr.123;

International Institute of Folklore * IRFF-Ac in Jamaica;

International Journal on the Unity of Sciences - Interdisciplinary
Studies of Knowledge and Values = Z> ICUS=-quarterly "each issue will have 150 pages approximateley" (UN 5/87,5); Information: Joan Groom, G.O.P.Box 1311, New York /NY 10116; "published
quarterly; Copyright by **The International Cultural Foundation**=-
GPO Box 1311, N.Y./N.Y.; ISSN 0896-2294.

International Journal on World Peace = Z> PWPA; ISSN 0742-3640; A>
GPO Box 1311, New York/NY 10116; quarterly, Vol I = 1984;

International Judo, Karate and Aikido School * >FH<

International Karate School * "Tae Kwon Do 2.000 schools in U.S. -
Unification Church Business Front" (Qu:OIOS, FOCUS 7/85);

International Leadership Seminars *"The purpose of the International Leadership Seminars is to build a bond of understanding
among all of the participents that will enable them to lead
their countries to world peace.(...) Students are chosen by a
rigorous selection process on the basis of character, leadership potential and academic ability. There are five major parts
to the program: 1) Lecture series on Divine Principle, Critic
on Communism and Unification Thought; 2) Special lectures by
guest professors; 3) Group dynamics and discussion; 4)Sports;5)
Travel" (ICF-Leaflet)

International Medical Service * Mun/UC-Ac (Qu:Moonops-List Jan.78)

International Middle East Alliance, The (I.M.E.A.) * fd> 1984,
481 Eight Ave, New York, N.Y. 10001 >001-212-279-6766<;

International Oceanic Enterprises, Inc. * Mun/UC-Firma Qu: The Advisor 3,6. "In November 1976,(...) incorporated in Virginia, a-
long with its Subsidiary International Seafood Co. The 1978 annual report filed with the Virginia authorities listed the officers and directors on International Oceanic Enterprises as
follows: Bo Hi Pak, president; Won Dae Chi, vice-president; Ju-
dy LeJeune, secretary; Irene Cooney, assistant secretary; and
Bonnie J.Prechtl, assistant treasurer.
The directors were: Bo Hi Pak; Sun Myung Moon; Neil A.Salonen;
Mose Durst; Michael Young Warder; Takeru Kamiyama; and Joseph
Sheftick.

Moon and Pak provided the initial capital through the UCI account at the DNB; later infusions of cash from UCI totaled millions of dollars".[1]

International One World Choir * Mun/UC-Chor, sponsored by ICF=-,
"formed in England in June 1975, when young people from 25 nations came together to form the International One World Crusade" (WoW 9/76,96);

International One World Crusade - IOWC * Mun/UC-Missionsorg >FH<
"Wir stehen heute den wachsenden Einflüssen einer 'Gott-ist-
tot'-Philosophie gegenüber, die dem menschlichen Suchen nach
einem Schöpfer ein Ende setzt. Aus der dringenden Notwendigkeit, den dadurch verursachten geistigen und moralischen Zer-
fall in unserer Gesellschaft zu bekämpfen, gründete Rev. Sun
Myung Mun 1972 die Jugendorganisation INTERNATIONAL ONE WORLD
CRUSADE (IOWC). Mit einem klaren Verständnis um Gott, um das
Leben und um die Bedeutung von Geschichte, Gegenwart und Zukunft tritt sie dieser gefährlichen Situation entgegen (...) In
enger Zusammenarbeit mit der Vereinigungskirche und ähnlichen
Organisationen schaffen sie (Anm: die Mitglieder) Grundlagen
für eine weltweite Kooperation und Vereinigung" (Qu: Vereinigungskirche e.V., Die Vereinigungskirche und verbundene Organisationen, Frankfurt o.J. (cà 1976) S.9).

International Parents Association - IPA * Mun/UC Eltern-Organisa-
tion, der die Eltern und Angehörigen der jüngeren Mitglieder d.
UC angegliedert werden sollen. Es werden Elternseminare und El-
terntreffen veranstaltet, die vor allem eine Imagepolitur der
UC bewirken sollen. Die deutsche "Elterngemeinschaft der Vereinigungskirche" ist der IPA angeschlossen.

International Peace Highway * Bezeichnung für das (erhoffte) Produkt der **International Highway Construction Corporation**=-.

International Pioneer Academy * Mun/UC-Inst in San Francisco,moon-
ops 23 jan 78: "(IRF) (SF `71-2, `72-3) Michael Warder, Dean +
Bd.Chmn." Nr.130;

IPA
International Parents Association e.V.

International **Pioneer City** * moonops 23 jan 78: "aka Int`l Ideal
City Project, Family Farm, Eden Awareness Center Booneville/CA,
Nr.131;

International **Prisoner Rehabilitation Foundation** * Mun/UC-Inst(Qu:
moonops 23 jan 78 Nr.133;

International **Professors Conference on Victory-Over-Communism** *
Series of conferences under the auspices of Unification Theory
Institutes;

    I   = July 22-26,1985, Seoul Lotte Hotel, UTI of Korea, p 41;

International **Re-Education Foundation, Inc.** * UC-Front (Qu: OIOS);
moonops 23 Jan 78: "SF 5/4/71 The visible Unification Movement
operation SF Bay Area as operations shifted to a more political
emphasis before Moon took up US residence. HSA/UWC (inc. `61),
Re-Education Center from`68, with organizing for FLF at Berke-
ley. Papasan - Sang-ik Choi, Mamasan- Mee Schik Shin Choi" Nr.
132;

International **Relief and Friendship Foundation - IRFF** * Org. f social activities, fd> 1976

International **Religious Foundation** (IRF) * incorporated in 1963."A
nonprofit foundation which sponsors conferences and publications for scholars, religious leaders, and ministers throughout
the world. Its activities are interreligious, intercultural,in-
terdisciplinary, and interracial in composition. It strives to
provide a forum for real sharing, ecumenicity, and dialogue
among the religious traditions of the world. I.R.F.brings under
one umbrella the various interfaith and ecumenical activities
sponsored by the Unification Church. These include the New Ecumenical Research Association, the Youth Seminar on World Religions, the National Council for Church and Social Action,Inter-
denominational Conferences for Clergy, New ERA Books / Paragon
House, the I.R.F.Speakers Bureau, God: The contemporary Discussion conferences, the Sun Myung Moon Institute, and now the Assembly of the World`s Religions".(Klappentext eines AWR-Heftes)

International **Report** = Z> 2wöchentl Pressedienst/biweekly newsletter der FPI=-

International **Seafood Company** * UC-Business, Norfolk/VA (Qu:OIOS);
vergl. auch: International Oceanic Enterprises=-

International Seafoods of Alaska, Inc. * Mun/UC-conn. Bss; moonops 23 jan 78 Nr.134a; >+<

International Security Council - ISC * Moon act of CAUSA International, 393 Fifth Avenue,New York/NY 10016 >001-212-213-5280<
"International Security Council a project of CAUSA International" (CAUSA USA Report, April 1985) (UN-Ad 2/85,15) "Der internationale Sicherheitsrat wurde von CAUSA als moderne 'Gedanken-
fabrik` gegründet. Er setzt sich aus einer Reihe von Staatsmän-
nern, Diplomaten, Regierungsbeamten, ehemaligen Militärs,
Politologen, Wirtschaftsfachleuten und Historikern zusammen.
(...) um der Öffentlichkeit deutlich vor Augen zu führen,
welche Gefahren der freien Gesellschaft drohen, insbesondere
vom Hegemonialstreben der Sowjetunion und ihrer Stellvertreter
auf der ganzen Welt" (Aus einer Broschüre von CAUSA Österreich).

International Seminar on the Unification Movement cf. ISUM

International Student Center * Zusammenarbeit mit **International
Student Co-Operation**=-, A> 870 Market Street, San Francisco,
Room 776;

International Student Co-Operation - **A Student Branch of the Unification Movement** * Werbeaktivität in San Francisco, cf: In-
ternational Student Center=-; >001-415-6440789<; "You are cor-
dially invited to an **International Evening**=- of cultural exchange and Expression".

International Travelers Limousine + Tour Service Co * Mun/UC-conn
Bss, San Francisco/CA (Sacramento Bee, Jan 2, 1976).

International Union * (IEE, Inc.) SF '71-5 Service Station:Moonops
23 Jan 78 Nr. 136;

International Wonhwa-Do Association * Internationale Organisation
der Mun-Version der Martial Arts, CARP=-gesponsort.

Internationale Familien Vereinigung * IFA-Germany: moonops 23 Jan
78 Nr.138

Internationale Kultur Stiftung * ICF-Germany, moonops 23 Jan 78,Nr
139;

Introductionary Seminar on the Unification Movement - ISUM * ex-
terner Workshop über die Mun-Bewegung (für Außenstehende), oft
auch schlicht als "Seminar" bezeichnet,

"introducing the Unification Movement to interested participants from other ICF activities. This series known as 'Introductory Seminars on the Unification Movement`, was developed
for past ICUS participants who expressed their interest -
either personal or just to be better able to answer colleagues`
questions - in learning more about the Founder and Sponsorship
of ICF. (...) The core of the introductionary seminar is a
series of twelve lectures, given over five days, on the Divine
Principle, the religious teachings of Rev.Moon. The lecturers
are Unification Church members, either Ph.D. students or church
leaders" (Qu: ICUS XII brochure)

IOWC = International One World Crusade,

IRF = International Religious Foundation,
 IRF 8/86 = Chiang Mai/Thail.,Aug.,27-32,1986 Buddhist Dialogue
 IRF 9/86 = Vitznau/Switzerl.,31.8.-4.9.86 Intra-Jewish Dialog.

IRFF = International Relief Friendship Foundation (found. 1976)
 IRFF, 2 Penn Plaza £ 1500, New York, N.Y. 10001;
 IRFF-ATT = IRFF Agricultural and Technical Training,
 IRFF-ERP = IRFF Emergency Relief Programs,
 IRFF-RDMT = IRFF Rapid Deployment Medical Teams

IRLWG = The International Religious Liberty Working Group

ISC =International Security Council,
 ISC 3/85 Washington "Negotiating with Marxists in Central Ame-
  rica" (March 21, 1985)
 ISC 11/86: Copenhagen
 ISC 7/87: Berlin "The Future of German-American Relations"
  (June 8-10, 1987)

Isshin Hospital * Tokyo; "a project of ICF"; "The hospital`s out-
reach program maintains a permanent medical team in Thailand,
two rural clinics in Japan (...) and annual trips to Korea and
to Okinawa" (HumPro); A> Nissin-kai Hospital, Inc., 1-18-7
North Otsuka, Toshima-ku, Tokyo, Japan >9181215<

ISUM = Introductory Seminar on the Unification Movement
 ISUM Ia = 1978 Hawai
 ISUM Ib = 1978 Spain
 ISUM Ic = 1978 Puerto Rico
 ISUM IIa = 1979 Hawai
 ISUM IIb = 1979 Greece

```
ISUM IIc   = 1979 Puerto Rico
ISUM IIIa  = 1980 Kenya
ISUM IIIb  = 1980 Mexico
ISUM IVa   = 1981 Ivory Coast
ISUM IVb   = 1981 Mexico
ISUM IVc   = 1981 Brazil
ISUM Va    = 1982 USA
ISUM Vb    = 1982 Brazil
ISUM Vc    = 1982 Jamaica
ISUM Vd    = 1982 Egypt
ISUM Ve    = 1982 Philippines
ISUM Vf    = 1982 Peru
ISUM VIa   = 1983 Italy
ISUM VIb   = 1983 Bahamas
ISUM VIc   = 1983 Thailand
ISUM VId   = 1983 Argentinia
ISUM       = Nov.5-8,1986 Genbting Highlands / Malaysia
```

I.T.P.N. = In True Parents Name (Im Namen der Wahren Eltern), unter den Mun-Anhängern (vor allem in Briefen) benutzte Grußfor-
mel.

Jäger & Riederer * Mun/UC-conn Bss; HR A 48079 München, fd> als KG
   "Münchner Kunst u Handwerk GmbH"; Sitz verlegt nach D-4000 Düsseldorf: 8.Juni 1982; >FH<

Jamaica (Stichwort/keyword)
"IRFF has acted as a joint venturer in founding an institute for
the study of folklore and regional history in Jamaica" (HumPro).
   International Institute of Folklore=-

Japan-US Goodwill Seminar, The * Mun/UC-Ac; ICF 1st 8/72:   moonops
   23 jan 78, Nr.143;
Japanese Cultural Foundation * Mun/UC-Inst (Qu: SPC-List 1982);
Japanese Supradenominational Christian Association * Mun/UC-Ac in
   Japan; (Qu: Vision, Aug 1985,p.35)

Jesus Christus (Stichwort/keyword)
"Jesus wanted to bring that resurrection in his time, desiring to resurrect not only himself and his family, but to spiritually and physically resurrect his society, nation, world, the universe and God. He left that mission undone, and now in the Unification Church we have the key to consummate on every level the resurrection that Jesus had hoped to achive 2.000 years ago" (MS 77-04-10 The Resurrection of Jesus and Ourselves, New York, April 10, 1977, p.15) "We must fully understand that Christian salvation does not derive from Jesus' cruxifiction on the cross; the cross is the symbol of Satan's victory" (MS 77-04-10 p. 10)

Jewish Friendship League * UC-religious front; Qu: OIOS
Jhoon Rhee Taekwondo Institut * DC`62 VA MD CT MN Haiti, Santo Domingo Berlin; moonops 23 Jan 78 Nr.140;
Jhonn Rhee Travel Agency, Inc * moonops 23 jan 78, Nr.140a
Jin-A Child Care Centre * "Jin-A was the name chosen by Moon and means 'children's forward march'. The fully equipped pre-school day centre was officially opened on 18.01. with 50 enrolled children and a staff of eight. Eventually the number of children should rise to 100. The centre's goal is to help all young 'blessed children' 'to establish the right kind of foundation to attend Heavenly Father before going to public schools'" (Qu: Fair News summer 1988 p.13, refer. UN 2/88).
Joya Design Jewelry * Teilnahme an der 1st Unification Home Church Convention and Fair, 9/82, New York;
Judaism: In Service to the World * Mun/UC-Ac California; moonops-Nr.141;
Juma Ltd. * Mun/UC/Saeilo International (HK) Ltd=-conn. Firma, deren Namen als Mantel von Saeilo gekauft worden ist; A> Alexander House, HK, C/o Saeilo International;
Jusancha Ginseng Tea * UC-business, Qu: OIOS; moonops 23 jan 78 Nr 142;

Kami Ltd * "a holding company in the Grand Cayman Islands", owned by Julian Safi, Begründer der **Noticias del Mundo**=- und wesentl. beteiligt bei anderen UC-conn. Übernahmen in Uruguay ("under Safi, CAUSA started a Newspaper, Noticias del Mundo, purchased Banco de Credito -- Uruguay's third or fourth largest bank --bought the Victory Plaza, the country's largest luxury hotel") (GWUCM,13);

Kamiyana Candles * VA `76: moonops 23 jan 78, Nr.144;

KANDO Verlag GmbH * VK-Verlag in der Bundesrepublik, 27.4.77-19. 9.79 Paul Werner Verlag; A> D-Mörfelden-Walldorf , Handelsregister >Groß Gerau HRB 1428<

KAPA = Korean American Political Association

KCFF = Korean Cultural and Freedom Foundation

Kensington Gardens Art Society * Mun/UC-Ac (Qu:FAIR-List 9/84);

Kenya (Stichwort/keyword)
Bericht in UN 2/87,7: 100 M; Mission seit/since 1981; Social-Org.: "Association for Education and Development"=-; ISUM 1985 in Mombasa Beach Hotel über 40 p "most of them were scholars and some were high government officials or politicians. After the Mombasa seminar, we began receiving attention from many groups and organizations in the country and were asked to hold more seminars. Immediately, we organized a half-day introductory seminar at one of the international hotels in the town. (...) Finally, the National Council of Churches of Kenya (NCCK), a Protestant organization, invited us to introduce the Unification movement to Christian ministers."

Kim Home Apartment Cleaning Co. * Mun/UC-conn Bss >FH<

Kim, Kae-Hwan, Mun/UC-Bss-leader in Deutschland.
"Als der 1937 geborene Kim 1962 nach Deutschland kam, lag eine glänzende wissenschaftliche Karriere vor ihm. Als Stipendiat der Konrad-Adenauer-Stiftung studierte er in Marburg und Bonn Volkswirtschaftslehre.
Nach dem Examen folgte 1973 die Promotion zum Dr.rer.pol. mit der Note 'magna cum laude'. Kim wird als wissenschaftlicher Assistent an der Ruhr-Universität Bochum beschäftigt.

Er verläßt die Universität, als sich deren Verwaltung 1980 an
die Ausländerbehörde wendet, ihr gegenüber auf die Zugehörigkeit von Kim zur Mun-Sekte eingeht und die Behörde um eine Be-
wertung bittet.

Fließend vollzieht sich daraufhin der Übergang Kims ins Unter-
nehmerdasein. Er gründet zahlreiche Firmen, so die **Sae Il Ex-
port-Import GmbH**, die **Saeilo Machinery GmbH** und die **UTI Indu-
tries Holding**.(...) Eine Aufenthaltsgenehmigung wird Kim
nicht zuletzt deshalb gewährt, weil die IHK Düsseldorf das Interesse der Bundesrepublik an diesen unternehmerischen Projek-
ten bejaht.

1982 wendet sich vorübergehend das Blatt. Der Regierungspräsi-
dent Düsseldorf bittet die zuständige Behörde eindringlich, 'im
Einverständnis mit dem Innenminister NRW, seinen (Kims, die
Red.) Aufenthalt in der Bundesrepublik Deutschland zu beenden`.
Verbindungen zwischen der **Vereinigungskirche** und dem Koreaner
seien durch das Landeskriminalamt bestätigt worden.

In den Schreiben heißt es weiter: 'Die Tätigkeit des Herrn Dr.
Kim für die Mun-Sekte beeinträchtigt erheblich die Belange der
Bundesrepublik Deutschland`. Nichts passiert. Schließlich ist
Kim respektabler Geschäftsführer der Tong-Il-Erwerbung **Wanderer**. Mit der Teilnahme an einer der zahlreichen internationalen Konferenzen der Vereinigungskirche liegt Kims erste bekannte Aktivität für die Sekte 13 Jahre zurück. Im Auftrag der Mun-
Studentenorganisation **CARP** kaufte er vor fünf Jahren das Gästehaus 'Koburg` im Neandertal. Noch heute weist ihn das Vereins-
register des Amtsgerichts Frankfurt (VR 7640) als Vorstandsmitglied der **Professors World Peace Academy (PWPA)** aus - von der
evangelischen Kirche als 'Tarnorganisation der Vereinigungskir-
he` eingestuft." (Wirtschaftswoche 6/30.1.87 S.101)

Über sein Management heißt es:

"Verantwortlich für diese Misere ist vor allem Kim selbst, der
die Geschäftsführer der drei deutschen Unternehmen immer wieder
mit seinen teilweise unverständlichen Eingriffen in die Firmen-
politik brüskiert und wichtige Unternehmensentscheidungen oft
wochenlang durch langwierige Abstimmungsprozesse mit seinen koreanischen Konzernoberen blockiert.(...) Wahrscheinlich war Kim
im Auftrag seines Herren Mun wirklich einst angetreten, um dem

Tong Il-Konzern deutsche Technologie zu verschaffen, ist aber
damit gescheitert." (Industriemagazin 6/87,90)

Kim Won Pil[1]   "In January 1977, the ROK Government charged Kim Won
Pil and other officers of Il Hwa Pharmaceutical Co. with con-
spiring to evade over $12 million in taxes, in addition to
other offenses. A State Department cable reported that the
specific charges included:

Falsely reporting purchase price of raw ginseng, falseley
reporting capital increases by disguising stock distribution,
failure to pay taxes on property acquired in the names of
employees, and income tax avoidance by donating money to the
Unification Church.[2]

The cable quoted Korean newspaper accounts which claimed that
$6.2 million was transferred to Moon's church from Il Hwa
without tax payment. It was noted that Korean law does not
permit transfer of money when the same person - in this case
Kim Won Pil - headed both a taxable and a tax-free foundation.
In that connection, the State Department commented:

Kim Won-pil, president of Il Hwa Pharmaceutical, is also chairman of the board of directors of the Holy Spirit Association
for the Unification of World Christianity (...). He also helds
1 percent of the shares of Il Shin Stone Works, and was executive director of Tong-il Industries, the Moon firm designated a
defense industry by the R.O.K.G.[3]

1

Frazer-Report p. 328

2

Department of State cable, February 1977, Frazer-Report p.
328

3

a.a.O.

In the same month that this State Department report was written (February 1977), Kim Won Pil acquired still another title in the Moon organization when he became a director of the Unification Church International (UCI). Kim was one of Moon`s earliest followers and had been arrested with Moon in 1955."[1]

Kirchen: cf. **Churches/Kirchen** (Stichwort/keyword)

Koch,Peter; (30.03.22-11.06.84), erster Landesvater der Mun-Bewegung (damals GvW) in der Bundesrepublik und danach in Österreich.

In einem Gespräch[2] berichtete er über seine Bekanntschaft mit der Mun-Bewegung, die für ihn auch der Anstoß zur Deutschlandmission wurde, wie folgt:

1957 sei er in die USA gegangen. In Salt Lake City habe ihn das dortige Mormonentum stark beeindruckt, ehe er 1959 nach San Francisco gekommen sei. Dort habe er am 4.7.61 bei der Geburtstagsparty seiner Schwester durch deren Freundin den Hinweis auf eine Bekannte bekommen, die ein Mitglied einer neuen Bewegung (der Mun-Bewegung) geworden war. Im November 1960 habe ihm ein Medium in einer "spiritualistischen Kirche in San Francisco" darauf hingewiesen, daß sein Leben "im Sommer nach der Schule" eine große Veränderung erfahren werde. Er seie damals in Berkeley dem Ingenieursstudium nachgegangen.

Seine Schwester sei von der Mutter nach Kalifornien geschickt worden "um nachzusehen, was mit mir los seie", erzählt Peter Koch. Sie wird der erste Mensch, den er für die Mun-Bewegung gewinnt.

Er sei erst skeptisch gewesen, jedoch habe ihm "die Einfachheit der Antworten" imponiert, die überzeugte Glaubensausstrahlung der Mitglieder sowie deren Art, zu beten.

---

[1]

Hinweis auf Frazer-Report p.353.

[2]

Wien, 24.3.78, Teilnehmer: Peter Koch, Rudolf Dangl, Wolfgang Waldner seitens der VK, sowie Pfarrer Rüdiger Hauth, Witten u Pfr.F.-W.Haack,München.

1962 habe er in San Francisco "akzeptiert" (daß Mun der Messias ist), 1963 geht er als Missionar nach Deutschland. Zuerst missioniert er in Münster/Westfalen, später in Heidelberg und Frankfurt/ Main.

Koch legte Wert auf die Feststellung: "Als ich in Münster tätig war, wurde in Sacramento Paul Werner angesprochen". Mit ihm wechselt er am 19.5.1969[1] die Position als Landesvater[2].

Auf seinem Grabstein auf dem Hitzinger Friedhof in Wien steht der

Spruch: "Himmel ist nicht etwas, was wir empfangen, wir müssen ihn errichten".

Koshin Inc. * Mun/UC-conn Bss in 2577 United Lane, Elk Grove Village/Illinois; (Qu: FOCUS 7/85);

Korea (Stichwort/keyword)

Korea ist das Geburtsland der Mun-Bewegung. Vieles in der Mun-Lehre und -Praxis ist ohne den koreanischen Hintergrund nicht verständlich. Die UC behauptet, in Korea etwa 400.000 Mitglieder zu haben. "The Washington Post" (March 18,1988) nennt die Zahl "with outside observers estimating membership at about 20.000". In der gleichen Quelle heißt es über die industrielle Präsenz Muns in Korea: "Tahk said that Moon controls more than 50 firms altogether, while Business Korea identified 23 such firms. Their interst include fishing, construction, trading, water bottling, brickmaking, jewelry handicrafts, machinery sales and printing and publishing. The church recently applied for permission to publish a daily newspaper in Seoul, according to the Korean Press. In addition, the church is a major holder of real estate. On one of the

---

[1]

Informationsdienst der Vereinigungskirche Österreich, Wien, Oktober 1985, S.1.

[2]

Er war bei diesem Gespräch darüber noch sichtlich unzufrieden, da die Bundesrepublik in der nun in Westeuropa aufblühenden Mun-Bewegung eine wesentlich bedeutendere Stellung hatte als das eher randständige Österreich.

most valuable plots of land in Seoul - a $200 million lot near the
National Assembly - the church has unsuccesfully sought gouvern-
ment permission for a 100-story skyscraper".

Korea Ginseng House * Mun/UC-conn Bss in D-4000 Düsseldorf, D-6000
Frankfurt/Main
Korean-American Political Association * Mun/UC-Org, (Qu:SPC 1982)
Korean and Japanese Professors Symposium on Unification Thought *
Konferenzen, veranstaltet vom Unification Thought Institute of
Japan=-
    III = Feb. 9-12, 1985 Hakone/Japan
Korean Cultural and Freedom Foundation * Mun/UC-polit.Org; Pres.Bo
Hi Pak; incorporated in the District of Columbia in March 1964;
"(a) To accord honor and recognition to those Americans who
fought and died for the cause of the freedom in Korea and to
those who have aided in the preservation and perpetuation of
Korean democracy and culture;
(b) To provide, in coordination with appropriate departments of
the United States Government and the Korean Embassy, for an
extensive program of support and interchange in the fields of
art, literature, the humanities and related cultural matters;
(c) To foster a mutuality of understanding, respect and friendship between the citizens of the United States and Korea"[1].
Robert Roland, a former KCFF director testified:
"In eraly 1964, Col.Pak told of his plans to form the Korean
Cultural and Freedom Foundation. He stated that the purpose of
the KCFF would be to gain influence and raise money for Moon`s
cause ***. He described it very clearly that this was a front
organization, and that it would be used to gain influence with
wealthy people, government officials. Then he talked very
clearly about using it as a fund-raising organization for the
Moon organization"[2]

1
 Frazer 323

2
 Frazer 324

Korean Evangelical Association * Teilnahme an der 1st Unification Home Church Convention and Fair, 9/82, New York;

Korean Folk Ballett * Mun/UC-cultural-Ac in Korea, conn:Little Angels;

Korsfarana * ***

Kosei Construction Co. * Mun/UC-conn Bss, moonops

Kunst + Handwerk Peter Koch * Mun/UC-conn Bss, A> Mittelberegeramt 19, A-3542 Gföhl; Gründer war der 1984 verstorbene österr."Landesvater" Peter Koch=-;

Kwan Ya Church * Name der von Mun 1946 in Nord Korea gegründeten Sekte.

Kyon Bok Elementary School * Elementary school with The Little Angels Arts School Campus, Seoul/Korea;

La Commedia Pizzeria-Restaurant GmbH * UC-conn Bss in D-8500 Nürnberg, Allersberger Str.83; HRB 8026 - 4.9.87: "Gegenstand des Unternehmens ist der Betrieb von Pizzeria-Restaurants. Stammkapital 51.000.-- DM; Geschäftsführer: Tuminello Antonio, Gastronom in Nürnberg; Figus Giorgio, Gastronom i Nürnberg; Bellabarba Giuseppe, Gastronom in Nürnberg, Gesellschaft m beschränkter Haftung. D Gesellschaftsvertrag ist am 10.Juli 1987 abgeschlossen. Die Gesellschaft hat einen oder mehrere Geschäfsführer. Ist nur ein Geschäftsführer bestellt, so ist dieser alleinvertretungsberechtigt. Sind mehrere Geschäftsführer bestellt, so wird die Gesellschaft durch zwei Geschäftsführer gemeinsam oder durch einen Geschäftsführer in Gemeinschaft m einem Prokuristen vertreten. Den Geschäftsführern Tuminello Antonio, Figus Giorgio und Bellabarba Giuseppe ist je Alleinvertretungsbefugnis erteilt. Nicht eingetragen: Die Bekanntmachungen der Gesellschaft erfolgen in dem vom zuständigen Registergericht Nürnberg allgemein bestimmten Veröffentlichungsblatt." (NZ 11. 09.87) Bei den Geschäftsführern handelt es sich - auch nach Informationen des kath.Sektenbeauftragten in Nürnberg (9/87) um Mitglieder der Vereinigungskirche/UC=-

La Nuova Era = > Z der UC in Italy (Qu: LWC-List)

La Tuna * Mun/UC-conn "University Folkgroup" aus E (CARP IV);

La Vocation Spirituelle de la France * Publication CAUSA France;

Laboratoires Alpha-Omega * Mun/UC-Bss in F; A> 16, rue Ledru Rollin, F-94100 Saint-Maur; (cf. Frankreich/France=- Stichwort)

Language World Cassettes * Mun/Uc conn Ac, moonops
Mun: "In order to set up one culture, we must unify the langua-
ges into one (...) In the ideal world centered upon God, everyone will speak only Korean, so no interpreter will be necessa-
ry"(MS, May 17,1973 p.12)[1]

Latin American Order of Liberty and Unity, The * Orden des Mun-
Imperiums, wird verliehen bei Tagungen, insbesondere der **AULA**=-
-, Es gibt mehrere Stufen, darunter: "Grand Cross Commander
with Gold Plaque" (3/90 in Moscow anl. WMC XI dem Politbüro-
Mitglied und Mitglied des Präsidialrates Yuri Yakolev verlie-
hen), das "Grand Cross" (bei gleichem Anlaß dem Vizepräs der
Akademie der Wissenschaften, Mitglied des Präsidialrates Y.A.
Osipyan und dem Prawda-Herausgeber I.Folov verliehen). Die
Auszeichnung hat keinen staatlichen Wert, sondern dient wohl
von allem dem Zweck der Vereinnahmung von Personen mit öffent-
lichem Einfluß für Mun und seine Bestrebungen.

Leben in der Bewegung (Stichwort/keyword)
Das Leben in der Bewegung richtet sich durchaus nach dem Status,
den ein Mitglied hat. Daß die Führungsspitze in erstaunlichem
Luxus lebt, dürfte sowohl bekannt als auch verständlich sein. Ein
Problem mag sich für manche Mitglieder daraus ergeben, daß sie
anfangs denken, Mun lebe ebenso einfach wie sie und der sichtbare
Luxus sei sozusagen die zwangsläufige Folge dessen, daß er ja "re-
präsentieren" müsse, "wenn er mit den Großen dieser Welt zusammen
ist".
Das Stichwort ist "to pay indemnity", "Abzahlung zu leisten" an
Satan, dem man eigentlich gehöre und von dem man sich freikaufen
müsse. Und deswegen müsse man "conditions/Konditionen" auf sich
nehmen, mittels deren man sich freikaufen müsse.

1

Frazer, 314

Die schlechten Lebensbedingungen der Fußtruppen des Imperiums (der
einfachen Mitglieder), Besitzübereignungen und extreme Verzichtleistungen, waren auch immer wieder der Fokus-Punkt für eine
deutliche und zu öffentlichen Reaktionen führende Kritik. Statt
nun dieser Kritik standzuhalten und zu sagen, "ja, so ist es bei
uns", hat man in der Mun-Bewegung offensichtlich den Weg der
Leugnung gewählt, bei dem man allenfalls "frühere Fehler, die aber
längst ausgemerzt wurden" zugibt.

Aus dem Jahr 1978, aus München, datiert ein Bericht über das
"Leben bei Mun"[1]. Dort hieß es:

"Aufstehen um fünf Uhr, danach Hausarbeit und Gebet. Gegen sieben
Uhr wird gefrühstückt. Im Anschluß daran: Unterricht und Studium
der Mun'schen Heilslehre, der 'Göttichen Prinzipien'. Dann: Bis
zum frühen Abend Straßenmission, Leute anreden. Um 18.30 Uhr
gibt's ein karges Abendbrot: Müsli, Brot, Reis oder Salat. Danach:
'Missionsstunden' mit Interessenten.

Andere Mun-Mitglieder gehen zeitweilig noch zur Arbeit. Das Gehalt
geben sie natürlich der Sekte; genauso muß übrigens jegliche Art
von Privatvermögen abgegeben werden".

Dagegen haben sich die offiziellen Vertreter der Bewegung immer
wieder verwahrt und "deutlich gemacht", daß alle Übereignungen
freiwillig und auf Wunsch der Betroffenen zustande gekommen sein.
Vermutlich ist das auch so. Doch die Freiwilligkeit unter dem
Druck der Gruppenzugehörigkeit und im Hinblick auf "spirituellen
Lohn" ist eben eine andere als die des Normalmenschen im öffentlichen Geschäftsverkehr. "Freiwilliger Arbeitseinsatz" z.B. gehörte ebenso zu den Methoden NS-Deutschlands, wie der Ostblockstaaten
als auch des Mun-Imperiums. Und wie in solchen Diktaturen redet
man in der Bewegung möglichst nicht oder nur das Beste über das
eigene Leben zu Außenstehenden. Sie "verstehen es ja nicht",
warum man solche Entbehrungen auf sich nimmt und nicht aufbegehrt.
"Nur spärlich gab mir Elli bei unseren Gesprächen Auskunft über
das Leben in der sogenannten 'Familie'", fährt der schon zitierte
Bericht fort. "Und dies hat einen klaren Grund: Interessenten sol-

---

1

Bayr.Rundfunk, Familienfunk, Klaus Kastan: Leben bei Mun, 22.5.78
Bayern 1;

len erst nach und nach an das spartanische Leben gewöhnt werden. Man will sie nicht gleich verprellen. Auch mein Wunsch, die Wohnung anzuschauen, endete bereits in der Küche. Der Münchner Sektenchef, er wurde Hannes genannt, wollte es so. Verständlich: Denn die Schlaf- und Aufenthaltsräume würden Interessenten eher abschrecken. Wie ich später erfuhr, schlafen die Mun-Leute auf dem Boden, Mädchen und Jungen natürlich getrennt. Kommt es doch einmal vor einer möglichen Eheschließung zu sexuellen Kontakten unter den Mitgliedern, müssen die Betroffenen mit harten Strafen rechnen."

Der schwere Bann, den Mun auf jede von ihm nicht genehmigte Sexualität gelegt hat, hängt einmal mit der Lehre Muns zusammen und ist anderseits der Angelpunkt für den Hingabewillen und die totale Unterwerfung der Mitglieder. Nach der Mun-Lehre liegt der Sündenfall nämlich im "vorehelichen Geschlechtsverkehr". So kamen mit dem ersten Menschenpaar alle Menschen unter Satans Gewalt, von der sie sich durch harte Arbeit, durch Verzichtleistungen und totale Hingabe an Gott (d.h. an Mun, als angeblichen Messias und "Herrn des Himmels und der Erde") freikaufen müssen. Höhepunkt im Leben eines Mun-Anhängers ist es, von "Vater gesegnet zu werden", d. h. einen Partner zugewiesen zu bekommen und ihm von Mun in einer (Massen-) Trauung angebunden zu werden. Doch das ist nicht das Thema der ersten Besuche eines Neulings in einer Mun-Niederlassung.

"Junge Leute, die zum ersten Mal hereinschauen, sehen nur die Schokoladenseite des Zusammenlebens. Zum Beispiel bei Informationsabenden: Da sitzt man nett zusammen, singt fröhliche Lieder, es wird gemeinsam gegessen. An diesen Abenden ist dann auch die Mahlzeit üppiger als sonst. Höhepunkt einer jeden Info-Veranstaltung: Der 'Familien'-Chef hält eine Rede. Dieser Chef - so zumindest mein Eindruck - ist der unumschränkte Herrscher über ein Zentrum, die Mitglieder widersprechen ihm nie, sind ihm hörig."

Eltern, die sich nicht gegen den Eintritt ihrer Kinder in die Mun-Bewegung wehren, dürfen hin und wieder zu Besuch kommen.

"An den Informationsveranstaltungen bekommen die Eltern dann genauso wie auch die anderen Besucher, ein 'heiles Mun-Leben` vorgetäuscht. Mich erinnerten diese Abende an die Abfahrt eines Schiffes - die Eltern stehen an der Kaimauer und die Kinder fahren davon, man kann sich nur noch zuwinken".

Denn es gibt keine wirklich private Konversation zwischen Eltern
und Kindern. "Miteinander sprechen können Eltern und Kinder nämlich nur im Beisein eines Sektenoberen".
Hier würde nun sicher eingewendet: Das mag 1978 so gewesen sein.
Berichte aus den 80er Jahren ähneln jedoch dieser Darstellung oft
zu sehr, um eine wirkliche Änderung der Verhältnisse konstatieren
zu können.
So schreibt ein frischgebackener Munie seinen (darüber nicht
erfreuten) Eltern einen Brief, der die abrupte Lebensveränderung
und den pubertären "Wir retten die Welt jetzt"-Geist verdeutlicht,
der in den Mitgliedern hervorgerufen wird:
"Aber ich, persönlich, bin der Meinung, daß ich innerhalb der
letzten fünf Wochen intensiv hinter die Kulissen geschaut habe und
was ich dort erblicken kann, sagt mir völlig zu. Ich möchte mich
in Zukunft auf meinen 'internal part' sprich 'spirit' konzentrie-
ren und ich kenne mich zu gut, damit ich mir eingestehen muß,
diese Zielvorstellung nicht verwirklichen zu können im 'normalen
Leben', da ich meine ursprüngliche Widersprüchlichkeit zwischen
Gut und Böse nicht überwinden kann, um schließlich non stop 'full
of joy, happiness and love' zu sein. Aber es gibt einen Weg dort-
hin, einen einzigen. Ich bin von dieser 'Ideologie' überzeugt und
werde sie nach meinen Kräften in die Tat umsetzen. Ich bin zufrie-
den und sehr glücklich, wenn ich an meine Zukunft denke, da ich es
niemals für möglich gehalten habe, daß es einen Idealzustand geben
könnte, der noch dazu in die Tat umgesetzt werden könnte. Ich bin
voller Hoffnung und dankbar, daß ich auf diese Bewegung gestoßen
bin. Ich habe mich bereits exmatrikuliert (...) Nachdem ich an
einem 26-Tage-Workshop teilgenommen habe, werde ich als Fulltime-
member einsteigen. Mein Studium gebe ich auf (aber ich behalte es
doch noch für die Zukunft im Auge), da ich ansonsten nichts der
Gemeinschaft für die nächsten fünf Jahre beitragen kann. Aber ich
kann es mit meinem Gewissen nicht vereinbaren, so fortzufahren wie
bisher mit Gedanken im Kopf, die die einzige 'Wahrheit' beinhal-
ten".(Brief v. Frühjahr 1986).
Besser kann die Motivation eines Mun-Neulings nicht geschildert
werden. Die "Positiv-Indoktrination" hat hier volle Wirkung gezeigt. Der Aspirant würde sich bei einer Verweigerung schuldig
fühlen. Indem er etwas "für die Gemeinschaft beitragen" möchte,

gibt er sein Studium auf. Willig wird er stundenlang auf Mission oder Fundraising-Tour gehen und sich völlig eingliedern in das System, das für ihn "das Gute", das vollkommene Ideal schlechthin verkörpert

UC-Advice/Ratschläge: "Next I`ll talk about relationships between members and their physical family. A member comes home once in a while and eats greedily without prudence, saying he is very hungry. Then his parents doubt whether the church does give him sufficient food and come to have grudges against the church. We just take advantage for this parents-child relationship, when necessary and we make them work for God`s will, when we are in trouble. And we don`t express thanks for their deeds and fail in social duties, then, they start to accuse us, even though they are our parents. So we must bring ourselves to be able to have a deep consideration as follows. ' Even though I am so hungry, I can`t eat greedily. Because my parents may stumble away from the church through my behaviour. As a result of my behaviour disgraces the name of God`. At least, this is what we call good sense"[1]

"People claim that I enslave the good and beautiful young people of America, but if by doing that young men and women become dedicated, commited people for the sake of God and humanity, willingly living for a purpose far beyond themthelves, than what I do is justified in the sight of God" (MS "Perfection and Gratitude", Oct.3, 1976 p.4).

"They even say I am worse than Hitler because at least Hitler paid his army; you not only don`t receive a salary, but you fund raise to support the Church! People think that you must be forced to do that. Nonreligious people could never understand" (MS "The Dispensation of Restauration and Myself", Apr.6, 1980 p.7).

Libe-Aid * Projekt in Liberia zum Aufbau einer Schule; Benefizkonzert durch **"Chapter One"**=- cf. UN 1/88,7

Life Spring Health Foods * Mun/UC-conn Bss, moonops

Light of Hope, The * Mun/UC-conn Act., moonops

1

1.27 Systen, broschure without editor, adress, year
(used in the 1982 IOWC Japan-rally)

Literature (Stichwort/keyword)

a) Literatur der Mun-Bewegung:

Biermans, John T., The Odyssey of New Religious Movements - Persecution, Struggle, Legitimation - A Case Study of the Unfication Church, Symposium Series Volume 19, The Edwin Mellon Press, Lewiston, NY/Queenston,Ontario, 1986;

Gesellschaft zur Vereinigung des Weltchristentums, Analyse der Gegenwart - Sonderdruck der Allgemeinen Einführung aus dem Buch "Die Göttlichen Prinzipien", Essen o.J.;

Giller, Herbert, Was kommt nach dem Kommunismus? - Kritik und konstruktive Alternative zum Dialektischen Materialismus, Wien 1976;

Föderation für Weltfrieden und Vereinigung, Neue Kritik am Kommunismus und Gegenvorschlag - Studienführer, Frankfurt 1976;

Hodges, Susan/Bryant M.Darrol (Hg), Exploring Unification Theology, New York/Toronto 1978;

Internationale Vereinigungskirche, Fragen & Antworten aus den Göttlichen Prinzipien, Frankfurt 1974;

IOWC-Office, Report IOWC Leadership Seminar Date Nov.10,11, 1976, Tokyo 1976;

Kim, Young Oon, Vereinigungstheologie - Kurzfassung, Frankfurt 1978;

1.27, -brochure, 17pages, without editor, adress, year;

Pak, Bo Hi, Truth is my Sword - Testimony of Col. Bo hi Pak at the Korea Hearings, U.S. Congress, o.O., o.J. (1978);

Public Affairs Department Unification Church of America, Humanitarian Projects of Rev.Sun Myung Moon and the Unification Church, New York, April 1,1982;

Sontag, Frederick, Sun Myung Moon and the Unification Church - An In-Depth Investigation of the Man and the Movement, Abingdon, Nashville 1977;

Sun Myung Mun, Die neue Zukunft des Christentums, Frankfurt 1975;

ders., Glaube und Wirklichkeit - Worte von Rev.San Myung Mun, Wien o.J.,

ders., God's Will and the World, New York 1985.

Thiel, Norbert, Der Kampf gegen neue religiöse Bewegungen - Anti-
"Sekten"-Kampagne und Religionsfreiheit in der Bundesrepublik
Deutschland, Mörfelden-Walldorf 1986;
Unification Thought Institute, Unification Thought, New York 1973;

b) Literatur über die Mun-Bewegung:
Affolderbach, Martin, Neue Jugendreligionen - eine Anfrage an die
kirchliche Jugendarbeit, in: Wege zum Menschen 11/12 1978, s.
459-467;
Aktion Jugendschutz - Katholische Landesarbeitsstelle Rheinland/
Pfalz, Neue religiöse Organisationen, Pirmasens 1978;
Allan, John, The Rising of the Moon - An examination of Sun My-
ung Moon and his Unfication Church, Leicester 1980;
Barker, Eileen, The Making of a Moonie - Choice or Brainwashing?,
Oxford/New York 1985[2];
Beck, Pere, Les "Disciples de Moon" - Que nous chacent-ils?,
Strasbourg o.J.;
Berry, Harold J., moon's unification church is it biblical? Lin-
coln/Nebraska 1976;
Bjornstad, James, The Moon ist not the Sun, Minneapolis/MS 1976;
Boyer, Jean-Francois, L'Empire Moon, Paris 1986;
Cornault, Fanny, La France des Sectes, Paris 1978;
Edwards,Christopher, Crazy for God - The Nightmare of Cult Life,
Englewood Cliffs/NJ 1979;
Elterninitiative zur Hilfe gegen seelische Abhängigkeit und reli-
giösen Extremismus e.V. (Hg), Jugendreligiöse Institutionen
und deren Co-Organisationen, Guruistische Bewegungen und Psy-
chokulte - Eine Findungshilfe, München 1986[2];
End-Time Handmaidens, God's Answer to Mr. Moon, Jasper/Arkansas
1977
Enroth, Ronald, Youth, Brainwashing, and the Extremist Cults,
Grand Rapids/Michigan 1977;
ders. u.a., A Guide to Cults & New Religions, Downers Grove/IL
1983;
Evangelische Zentralstelle für Weltanschauungsfragen, Material-
dienst 18/1975, Stuttgart 1975;
Freed, Josh: Moonweb - Journey into the Mind of a Cult, Toronto
1980;

Fuchs, Eberhard, Jugendsekten, München 1979;

Gerbert, W., Die neuen Jugendreligionen - Darstellung und Hilfe zur Auseinandersetzung, in: Informationen für die Evang.Jugend Berlin-West, Sonderausgabe, Berlin 1977/78;

GroupWatch, Profiles of U.S. Private Organizations and Churches Resource Center, File UCM, Albuquerque/NM, o.J., 26pages, als Manuscript vervielfältigt;

Haack, Friedrich-W., die neuen jugendreligionen, München 1988[24];

ders., die neuen jugendreligionen teil 2 - dokumente und erläuterungen, München 1984[6];

ders., die neuen jugendreligionen teil 3 - berichte und analysen, München 1985;

ders., Führer und Verführte - Jugendreligionen und politreligiöse Jugendsekten, München 1980;

ders., Jesus Christus und/oder San Myung Mun - Begegnung zwischen möglichen Bekenntnisstandpunkten oder status confessionis?, München 1989, Material-Edition 25 der Arbeitsgemeinschaft für Religions- und Weltanschauungsfragen;

ders., Jugendreligionen - Ursachen, Trends, Reaktionen, München 1979, 1980[2];

ders., Verführte Sehnsucht - Die neuen Jugendreligionen, München 1979[3];

ders., Des Sectes pour les Jeunes?, o.O. (Paris) 1980;

ders./Schuster, U./ Ach, M. (Hg), die neuen jugendreligionen teil 4 - aktionen, hilfen, initiativen, München 1986;

Hammerstein, Oliver von, Ich war ein Munie - Tagebücher und Berichte einer Befreiung aus der Mun-Sekte, München 1980;

Hauth, Rüdiger, "Tong-Il Kyo" neue Sekte "Internationale Vereinigungskirche" im Angriff, München 1975;

ders., Die nach der Seele greifen - Psychokulte und Jugendsekten, Gütersloh 1979, 1985[2];

ders., Jugendsekten und Psychogruppen von A - Z, Gütersloh 1981;

Hulet, Virginia H., Organizations In Our Society (Alphabetical) Listing). Hutchinson/KS 1983, revised edition;

Hutten, Kurt, Seher, Grübler, Enthusiasten - Das Buch der traditionellen Sekten und religiösen Sonderbewegungen, Stuttgart 1982[12];

Jennrich, Peter, Die Okkupation des Willens - Macht und Methoden
    der neuen Kultbewegungen, Hamburg 1985;

Jetter, Rainer, Getarnter Rechtsradikalismus oder Was will die
    C.A.R.P.?, Berlin 1978;

Johnson, Rose/Ratzlaff Don, As Angels of Light, Hillsboro/KS
    1980;

Junge Union Mainz, Jugendreligionen - Weg ins Glück?, Mainz 1980;

Kehrer Günter (HG), Das Entstehen einer neuen Religion. Das Bei-
    spiel der Vereinigungskirche, München 1981;

LeCabellec, Pierre, Dossiers Moon, Mulhouse 1983;

Levitt, Zola, The Spirit of San Myung Moon, Irvine/CA, 1976;

Mack, Cornelia, Die "Gesellschaft zur Vereinigung des Weltchri-
    stentums" in soziologischer Betrachtung, Hausarbeit zur Vordi-
    plomsprüfung im Wahlfach Soziologie, Tübingen 1977, als Manu-
    script vervielfältig);

Magnouloux, Bernard, pionnier du nouvel age témoignage d'un
    ex-adepte de Moon..., Andacette 1977;

Mignot, Edward C., The Unification Church - A Series of Articles,
    Aarhus 1987 (machinewritten manuscript)

ders., Tongil, Aarhus 1988;

Moritzen, Niels-Peter, S.M.Mun's Vereinigungskirche - Lehre und
    Praxis, Erlangen 1981;

Müller-Küppers, M./Specht F. (Hg), "Neue Juegndreligionen" - Vor-
    träge und Berichte einer Fachtagung, Göttingen 1979;

Nannen, Henri (Hg.), Die himmlischen Verführer - Sekten in
    Deutschland, Hamburg 1979;

Noebel, David A., World Unification Church: New Christianity or
    Old Paganism? The "Gospel" According to Reverend Sun Myung
    Moon, Tulsa/Oklahoma, 1975[4];

Reller, Horst/Kießig, Manfred (Hg), Handbuch religiöse Gemein-
    schaften - Freikirchen, Sondergemeinschaften, Sekten, Weltan-
    schauungen, Missionierende Religionen des Ostens, Neureligio-
    nen, Gütersloh 1985[3];

Sieper, Roswitha (Hg.), Psychokulte - Erfahrungsberichte Betroffe-
    ner, München 1988[2];

Stiefsohn, Kurt, Monn Report - Die glücklichen Verdammten, St.Pöl-
    ten 1979;

Sveinall, Arne Tord, Nye trosretninger i Norge. En analyse av Den
    Forente Familie og Bahai`i, Hovedoppgave i kristendomskunnskap
    Institut for kristendomskunnskap, o.O., 1976;
Yamamoto, J. Isamo, The Moon Doctrine, Madison/WI 1977;
ders., Herr über Tausend Puppen - Mun und die Vereinigungskirche,
    Wuppertal/Kassel 1979;
Zinke, Ludger (Hg), Religionen am Rande der Gesellschaft, München
    1978^2;

Little Angels * Koreanisches Kinderballett des Mun/UC-Imperiums
"The Little Angels were originally viewed by Pak Bo Hi as an
instrument for spreading Moon`s doctrines. The UC in its early
years could not effort to sponsor the group, so financial and
organizational support was provided by the KCFF, with the
assistance of the Korean Government. However, Moon and Pak
always regarded the group as their own, to be exploited by the
Moon Organization and used in its worldwide strategy for gai-
ning control and influence over social and political institutions. In January 1973, while outlining a master strategy geared
toward political goals, Moon explained to his followers how his
organization had used the Little Angels to gain political
influence in Japan and elsewhere:
'So through our Little Angels dancing troupe's successful performance in Japan we have laid the foundation to win the embassy personnel stationed in Japan to our side - and trough them
we can influence their respective nations'.[1]
Moon had ambitious plans for the Little Angels:
'Sometime in the future Master will have Mr.Kuboki take the
Little Angels, as an international group, on tour of those
nations. At first, people will be sceptical about his purpose,
but he is a good speaker and will make a five-to-twenty minute
talk at the beginning of the performance, explaining that he`s
doing it for the sake of international good will[***].I have done
this with the Little Angels, at the expense of millions of dollars.

---
[1]

MS, Jan 30,1973, p.6

With their record set up in other countries, the Little Angels
can be invited to the premier's mansion, or the palaces of
kings and queens, and will be known to the people of this
nations ***. If we pick up 20 or more senators from those nations, we can organize a strong group. Out of ten nations we can
gather some 200 highlevel people. Mr.Kuboki will be able to
invite those top-level people to Japan, and the political
groups of Japan will be surprised at what he is doing'.[1]

The Little Angels were thus seen by Moon as an instrument by
which his organization could gain access to political figures
and opinion leaders. In the United States and elsewhere the
Little Angels did attract the attention and endorsement of
numerous political leaders and other prominent persons. Little
Angel concerts often provided the occasion for Moon and his top
followers to mingle with politicians and have pictures taken;
these pictures and endorsements were later used in Moon Organization literature to enhance Moon`s image as a well respected
figure with powerful friends. (...)

Aware of the risk that Moon`s links with the Little Angels
would become a public issue, UC leaders cautioned members in
the United States against emphasing those links. The Direc-
tor`s Newsletter for October 17, 1973 contained the following
passages under the heading: 'Important Notice Re: Little Angels':

'In order to use the Little Angels in the best and wisest way
for Our Master, it is best not to promote the Little Angels beyond what is said at the banquet by Col. Pak.

If people ask about Little Angels simply say that Rev.Moon was
the founding inspiration behind the formation of the Little Angels and has attentively supported their growth since their be-

---

1

ibid. p.6

ginning in 1962. If we use the Little Angels to promote Our
Master and the Church too extensively, Satan will attack by
saying that Reverend Moon is exploiting this children for his
own glory'".[1]

Little Angels Art School, The * fd> 1974 in Seoul; "Within The
  Little Angels Arts School Campus, there are the Kyung Bok Ele-
  mentary School=-, and The Little Angels Junior High and Senior
  High School. These three schools, which can accomodate 3.600
  students, are side by side so that the children are trained in
  a consistent manner from childhood in their early artistic ac-
  complishments and general education" (Qu: The Fifth World Media
  Conference-Program 1982)
Little Angels Children' Folk Ballett * Little Angel=-Act.
Little Angels Korean Folk Ballett * Little Angels=-Act.
Little Angels Performing Art Center * Little Angel-Campus, Seoul;
Logos Lithoprint * Mun/UC-conn Bss, moonops
London Declaration,The * Statement of a meeting of the Internatio-
  nal Security Council in London 1986, published in The Washing-
  ton Times

Loslösung von Mun und der Unification Church (Stichwort - Bericht)
*Der Bericht wurde von der APG Düsseldorf weitergegeben, der er
als Beispiel für deren angebliches Versagen als Beratungsinstitu-
tion vorgehalten worden war. Tatsächlich zeigt er aber, daß man
sich dort korrekt verhalten hat und daß "100%ige Lösungen" selber
ein Stück verschrobener Ideologie sind. Er wurde sprachlich leicht
redigiert, an keiner Stelle dadurch jedoch inhaltlich auch nur in
Nuancen verändert. Auslassungen mit drei Punkten in Klammern (...)
weisen auf redaktionelle Kürzung hin.*
Der Bericht ist überschrieben "....wer ist immun? Begegnung mit
der Vereinigungskirche im November 1983". Er ist nicht näher
datierbar. Die Namen wurden darum verändert, mit einer Ausnahme
(der des Beraters in den USA, der dem Autor als verantwortungsvol-
ler und korrekter Berater persönlich bekannt ist). Der Bericht ist
deswegen so wichtig, weil er das Dilemma deutlich macht, in dem

----
[1]

Frazer-Report p. 360

sich Berater und Betroffene letztlich befinden, dabei aber nicht
eine allgemeine - und so auch nicht zu verantwortende - Hoffnungs-
losigkeit propagiert, "daß man ja doch nichts machen" könne.
"'Ich habe das treibende Bedürfnis Dir zu schreiben ... weil ich
ein wichtiges Erlebnis mit Dir teilen möchte. In Portland erinner-
te ich mich an eine Adresse, die mir zwei Jugendliche beim Trampen
gegeben hatten. Ich dachte zuerst, es sei ein Privathaus, doch als
ich mehrere Leute hineingehen sah, war ich überrascht. Es war das
Gästehaus der Vereinigungskirche (Unification Church). Die Kirche
wurde von einem Herrn Moon gegründet. Mein erster Gedanke -Munsek-
te!! ... doch im Nachhinein dummes Zeug. Ich verstehe überhaupt
nicht, wie es zum Beigeschmack Sekte kam. Ich hörte auf jeden Fall
eine Einführung in die Lehre und war so beeindruckt, daß ich nach
2 x 2 Seminartagen nun vorhabe, Gott in den nächsten 40 Tagen zu
erfahren...`
Ich schaute den Brief verwundert an und legte ihn beiseite. Vor
drei Tagen war er angekommen, Hans (Name geändert) hatte einen
ähnlichen Brief erhalten und zusammen hatten wir eine Beratungsstelle aufgesucht. Dort saßen wir nun ... aufgeregt und hilflos.
Innerhalb kürzester Zeit stapelten sich jetzt vor uns Informati-
onsblätter, Zeitungsausschnitte, Fotos und Prospekte. Wir erfuhren
nun, daß Mun nicht nur ein bloßer Sektenführer war, sondern ein
weltweites, wirtschaftliches und politisches Machtimperium an-
strebte. Ein Vorhaben, das den religiösen Aspekt fast in den
Hintergrund treten ließ. Hans und ich waren sprachlos und konnten
es nicht fassen. 'Sie fragen sich sicher, was Sie jetzt tun können', schloß der Berater. 'Nun, ich rate Ihnen folgendes: Legen
Sie sich eine Mappe an, in der sie alle Briefe abheften, die Sie
noch von ihrem Freund erhalten. Sie können dann besser verfolgen,
daß die Handschrift immer unleserlicher, der Inhalt immer leerer,
und die Erinnerungen an zuhause immer blasser werden. Heften Sie
die Kopien ihrer eigenen Briefe dazu, um zu überprüfen, ob er auf
ihre Fragen eingeht. Ansonsten, tja.. informieren Sie sich weiter,
sammeln Sie Informationen und helfen Sie im Kampf gegen die
Sekten. Aber was ihren Freund angeht, ja ich muß ganz ehrlich
sein ... da besteht wohl keine Hoffnung mehr. Den Horst (Name
geändert), den Sie kennen, den gibt es längst nicht mehr'".

Der Berater ist ehrlich und korrekt. Falsche Hoffnungen zu erwecken wäre das Schlimmste. Für die Betroffenen ist das allemal erst recht enttäuschend. Aber in manchen Fällen - so auch hier - ergibt sich aus der Beratungsarbeit eine Aktivität, die sich gegen das anscheinend Unvermeidliche stemmt, und - wie der Bericht zeigt - manchmal auch mit Erfolg.

Ich hielt meine Tränen nicht länger zurück, wollte schreien, daß das alles gar nicht wahr sein konnte und sah Hans an - der war genauso erschüttert wie ich. Mechanisch standen wir auf, packten die losen Blätter zusammen, bedankten uns und gingen. Draußen war alles wie sonst. Wir standen vor der Türe, vor der wir eben noch so hoffnungsvoll auf Hilfe und Lösungen gewartet hatten.

Horst war im Juli vor drei Monaten voller Freude losgeflogen. 25 Jahre alt und das abgeschlossene (...)studium in der Tasche. Ein Jahr lang wollte er auf Weltreise gehen: Amerika, Australien, Neuseeland. (...) Auf der Landkarte hatten wir die verschiedenen Stationen seiner Reise mitverfolgt. Sein letzter Brief kam aus Portland/Oregon. Dort war er auf die Vereinigungskirche gestoßen. Gleich am ersten Abend hatte er den Einführungsvortrag gehört und die Lehre schien ihn zu fesseln. Er schrieb: 'Die Lehre ist so zwingend logisch und naturwissenschaftlich, daß man zumindest vom Intellekt her beginnen muß, an Gott zu glauben, unfaßbar. Ich habe zwar noch nicht alles verstanden, doch hat mich eine Menge vom Hocker gerissen. So einfach und doch tief, erklärt sie Gott, Menschen und Geschichte.'"

Es ist nicht selten, daß junge Menschen auf der USA-Reise nach dem Abitur in eine Sektenfalle geraten. Sie haben erst einmal eine schwere Anstrengung hinter sich (Abitur-Vorbereitung und Durchführung) und scheinen nun "alles von der Seele zu haben" und sind auf der Reise, allein in einem fremden Land, sich und vor allem der individuellen Sinnfrage ("Wozu soll das alles letztlich gut sein?") und der globalen ("Wozu das Ganze?") ausgesetzt und haben - natürlicherweise - keinen Gesprächspartner. Ein ehemaliger Munie hat es dem Autor einmal mit den Worten "Man ist wie eine hungrige Forelle, die nach jedem Köder schnappt" erklärt. "Und plötzlich kommt jemand, hat Zeit für Dich, Du bist nicht mehr mit Deinen Fragen allein." Die persönliche Zuwendung ist dabei wohl ausschlaggebend.

"All das war für den Berater 'ein typischer Fall'. Wir merkten, wie sehr wir uns dagegen wehrten, Horst als 'einen typischen Fall` zu betrachten. Es war uns einfach unmöglich, seine Briefe abzuheften und ansonsten nur zu warten. Wir konnten Horst doch nicht einfach so aufgeben und entschlossen uns, etwas zu unternehmen. Aber was? Wir standen vor vielen Fagen, Unsicherheiten, Zweifeln und einer mächtigen Sekte. Nach einigen Tagen hatten wir jedoch Adressen von Ansprechpartnern, weiteren Betroffenen und Menschen, die wirklich Hilfe gaben. Von Hamburg bis München telefonierten wir mit für uns wildfremden Menschen, die sich schon seit Jahren mit Jugendsekten kritisch auseinandersetzen und uns weiterhalfen. Wir lasen Bücher und erkannten, daß wir nicht die einzigen waren, die etwas unternehmen wollten und das machte uns Mut.

Es gab jedoch nicht nur positive und verständnisvolle Gespräche. Gleichzeitig zu ihnen, prasselten kritische und verständnislose Fragen auf uns nieder: 'Seid Ihr verrückt? Horst ist doch alt genug, der muß doch wissen, was er tut. Nutzt Eure Zeit für andere Dinge. - Habt Ihr noch nie von Religionsfreiheit gehört? - Ihr könnt ja doch nichts tun!' Es waren Einwände, auf die wir oft selber keine Antwort geben konnten. Immer deutlicher merkten wir, daß wir total gefordert wurden. Doch langsam konnten wir auch begründen, warum wir uns so einsetzen. Wir glaubten, daß Horst nicht mehr in der Lage sei, eine objektive Entscheidung zu treffen, da er nur einseitige Informationen erhielt. Wir sahen unsere Aufgabe darin, ihm die Möglichkeit zu geben, auch die 'andere Seite' zu hören.

In der Zwischenzeit hatten wir auch Kontakt zu Horst`s Familie aufgenommen. Gegenseitig halfen wir uns, berieten uns und machten einander Mut. In unseren Gesprächen kamen wir immer wieder auf die Ratschläge zurück, die uns die Sektenberater gegeben hatten: 'Wenn wir uns nicht mehr für die Menschen einsetzen, die uns lieb sind, für was sollen wir uns dann überhaupt noch einsetzen? Es gibt schon eine Hoffnung, aber wahrscheinlich müßt Ihr dann nach Amerika, das ist schwierig, aber nicht unmöglich'.

Wir waren über jeden Hoffnungsschimmer und über jedes verständnisvolle Wort froh, aber nach Amerika zu fahren konnte sich keiner von uns vorstellen. Doch stellte sich bald heraus, daß wir keine andere Wahl hatten. Horst`s Briefe gaben den Ausschlag. Er

schrieb: 'Ich muß sagen, daß die Leute in der Familie wirklich
nett und tief sind. Es gibt für mich soviel zu lernen. Zudem muß
ich lernen, tiefer zu glauben und Gott die Gelegenheit geben, mit
mir zu arbeiten.... in dieser dringenden Zeit... Im ungünstigeren
Fall komme ich erst in ca. 3/4 Jahr zurück. Das heißt nicht, daß
ich Deutschland nicht mehr mag, doch benötigt Amerika in den
nächsten Jahren mehr Hilfe.'
Diese Worte trieben uns an. Sie machten uns den Ernst der Lage
deutlich und die Notwendigkeit, zu handeln.
Doch: Wer sollte nach Amerika fahren? War es richtig, die VK in
Briefen zu kritisieren? Wurde die Post an Horst zensiert? Inwie-
weit waren wir in seinen Augen schon Satan? War es überhaupt
sicher, daß er in Portland blieb? (...) Wir wußten, daß Horst den
'40 Tage-Kurs` mitmachte. Das gab uns eine Frist von insgesamt
sechs Monaten. Wir mußten handeln und entschlossen uns, zu viert
zu fliegen. Wir, das waren Horst`s Bruder Werner, Karl und Hans
(Namen geändert), zwei seiner besten Freunde, und ich. Der Termin
stand fest: 15.November 1983. Vor der Abreise besuchten wir noch
einmal Horst`s Eltern. Amerika war weit von ihren Vorstellungen
entfernt und sie waren wohl hilfloser gewesen, als wir, da sie in
der kleinen Stadt keine Möglichkeit zur Information fanden. Unsere
Schritte hatten sie meist telefonisch begleitet. Nun gaben sie uns
Kuchen und Wurst mit. Sie hatten auch eine Kassette mit den Stim-
men aller Familienmitglieder aufgenommen. Wir nahmen alles mit:
die Kassette, kleine Geschenke, die guten Wünsche und ihre Hoffnung.. Wir alle spürten, daß die Liebe zu Horst unsere Kraft war.
Erst am Vorabend unserer Reise wurde uns klar, daß diese Liebe
vielleicht nicht genügt. Wir trafen uns noch einmal, um die Fragen
anzusprechen, die uns unlösbar schienen. Deprogrammierer oder
nicht? Eine Frage, die immer wieder aufgetaucht war, aber die wir
nie ausdiskutiert hatten. Auf der einen Seite galt ein Deprogrammierer als professioneller Geschäftsmann, der mit Hilfe von physi-
scher und psychischer Gewalt Menschen umzuprogrammieren wußte. Auf
der anderen Seite wurde er uns als verständnisvoller Sektenberater geschildert, der in einem normalen Gespräch sachliche Argumente aufzählt, um objektive Entscheidungshilfe zu geben. Wir entschlossen uns, für alle Fälle die Adresse von Letzterem mitzunehmen. (...).

Das Flugzeug landete - Portland! Was würde uns erwarten? Wir hatten gehört, daß Munies manchmal in Flughäfen auf Geldsammelmission waren. Würde Horst heute abend zufällig in Portland sein? Er wußte nur von mir, daß ich irgendwann in den nächsten Tagen kommen würde. Ich hatte ihm geschrieben, daß ich mein sinnloses Studentenleben satt hätte und an der VK interessiert sei. Von den drei anderen wußte Horst nichts.

Vorsichtig schauten wir uns auf dem Flughafengelände um und waren erleichtert, als wir keine Munies sahen. Stattdessen trafen wir einen entfernten Bekannten, der uns abholte. Wir hatten ihm aus Deutschland geschrieben und die Situation geschildert und er war sofort bereit gewesen, uns zu helfen. (...)

Später am Abend führten wir unser erstes Telefonat mit Garry, dem Sektenberater. Er riet uns, auf keinen Fall etwas ohne ihn zu unternehmen. Gleich am nächsten Tag wolle er kommen und mit uns sprechen. Wir unternahmen auch wirklich nichts mehr und versuchten lediglich, zu schlafen.

Die beiden ersten Tage verbrachten wir im Haus unserer Gastfamilie. Garry war am ersten Tag gekommen und hatte uns gebeten, Geduld zu haben und ihm erst alles über Horst zu erzählen. Das Vertrauen zu Garry wuchs nur langsam. Die Empörung mußte sich erst einmal legen, daß dieser fremde Mensch sich anmaßte, unseren Tatendrang zu stoppen. So stellte er sich selbst ausführlich vor, damit wir ihn kennenlernen konnten. Vier Jahre war er selber bei den Munies gewesen. In dieser Zeit hatte er in der obersten Spitze mitgearbeitet. Durch ein Gerichtsurteil war er zurück zu seinen Eltern gekommen. Jetzt sagte er von sich selbst: 'Nachdem ich sehr gut darin gewesen bin, Leute in die Sekte reinzuholen, bin ich auch sehr gut darin, sie wieder rauszuholen'. Wir lachten, das Eis war gebrochen. Er hörte uns aufmerksam zu, als wir Horst`s Briefe übersetzten, ihm von unseren Vorbereitungen und Plänen berichteten und unsere Zweifel anmeldeten. Als wir fertig waren, erzählte uns Garry von seinen Erfahrungen mit den Munies. Wir lernten eine Menge dazu und begannen schließlich, konkret zu planen.

Am Nachmittag des zweiten Tages hatten wir zwei angrenzende Motel-
zimmer gemietet, ein Leihwagen stand vor der Tür und wir standen
im Kontakt zu einem 'Deprogrammierer', der sich vorläufig zurück-
gezogen hatte. Der nächste Schritt war die Kontaktaufnahme mit
Horst.
Wir versammelten uns alle in einem Zimmer vor dem Telefon, Hans
wählte die Nummer der VK zitternd und aufgeregt. Horst sei nicht
da, hieß es. Hans gab die Nummer vom Motel durch. Das Warten auf
den versprochenen Rückruf begann.
Wir hatten Angst, ließen die Blenden vor den Fenstern runter,
schalteten irgendein Fernsehprogramm ein, rauchten, schwiegen,
warteten. Es fing an zu regnen. Wir warteten, die Reklame dröhnte
im Kopf, es wurde dunkel - keine Nachricht, nichts. Hans rief ein
zweites Mal an. Horst sei noch nicht zurück, hieß es. Unter welcher Nummer er uns erreichen könne? Hans gab die Nummer erneut
durch. Das Warten begann wieder. Kein Rückruf, nichts.
Nach fünfstündiger Wartezeit entschlossen wir uns, ein drittesmal
in der VK anzurufen. 'Horst ist doch gar nicht in Portland',
meinte jetzt jemand, 'Er ist in dem Landhaus'. Von dort würde er
uns sicher zurückrufen. Wie war doch gleich die Nummer? Diese
Information ließ uns beim Warten über Munie-Methoden spekulieren.
Warum hatten sie das nicht gleich gesagt?
Mitten in der Nacht schellte endlich das Telefon - Horst! Die
anfängliche Freude über diesen Anruf, legte sich schnell. Hans,
der mit Horst sprach, hatte Tränen in den Augen. Wir hörten, daß
sie sich über Deprogrammierer unterhielten und daß Hans sich
verteidigen mußte, warum er gekommen sei.
Hans erzählte uns nach dem Gespräch von der monotonen Stimme, die
er gehört hatte. Er habe sie kaum wiedererkannt und Horst sei
alles andere, als begeistert, daß Hans hier war. Horst rief uns
ein zweitesmal an, um zu besprechen, wie und wann wir uns treffen
könnten. Wir vereinbarten den nächsten Tag und einigten uns darauf, ihn im Landhaus zu besuchen. Horst bat uns, ein Mitglied der
VK mitzunehmen, da es unmöglich sei, den Weg alleine zu finden.
Wir versprachen es ihm. Auch ich sprach kurz mit ihm. Er fragte
mich, warum ich nicht alleine gekommen sei und warum wir in einem
Motel eingemietet hätten. Mißtrauen klang an, Vorwürfe, Angst,kaum

Freude, kein Lachen und die Hoffnung, daß ich recht lange bliebe und daß die VK wirklich gut sei. 'Bis morgen', sagte er schließlich. Ich legte auf und wir starrten uns an - was nun? (...)

Als es hell war, fuhren wir in Richtung Landhaus los. Wir nahmen jedoch kein Mitglied der VK mit, die Angst, auf der Fahrt manipuliert zu werden, war zu groß. Den Weg würden wir schon alleine finden. Wir fanden ihn aber nicht.

Von unterwegs riefen wir Horst an und baten ihn, uns abzuholen. Er war verwundert, wollte aber kommen. Als nach einer Stunde nichts passiert war, riefen wir im Landhaus an: 'Horst ist nicht mehr hier. Er hat Angst vor Euch und ist auf dem Weg zurück nach Portland. Am Nachmittag könnt ihr ihn dort im Zentrum treffen.' (...)

Nachmittags gingen Hans und ich zum Zentrum. Würden wir Horst jetzt sehen? Wenn nicht, waren wir entschlossen, zur Presse zu gehen. Horst war da.

Wir trafen ihn im Wohnzimmer des Einfamilienhauses. Die Begrüßung war stürmisch. Unsere Mitteilung, daß sein Bruder Werner und Karl auch da waren, gänzlich ohne unser Wissen und Zutun, wie wir behaupteten, nahm Horst gut auf. Kurze Zeit später saßen wir dann zu fünft in einem kleinen Zimmer und aßen Kuchen. Wir erzählten, hörten Horst`s Reisebericht an und taten, als ob nichts sei. Später wurden wir zum Abendbrot eingeladen. Wir wehrten jedoch jedes Gespräch ab und sangen die Lieder vor dem Essen nicht mit, scharten uns um Horst und waren froh, als wir es überstanden hatten. Wir saßen dann noch lange in dem Zimmer und sprachen von zuhause. Plötzlich begann Horst, uns über die VK auszufragen.

Garry hatte uns abgeraten, Kritik zu üben. Horst kannte sich viel besser aus und wir waren diesem Wissen ja nicht gewachsen. Stattdessen sollten wir versuchen, Vertrauen aufzubauen.

Wir übten aber dennoch Kritik. Horst wollte vieles wissen. Wir sagten ihm, was wir wußten und stellten schließlich fest, daß wir seine Fragen gar nicht beantworten konnten und daß wir den Boden unter den Füßen verloren. Es war spät und als die Diskussion abgebrochen wurde hatten wir Angst, daß Horst in der Nacht verschleppt würde. Das mußten wir verhindern.

So fuhren Werner und Hans allein ins Motel zurück. Karl legte sich
in einen Schlafsack neben Horst und ich schlief im Mädchenzimmer.
Als ich ruhig dalag, fiel mir Garrys anderer Ratschlag ein: Laßt
Euch nicht isolieren. Auch das hatten wir nicht beachtet.
Ich hatte Angst. Die Gespräche des Tages, die Eindrücke, alles
wirbelte durch meinen Kopf. Was würde morgen passieren?
Die ganze Zeit war eigentlich geprägt von Angst und Mißtrauen.
Angst vor den anderen, vor Horst, vor den Munies. Mißtrauen gegenüber Blicken, Fragen, Freundlichkeit. Auch auf der anderen Siete
gab es Angst. Angst vor den Deutschen. Eine Atmosphäre, die uner-
träglich ist.
Der vierte Tag unserer Reise begann. Horst war noch da, die anderen kamen zum Frühstück. Den ganzen Tag verbrachten wir zusammen
mit Horst. Wir fuhren zusammen mit dem Auto in die Stadt, er
zeigte uns dieses und jenes. Wir bummelten durch die Straßen und
besuchten ein Cafe. Erst im Nachhinein wurde uns klar, was dies
alles für Horst bedeutete.
Die Gruppe hatte ihn auf einen Besuch vorbereitet. Er hatte Videos
gesehen, in denen gewaltsame Deprogrammierungen gezeigt wurden. Er
wurde davor gewarnt, das Haus zu verlassen und mit uns alleine zu
sein. Sie baten ihn, nie ohne einen anderen Munie mit uns rauszu-
gehen. Horst widersetzte sich diesen Ratschlägen Er bekämpfte
ständig sein Mißtrauen und war bemüht uns Vertrauen entgegenzu-
bringen und nicht zu glauben, daß wir ihn entführen würden. Und
wir taten das möglichste, um diese Ängste abzubauen.
Am Abend dieses Tages bat Horst uns dann, eine Einführung in die
Göttlichen Prinzipien zu hören. Wir hätten nun den ganzen Tag auf
ihn eingeredet und er hätte uns zugehört, jetzt seien nun wir an
der Reihe, zuzuhören. Es stimmte. Wir hatten viel diskutiert,
Kritik geübt, versucht, Horst dazu zu bewegen, sich zu informieren
und wir hatten auf der anderen Seite ihm erklärt, daß es unsere
Absicht sei, uns über die VK zu informieren.
Als wir zurück ins Zentrum fuhren, war uns nicht wohl. Wir bemüh-
ten uns, unsere Angst nicht zu zeigen und mit der Zeit wurden wir
auch sicherer. Die Vorbereitung hatte uns ja in die Lage versetzt,
Tricks und mögliche Manipulationsversuche zu durchschauen. Aber
die Vorbereitung hatte uns auch Angst eingeflößt. Es dauerte eine
Zeit, bis sich das langsam einpendelte.

Wir hörten die Einführung, anschließend stellten wir sehr viele Fragen. Es wurde eine Diskussion, die schon bald nichts mehr mit den Göttlichen Prinzipien zu tun hatte. Wir sprachen über das Gottesbild jedes einzelnen, über Kindererziehung und Liebe. Das Gespräch verlief völlig ruhig, sodaß es den Anschein hatte, als wären wir die besten Freunde. Anschließend fuhren wir mit Horst noch in eine Wirtschaft. Dort wurde die Diskussion teilweise weitergeführt und nach längerem Zureden war Horst endlich bereit, sich mit einem ex-Munie zu unterhalten.

In dieser Nacht schlief Horst im Zentrum und wir anderen nutzten die Zeit, in der wir zum ersten Mal wieder 'unter uns' waren, zu ausführlichen Gesprächen. Erschöpft doch mit etwas Hoffnung schliefen wir dann ein.

Am Sonntag, dem fünften Tag in Portland, hörten wir morgens verabredungsgemäß den zweiten Teil der Vorlesung. Doch die Diskussion verlief lange nicht so ruhig, wie am Vorabend. Ein falsch zitiertes Bibelwort, das aus der hauseigenen Bibel von uns widerlegt wurde, brachte mich aus der Fassung. Ich erklärte, daß ich nicht mehr bereit sei, mit jemandem über die Bibel zu reden, der sie falsch zitiere und widersinnig auslege. Die anderen nickten verständnisvoll und Horst's Vertrauen in die Bibelfestigkeit seines Freundes kam ins Wanken.

In einem Cafe erinnerten wir Horst dann an sein Versprechen, sich zu informieren. Wir konnten sehen, wie er sich zu dieser Entscheidung durchringen mußte. Die Angst vor 'Deprogrammierung' war riesengroß. Er stellte zwei Bedingungen: Erstens wollte er nicht eingeschlossen werden und zweitens müßten wir ihm versprechen, daß er gehen könne, wann er wolle. Wir versprachen es ihm sofort. Ich ging zum Telefon und rief Garry an.

Garry hatte in den letzten 48 Stunden gewartet und telefonisch Hilfe und Beistand geleistet. Er war zu bekannt, um persönlich auftauchen zu können. Garry war froh, daß wir auch seine Bedingungen erfüllen konnten: Horst würde aus freiem Willen und ohne Begleitung von Munies zu einem Gespräch kommen. Wir verabredeten uns in einem Haus unserer Gastgeber.

Noch im Anorak stellte Horst die ersten Fragen und war nach anfänglichen mißtrauischen Blicken bald ins Gespräch vertieft. Die nächsten Stunden waren entscheidend. Horst wollte sachliche Argu-

mente. Er hatte einen Schreibblock auf den Knien. Ernst und aufmerksam saß er da, auf der Suche, ob Mun der Messias seie oder
nicht. War Mun es nicht, dann war auch die ganze Lehre unwahr.
Garry`s Stunde war jetzt gekommen. Er zitierte aus mitgebrachten
Mun-Reden (Master Speeches). Er erzählte von seinen eigenen Erfahrungen. Geschichtsdaten wurden verglichen. Horst`s Fragen wurden
beantwortet. Wir saßen in einem Halbkreis um die beiden herum und
freuten uns, daß ein wirkliches Gespräch in Gang gekommen war.
Jeder hielt fast den Atem an. Jeder respektierte den anderen,
hörte ihm zu. Was mochte in Horst vorgehen?
Drei Themen weckten Horst's Interesse in besonderer Weise. Zum
einen war es die Tatsache, daß Garry erzählte, er seie geschult
worden, Leute zu manipulieren. Horst hatte uns die Manipulationsversuche der Munies nicht geglaubt. Jetzt hörte er, daß Garry ein
solches Training bewußt mitgemacht hatte. Es stimmte also, daß die
Leiter manipulieren.
Zweitens war es für Horst wichtig, zu erfahren, daß Herr Mun schon
dreimal verheiratet gewesen war und zudem ein uneheliches Kind
hatte. Die Fakten, die Garry zu belegen wußte, stimmten nicht mit
Mun`s Anspruch überein, ein vollkommener Vater zu sein. Der Glaube
an den 'wahren Vater' wurde also ins Wanken gebracht. Wie schwie-
rig und wichtig war es doch, das beweisen zu können. Zunehmend
wurde Horst unsicherer.
Eine Frage, die ihn auch immer wieder beschäftigt hatte, war,
warum Gott keine weiblichen Erzengel erschaffen hatte. Als Garry
sie hörte, erklärte er ihm, daß sei eine Frage, auf die es einfach
keine Antwort gebe. Als Garry fragte, ob die Munies ihm gesagt
hätten, Horst solle für diese Antwort beten, nickte Horst. Garry
sagte dann: 'Die Antworten haben sich wirklich nicht verändert
seit meiner Zeit. Entweder sagen sie, man solle darum beten, oder
aber man sei noch nicht reif genug dafür'. Horst war erstaunt, daß
Garry sich so gut auskannte. Wie oft waren das doch die einzigen
Antworten auf seine Fragen gewesen!
Ein drittes, ausschlaggebendes Argument war schließlich ein Zitat
aus den Master Speeches, das ungefähr folgenden Wortlaut hatte:

'Wenn es uns nicht gelingt, unsere Mission in Amerika erfolgreich durchzuführen, müssen wir in einem anderen Land arbeiten. ... Zur Wahl steht unter anderem die Bundesrepublik Deutschland. ... Dort haben die Menschen schon bewiesen, daß sie gut in einem faschistischen System funktionieren.'

Horst wurde blaß. Wie konnte ein 'Messias' so etwas sagen?

All diese Argumente und Antworten trugen schließlich dazu bei, daß Horst sagte: 'Wenn das alles so ist, gehe ich nicht mehr zurück!' Wir konnten uns ein Lächeln nicht verkneifen. Garry hatte Horst die Informationen gegeben, die wir ihm nie hätten geben können. Sechs Stunden waren vergangen.

Garry stand auf und verließ uns mit dem Versprechen, am nächsten Tag wiederzukommen. Er sei ja noch gar nicht fertig. Als er sich in der Tür noch einmal umdrehte, sah er uns mit hochroten Köpfen im Kreis setzen. So vieles mußte ausgesprochen werden.

Wir gestanden Horst, daß wir alle zusammen die Reise geplant hatten, beteuerten, daß das mit der Gastfamilie wirklich mehr Glück als Verstand war und sortierten so langsam die Notlügen von der Wahrheit aus. Keiner von uns konnte zuerst glauben, daß Horst bei uns schlafen würde. Aber er blieb wirklich. Irgendwann riefen wir dann noch zuhause an. Die Worte fehlten im wahrsten Sinne des Wortes. Ja, ja, alles sei gut und ein paar Tränen der Erleichterung. Nach dem Anruf waren wir alle unfähig, noch irgend etwas anderes zu machen. So fielen wir dann todmüde in die Betten.

Am nächsten Tag kam Garry noch einmal vorbei und führte das Gespräch mit Horst fort. Aber die eigentliche Entscheidung war gefallen und alles, was Garry noch hinzufügte, diente lediglich als Bekräftigung von Horst`s Entscheidung. Abends aßen wir alle gemeinsam Pizza.

Horst hatte den Leiter des Zenters und seinen Freund[1] eingeladen, um ihnen seine Entscheidung zu begründen. Es war ihm wichtig, beide Seiten um einen Tisch zu versammeln, um darüber zu sprechen. Garry kam auch mit. Es war ein sehr heikles Abendessen. Garry, der mit dem Leiter des Zentrums früher einmal zusammen gearbeitet

---

[1] Es ist anzunehmen, daß es sich dabei um den "geistigen Vater" von Horst handelt.

hatte, war ständig unfairen Sticheleien augesetzt. Horst versetzte
uns in Erstaunen. Mit welcher Ruhe er dasaß und unsachliche Argumente abwehrte, jeden zu Wort kommen ließ. Wir konnten es fast
nicht glauben. Als er den Zentrumsleiter bat, zu dem Faschismuszi-
tat Stellung zu nehmen, lachte dieser: 'You know', sagte er, 'Moon
sometimes says a lot of wild things.' (Mun sagt manchmal einige
recht wilde Sachen). Horst traute seinen Ohren nicht. Der Leiter,
der der VK seit zehn Jahren angehörte, sah einfach darüber hinweg, daß sein Messias wilde Sachen sagte. Im Zweifelsfalle, so
meinte er noch, müsse man selber entscheiden, was man glauben wolle oder nicht.
Der Abend verging dann sehr schnell. Horst holte seine Sachen noch
aus dem Zentrum, verabschiedete sich von allen und erklärte auch
kurz, was ihn dazu bewogen hatte, die VK zu verlassen. Sie versprachen, für ihn zu beten und wir wunderten uns, wie fair Horst
die ganze Zeit über blieb. Dann saß er zwischen uns im Auto, wir
fuhren los und er drehte sich nicht einmal um.
Die Freude über unsere Rückkehr war groß. Es gab viel zu erzählen,
zu fragen und zu hören. Aber genau wie damals in den Gesprächen,
so möchten wir auch hier ausdrücklich darauf hinweisen, daß wir
das Geschehene weder als 'Erfolg' noch als 'Befreiung' verstanden
wissen wollen.
Vielleicht paßt das Wort 'Zusammenarbeit' besser, falls es überhaupt möglich ist, ein Wort zu finden. Vieles hätte nicht ge-
klappt, hätten wir in Deutschland nicht so viel Hilfe und Unterstützung gefunden. So viele Menschen hatten uns alleine hier
geholfen, durch ihre Zeit, ihre Ratschläge, ihre Erfahrung.
Und dann Horst. Er war es, der den Mut aufbringen mußte, seine
Angst zu überwinden. Er war es, der mit uns Auto fuhr, sich so dem
Druck der Gruppe wiedersetzte. Sein Wille war nicht gebrochen. Die
Fragen, die er sich immer wieder gestellt hatte, halfen Garry, an
seinen Zweifeln anzuknüpfen.
Garrys Wissen und Zeit waren ausschlaggebend für Horst`s Entschei-
dung.
Und auch die VK stellte sich als viel offener heraus, als wir
befürchtet hatten. Das Gespräch am ersten Abend unter zehn Augen
war sicher keine Selbstverständlichkeit.
Kurz, so viele Fakten spielten eine wichtige Rolle.

Wir sahen unsere Aufgabe lediglich darin, Horst die Möglichkeit zu geben, sich auf der anderen Seite zu informieren. Ein Recht, das unserer Erfahrung nach mitbestimmend ist für die Würde des Menschen. In wievielen Gruppen und Teilen der Erde ist es aber nicht selbstverständlich?

Auch möchten wir abschließend noch erwähnen, daß uns die Reaktionen von Freunden und Bekannten zu denken gegeben haben. Gleich nach der ersten Freude folgten Fragen, die Unverständnis und Vorwürfe darstellten: 'Wie konnte denn das gerade Dir passieren?.' Bei der Vorstellung alleine, daß jemand den 'Messias' sucht, macht sich bei fast allen ein Lächeln breit. Wir finden das schade.

Wir selber können für uns nicht behaupten, 'immun' gewesen zu sein. Die Frage ist auch, ob das Lächeln nicht von Menschen stammen, die es eben für lächerlich halten, sich der Sinnfrage zu stellen? Wenn es aber schon lächerlich ist, Sinnfragen zu stellen, dann ist es natürlich noch lächerlicher, zu versuchen, eine Antwort zu finden. Wir wissen nicht, warum so viele Menschen darüber lächeln. Wir wissen nur, daß die Jugendreligionen Antworten bereit haben. Antworten auf Fragen, die es hoffentlich immer geben wird. Und solange wir solche Fragen nur belächeln, werden wir selber ohne Antwort bleiben."

Es ist deutlich, daß die hier geschilderte Loslösung eines jungen Mannes von der Mun-Bewegung mit Hilfe seiner Freunde und eines als "Deprogrammer" bezeichneten Ehemaligen, so gar nicht den Horror-Stories entspricht, die etwa bei der Mun-Bewegung und bei anderen Jugendreligionen über das Deprogramming verbreitet werden. Niemand wird in dieser Form von Entscheidungshilfe etwas Ungesetzliches oder gar Schädliches sehen können (abgesehen von den betroffenen Gruppen selbst, die das Recht auf freie Information ihren Mitgliedern vorenthalten und sich so einer Manipulation schuldig machen). Diese Art von Entscheidungshilfe, angeboten von solchen, die sich selber einmal zu dieser Entscheidung durchgerungen haben, sollte sich jeder geben lassen, der sich einer solchen Bewegung aus wirklicher Überzeugung anschließen will.

Ein Gespräch mit einem Ehemaligen wäre auch den Professoren, Politikern und Theologen zu empfehlen, die sich zu einer Unterstützung des San Myung Mun und seiner Organisationen entschlos-

sen haben, und sei es, durch den bezahlten Besuch von Mun-Konferenzen oder -Banketten, oder durch die - oft entgeltliche -
Mitarbeit bei einer der Organisationen oder Zeitschriften des
Mun-Imperiums. Billige Entschuldigungen der Art "Wir haben
nichts gewußt" können einem halbwegs gebildeten Menschen nicht
abgenommen werden. Noch dümmlicher wirkt der Verweis auf die
Religions- oder journalistische Informations-Freiheit. Als ob
es ein wesentlicher Bestandteil dieser Freiheit wäre, gegen
Unkostenerstattung und/oder Honorar Mun`s Zielen zu dienen. Wer
das jedoch willentlich tun möchte, der sage dies auch laut und
stelle sich nicht als "objektiven Beobachter" dar und der
versichere sich einer solchen Entscheidungshilfe noch dringli-
cher, daß er sich seines Tuns auch sicher sein kann.
Die jungen Leute, die diesen Bericht gegeben haben, haben
sicher honoriger und anerkennenswerter gehandelt, als die
Claqueure Mun`s, die als Lobredner und -schreiber auch dort
noch etwas "positives" oder gar "religiöse Verfolgung"[1] sehen,
wo der "Messias" wegen Bilanz-Fälschung[2] ins Gefängnis kommt.

MAI = Minority Alliance International (founded Nov.1982)
Manila Declaration, The * Statement of a meeting of the Internati-
  onal Security Council, published in The Washington Times.
Master Speeches = "Master Speaks" (MS), Reden des S.M.Mun,
McCol * weitverbreiteter Soft-Drink der Il Hwa Co.=-
McLean * Mun/UC-Bss; "a holding company including Intl Oceanic
  Enterprises Inc., **Intl Seafood Corp Inc**, newspapers, tuna
  fleets, fish-processing plants, a boat-building, television-
  production, and other enterprises in the United States"
  (GWUCM,6);

----
[1]

So der US-Theologe und NCC-Funktionär Dr.Dean Kelley auf einer
Tagung des Lutherischen Weltbundes und Weltkirchenrates im September 1986 in Amsterdam.

[2]

Und nicht wegen Steuerhinterziehung allein, wie er so gerne
glauben machen möchte.

Media Ethics Award * WMA=-Award

    1987: Reed Irvine (founder of Accuracy in Media) & Guillermo
    Cano Isaza ("slain editor of El Espectador in Bogota,
    Colombia" UN 11/87,1)

Medic-Aid * IRFF-Ac to the Tibetans in northern India.(HumPro)

MET = Mobile Educational Team

MFT = Mobile Fundraising Team

Middle East Times = Z> News World Communications, Untertitel "The
    Region's Weekly"; Inc., in Cypern; Publisher: Thomas Cromwell,
    Editor-in-Chief: Floyd Christofferson, A> cf: **Middle East Times
    Ltd**=-

Middle East Times Ltd. * Publisher "Middle East Times"; A> Kermia
    House Suite 401, 4 Diagoras Av., CY-Nicosia, >447006 TLX 4025>;
    Athens: POBox 30183, Athens 10033 >364-4505, TLX 226-180 FPC<;
    Cairo: 39 Hegaz Street, Mohandessin, >346-5953<; London: Commu-
    nications House, Gough Sq, EC4P 4DP >0044-1-353 4805<;

Ministry of Ecology * Mun/UC-Ac, moonops

Minority Alliance International - MAI * fd> November 1982. A> 401
    Fifth Avenue, New York, NY 10016 >001-212-6964363<

Miss University * CARP-Act., 1983ff.

    "Lagos (dpa) In dem westafrikanischen Staat Nigeria sind zehn
    Studenten während einer Wahl zur 'Miss Universität` erstickt.
    Zahlreiche Hochschüler erlitten zum Teil schwere Verletzungen.
    Berichten in der Hauptstadt Lagos von gestern zufolge hatten
    sich rund 7000 Studenten und Studentinnen in einen Saal ge-
    drängt, der nur 1200 Personen Platz bot. Infolge eines Hitze-
    staus wurden zahlreiche Studenten mangels Sauerstoff ohnmächtig
    und erstickten.

    Rund 2000 Hochschüler, die in dem völlig überfüllten Raum
    keinen Platz mehr gefunden hatten und die Ausgangstüren blok-
    kierten, versperrten den in Hysterie geratenden Zuschauern des
    Schönheitswettbewerbes den Fluchtweg nach außen"(Tagesspiegel,
    Berlin, 19.05.87)

Mister University * CARP-Act., 1983ff.

Mobile Educational Team - MET * "Im Mobile Educational Team (MET)
    sind seit dem 1.10.87 achtzehn Studenten aus 10 Nationen in
    Europa unterwegs. Das Kennenlernen der unterschiedlichen Denk-
    und Lebensweisen und die Begegnung mit Menschen vieler Nationen

steht dabei im Mittelpunkt. Schwerpunkte des Studiums sind Philosophie, religiöses Leben, Sprachen und zum Ausgleich viel
Sport. Bei einem für die Teilnehmer von MET kürzlich veranstal-
teten Seminar in Varese (Italien) hielten 3 Professoren d. Mai-
länder Universität Vorträge über die Anfänge des Christentums,
die Entwicklung der Röm.-Kath.Kirche und Befreiungstheologie.
(...) Die nächste Station des MET ist Großbritannien" CARP-Act.
(Qu: Uni-Rundbrief 2/Feb.88)

Mobile Fundraising Team - MFT * Kleinwarenverkaufs- u. Geldsammel-
teams der UC=-, von den Angehörigen oft scherzhaft "Galeere des
20.Jahrhunderts" genannt, wegen des harten Dienstes.

Mobile Marine Company * Mun/UC-conn Bss in Bayou La Batre, Louisiana; Schiffswerft; Pres Martin Porter;

Monde Unfie = Z> der UC in France (LWF-List)

Money/Geld I (Stichwort/keyword)
Mun: "You have to realize that no matter how many millions of
dollars you have in your pockets, they do not belong to you. First
you must return the money to God and then let it give Him to you.
Then it is yours. But until He gives it to you it is not yours. We
even dig into our own pockets to give everything we own back to
God, wanting nothing in return. That is the position of returning
to God and being restored" (MS "The Dispensation of Restoration
and Myself", Apr.6, 1980 p.11).
"This morning there are 280 MFT members here. I hope there are
many among you who, if they earned $10.000 would offer it to God,
saying, 'Here is Your money, Heavenly Father. Please use it any
way You want to.' And the tomorrow comes you would forget what you
did yesterday, except to remeber so that you could do better today" (MS "To the MFT", Jan.2,1980 p.4f).
Frazer-Report: "Financial transactions: The growth and operation
of the Moon Organization required substantial sums of money. This
was true for both its commercial and noncommercial components.
From 1973, it does not appear that finances were ever a serious
problem. Any unit that lacked adequate capital was always subsidi-
zed by some other part of the organization; the flow of money
among organizations was a characteristic of the Moon Organization.

For the most part, officials of the various components tried to
keep such transactions concealed. In this they have been largely
successful.(...)

Sources of Funds: The principal sources of Moon Organization funds
were proceeds from business; money raised on behalf of the chari-
table or nonprofit U.S. components of the Moon Organization; and
funds from outside the United States, the ultimate source of which
was undetermined.

UC fundraising teams were capable of raising millions of dollars
a year. Because these sums were raised by hundreds of individuals
and sent cash or money orders to the UC headquartres,it was impossible to ascertain the exact amounts involved. However,the subcommittee interviewed serveral former UC fundraisers who said they
each were able to raise approximateley $100 a day for the national
headquarters."[1]

"Dr.Durst called the conviction of Mr.Moon 'insane, absurd.' He
said he thought that seasonable people would find it most difficult to accept the notion, that the head of a church that has
spent $500 million on various projects in the United States would
evade $25.000 in taxes, an amount which that represents '50 minu-
tes of fund-raising in New York in one day.`" (The New York Times,
July 20, 1984).

"The church has invested more than $60 Million in Uruguay in the
recent years, buying the county`s largest luxury hotel, the
fourth-largest bank, a publishing company and large tracts of farm
-land. (...) Soejima and some former church members in the United
States said they believe most American church business, such as
tuna fleets, and fish-processing plants, are run by inexperienced
managers and lose money or, at best, break even. 'They lose their
shirt constantly`, said Jeremiah S.Gutman,, a New York laywer who
represents the Unification Church in this country. (...)

Handwritten notes that Soejima made at some church finance meetings indicate that the Japanese church was taking in more than
$100 million a year during 1981 and 1982, most of which was

1

Frazer-Report 373

transferred to church headquarters in New York. (...) the church earned about \$122 million in 1982, of which 90 percent was shipped abroad,"(TWP Sept.9,1984, A20).

Money/Geld II - finanzing/politische Investitionen (Stichwort/key-
   word),

"Amidst the many rumors of Moon organization funding of conservative political groups, there have been a few documented examples.
Those exposed to date include:

*****Conservative Alliance (CALL)**,received \$775.000 in 1984 from CAUSA
   Wall Street Journal, December 17, 1985. This money was inaccu-
   rately reported as having gone to the National Conservative
   Political Action Committee (NCPAC).(...)

*****Coalition for Religious Freedom**, received \$500.000 in 1984 from
unidentified Moon sources.
   Seattle Post Intelligencer, September 17, 1986. CRF head Don
   Sills admits to this figures. It could be much more.

*****Conservative Youth Foundation** received \$250.000 in1985 from CAUSA
   Wall Street Journal, December 17, 1985. This operation, also
   tied Terry Dolan, who ist a director of CYF, places young
   conservatives in Capitol Hill internships.

*****California Republican Youth Caucus** received \$5.000 in 1984 from
CAUSA.
   Ripon Forum, October 1985. This money went towards a statewide
   youth conference at which a CAUSA representative spoke.

*****Republican National Committee** received \$10.000 in 1984 from Bo Hi
Pak.
   Federal Election Commission records show that Pak is an 'Eagle', or \$10.000 contributor to the GOP. This status gives one
   special access to high government officials. Pak is the head of
   most of Moon`s world-wide operations.

*****Republican National Committee** received \$10.000 in 1984 from James
Gavin.
   FEC records also show that Gavin is an eagle contributor. Gavin
   is a long-time Moonie and political operative. He headed the
   'Capitol Hill ministry' of the Unification Church during the
   Koreagate scandal and later served as public relations director
   of the Washington Times.

(Information according to: Covert Action, Number 27 (Spring 1987), Fred Clarkson, God Is Phasing Out Democracy, p.44).

Money/Geld III - investments and purchases/Kapitalanlagen und Immobilienkäufe (Stichwort/keyword)

Die folgenden Informationen sind dem Aufsatz von Michael D.Langone[1] "Sun Myung Moon and the Conservative Movement"[2] entnommen, der an dieser Stelle seinerseits weitgehend den Soziologen David Bromley zitiert[3]:

"'According to **Maeil Economic Daily**, the Korean business enterprises has total assets in 1983 worth $198.000.000 (...) (p.258).

A general sense of the scale of UM business investments can be gained from the limited public information available on publishing, fishing, banking businesses and real estate acquisitions. For example, newspaper publishing enterprises have received very large sums of money.

Washington Times executives have estimated that start-up costs for the paper have been in the $40.000.000 to $50.000.000 range (Johnson, 1984:2), and the total amount of money pumped into the Times by the UM to date has been estimated at $150.000.000.

The **New York Tribune** reportedly has average losses of approximately **$200.000 per month** since it founding in 1975, which would yield cumulative operating losses of $20.000.000.[4]

In fishing-related enterprises (Sullivan, 1981:16), the UM purchased a fish processing plant in

Kodiak, Alaska (valuted at $7.000.000);

a lobster company in Gloucester/MA (purchase price $300.000);

1

Michael D.Langone, Ph.D., Director of Research and Education American Family Foundation, Weston/MA.

2

Manuskript 1988

3

David G. Bromley, Financing the Millennium: The Economic Structure of the Unificationist Movement; Journal for the Scientific Study of Religion, 1985 24, 253-274.

4

Zahlen für 1985!

and 700 acres of land in Bayou La Batre, Louisiana (valuted at $2.000.000).

Approximately **$30.000.000.** was spend through **Master Marine** to build fishing boats as part of his diversified fishing enterprise. At least **$40.000.000**, then, has been invested in fishing operations.

In addition, of course, there have been numerous real estate purchases unrelated to fishing or publishing businesses. Lofland (1977:289, 348) estimates that between 1972 and 1974 alone the UM made **$35.000.000** in real estate purchases (of which **$10.000.000** constituted equity).

Other larger purchases (Lofland, 1977: 321) included the 1976 acquisition of the former **New Yorker Hotel** and the adjectant **Manhattan Center** for $7.000.000.

Some **$50.000.000** was invested in the **Banco de Credito** in Uruguay and $1.280.000 (by various UM members) in the **Diplomat National Bank** (Boettcher, 1980: 170).

Again, the amounts listed above can only be taken as illustrative since information on investments in most of the businesses (...) ist not available. (pp. 262-263).'

Moreover, the **Unification Church**'s religious status and the estimated **$40.000.000 to $60.000.000 cash** street fund-raisers bring in each year[1] (an average of $25.000/yr./fund-raiser -very few ex-Moonies say that they brought in less than $100/day when fund-raising) enable it to operate with a high degree of financial secrecy. **Nobody knows for sure how much money the Unification Movement brings in. What has beenidentified is probably the tip of an iceberg.** "

Die hier genannte Gesamtsumme, die "Spitze des Eisberges" also beliefe sich bezüglich der Ausgaben, ohne daß die Kosten für Tagungen und Kongresse wie ICUS und New ERA einbezogen wären, auf mindestens **$443.000.000**.

Monograph Series = S> PWPA, A> GPO Box 1311, New York/NY 10116;

1

Bromley, Op.Cit.

Montevideo/Urugay (Stichwort/keyword)
Montevideo ist eine der Hauptstädte des Munismus. In Uruquay hat
Mun sein Imperium fest installiert. Montevideo ist derart mit
Mun-Organisationen und -Geschäften durchsetzt, daß es von manchen
als "Moontevideo" karikiert wurde. Gaby Weber`s Artikel aus dem
"Vorwärts" (Nr.14 v.5.4.86): "Aus Montevideo wird immer mehr ein
'Moon-Tevideo` - Die Moon-Sekte hat für ihre Operationen ein
sicheres Rückzugsgebiet gefunden - Kritik wird mit Geld unterbun-
den" zeigt das Ausmaß der Mun-Präsenz in der Hauptstadt des finan-
ziell und einwohnermäßig schwachen südamerikanischen Landes:
(...) Abgesehen von einem ausgedehnten Immobilienbesitz gehört der
Mun-Sekte das größte und luxuriöseste Hotel am Ort, das **Victoria
Plaza**. Sie kontrollieren die drittgrößte Bank, die **Banco de Credi**-
to mit vielen Zweigstellen auch im Landesinneren.
Die hochmoderne **Druckerei 'Polo'** ist in ihrem Besitz. Hier wird
nicht nur das Propaganda-Material gedruckt, das die Moonies in
Lateinamerika verbreiten, sondern auch ihre uruquayische Tageszei-
tung, **Ultimas Noticias**, ein viel gelesenes, relativ seriöses
Blatt. (...) Bei Ultimas Noticias arbeiten (...) auch Mitglieder
der Kommunistischen Partei und anderer linker Gruppen. Sie dürfen
dort über alles schreiben. Zensur gibt es nicht. Mit einer Ausnahme, versteht sich, Kritik an der Moon-Sekte ist tabu.
In der Druckerei 'Polo' sind sogar etliche linke Drucker und
Grafiker beschäftigt, die woanders Berufsverbot erhalten haben.
Dort wird nicht nur das Propaganda-Material des Linksbündnisses,
der Frente Amplio, und der Gewerkschaften gedruckt. Auch fast alle
linken Zeitschriften werden dort hergestellt.
Streiks kommen bei 'Polo` so gut wie gar nicht vor, denn man will
sich ja nicht ins eigene Fleisch schneiden und die Publikation der
linken Presse behindern. 'Polo` druckt mit Abstand am zuverlässig-
sten und hat die modernste Technologie. Und ein weiterer Vorteil:
Im Gegensatz zu anderen Druckereien müssen die Kunden bei ihnen
nicht das Papier mitliefern".

Monumental Constructing and Moulding Co. * Mun/UC-conn construction Bss in Washington, D.C. (TWP Sept.16,1984, A20)

Moon/Mun, Heung Jin * 2.Sohn von Moon, Sun Myung; starb am 2. Jan. 1984 im Alter von 17 Jahren infolge eines Autounfalles (zur glei-chen Zeit geschehen, als der Vater in Korea eine Abschlußkundge-bung einer Rallye hielt - 22.Dez.1983). Um den Toten Heung Jin Mun entwickelte sich ein regelrechter Kult. Seit seinem Tode, der als Opfer gedeutet wird (in Korea hätten Terroristen sonst Mun ermor-det !?) gibt es in der UC ein Bestattungs-Ritual (Seung Wha=-). Durch das Medium Faith Jones sollen angebliche Kundgaben von dem Toten empfangen werden. Heung Jin wurde 50 Tage nach seinem Tode mit einer jungen Koreanerin vermählt(!). Nach Mignot[1] verdrängt das Bild Heung Jin's zunehmend das Jesu von den UC-Altären und aus den UC-Gebetsräumen.

Moon/Mun, Sun Myung * Visitenkarte (70er Jahre) lautet wie folgt:

SUN MYUNG MOON

CHAIRMAN OF THE BOARD AND FOUNDER

THE HOLY SPIRIT ASSOCIATION FOR THE UNIFICATION OF WORLD CHRISTIA-NITY ˙SEOUL˙TOKYO˙TAIPEI˙WASHINGTON D.C.˙NEW YORK˙SAN FRANCISCO˙ LONDON˙PARIS˙ROME˙FRANKFURT˙VIENNA˙AMSTERDAM˙SYDNEY˙

THE INTERNATIONAL FEDERATION FOR VICTORY OVER COMMUNISM
SEOUL˙TOKYO˙TAIPEI˙WASHINGTON D.C.˙NEW YORK˙SAN FRANCISCO˙ LONDON˙PARIS˙ROME˙FRANKFURT˙VIENNA˙AMSTERDAM˙SYDNEY

COLLEGIATE ASSOCIATION FOR THE RESEARCH OF THE PRINCIPLES
SEOUL˙TOKYO˙TAIPE

THE LITTLE ANGELS KOREAN FOLK BALLETT˙KOREA

THE WEEKLY RELIGION˙KOREA

THE WAY OF THE WORLD˙KOREA

THE TONGIL SEGEI MONTHLY˙KOREA

TONG IL INDUSTRY COMPANY˙KOREA

IL HWA PHARMACEUTICAL COMPANY˙KOREA

IL SHIN STONEWORKS COMPANY˙KOREA

FREEDOM LEADERSHIP FOUNDATION˙WASHINGTON D.C.

TONG WHA TITANIUM COMPANY˙KOREA

TAE HAN RUTILE COMPANY˙KOREA

ONE WORLD CRUSADE

---

[1]

siehe "Literatur (...) (Stichwort/keyword)"

Moon/Mun, Sun Myung I - The 3rd Adam/Messiah/Godmen (Stichwort)
"I am sure that no one here on earth knows the heart and will of God better than I do" (MS "Ideal Nation of God", Febr.21,1980 p.3)
"In akademischen Kreisen machte man mich schon zu meinen Lebzeiten zum Gegenstand des Studiums. In Amerika schreiben viele ihre Doktorarbeit über mich, ohne mich um Erlaubnis zu fragen. Sie untersuchen mich vom soziologischen, religiösen und biblischen Standpunkt. Warum bin ich so bekannt? Weil ich Gottes 'Umschlie-ßungstaktik' kenne. Korea hat mich angegriffen und verfolgt. Nun sind einige Jahre vergangen und wir haben die koreanische Nation umgestimmt. Japan war gegen mich; plötzlich jedoch haben führende Persönlichkeiten bemerkt, daß sie mich brauchen, um die jungen Menschen zu führen" (MS "Wohin gehen wir?",17.Sept.1978 S.8)

Moon/Mun, Sun Myung II - biographical information (keyword)
Aus einem Vortrag von Dr.Sin Sa-hun, gehalten an Taejon City am 4.Mai 1975:
"   2. His real name is Moon Yong-myong , according to Reverend Toggosam (...) Moon was born on June 6$^{(?)}$,1920 at 2221 Sansa-ri, Togon-myon, Chongju-gun, P'yongan Northern Province."
Der richtige Name enthält den (im christlichen Umfeld negativ symbolträchtigen) Namensbestandteil "Drachen" (Yong).
"   3. Moon and Ms. Kim Yong-on, a profound believer, both belonged to the Yi Yong-do sect (...)
    4. Moon specialized in electrical engeneering at Waseda University in Tokyo. His name does not appear in the student list of Waseda University.(...)
    5. When Moon returned from Japan, he married Ch'oe Son-gil who was not well educated but pretty. (...) Moon divorced his wife after six month.   (...) Mrs. Ch'oe, Moon's ex-wife, presently lives in an rented room in Chòng Hwa-yong's house located at 40 Pugik-tong, Chongno 3-ka, Seoul, Korea (Yi Po-son's words). Her

son was 24 years old in 1969, and was in his senior year in the
History Department of the Kyonghui University. Moon had taken
this son away from his wife when the boy was 13 years old.

6. Moon studied the Bible for six months in 1946 with Kim
Paeng-mun at Sopchol-ni, Imjin-myon, P'aju-gun, Kyonggi Province.
Some of the language used in his Unification Church has already
appeared in his book, Basic Principle for Christianity (1958,
p.478), (...)

7. Moon returned to North Korea on June 6, 1946, and started
to organize a fanatic movement of mysticism (...)

9. Moon served a prison term for 100 days at the Taedong
Security Office due to an act of promiscuity which took place on
August 10, 1948. (...)

12 & 13. When Moon married Ms. Kim, neglecting his wife, the
Interior Department of North Korea sentenced him to 5 years imprisonment and Ms. Kim for 10 month in a charge of adultery. It hap-
pend during this stay in the Hungnam jail that the South Korean
Army (during the Korean war) occupied the prison in Hungnam City
in October 14, 1950. Moon and his followers Kim Won-p'il and Pak
Chong-hwa were taken to Pusan by a naval vessel"

> Das ist wohl so zu verstehen, daß Mun und Ms. Kim wegen Biga-
> mie verurteilt wurden. Nach seiner Befreiung wird er per
> Schiff nach Pusan gebracht. In der UC erzählt man eine rühren-
> de, wohl aber dann falsche Geschichte, daß er nach Süden gera-
> delt sei und dabei einen seiner Anhänger auf dem Rücken mit-
> genommen habe. Beide Versionen schließen einander aus.

14. Moon founded the Unification Church in Pusan on January
27, 1951.

15. He set up an signboard for his Church on May 1, 1954."

> Demzufolge wäre der 1.Mai 1954 nicht der Gründungs-, sondern
> der Bekanntmachungs-Tag der UC.

Informationen nach Myung Hwan Tak, What is the Unification Church?
Begleittext einer Lichtbildserie:

Muns Kirche in Nord Korea (1946) trug den Namen **Kwan Ya Church**.
"this was a charismatic-type church known for its very noisy
meetings, with loud, vocal prayers, speaking in tongues and faith
healing, day and night" (I,8). "(...) the boy Hui-Jin, a son born

to Moon (...) Unfortunately this child died in August 1969 as a result of a traffic accident; this caused Moon considerable anguish of mind and heart" (I,19).

Andere Quellen:

"Then in 1965 Reverend Moon made a series of visits to forty countries over ten month. He encouraged and inspired all Unified Family and blessed 50 'holy grounds', places of meeting and prayer. In the spring of 1969, Rev.Moon made a second world tour to 21 countries accompanied by his wife and the late President Hyo-Won Eu. There was a joint wedding of 43 couples from nine countries - a step towards the realization of a unified, universal family society.

In the spring of 1972, Reverend Moon completed his third world tour, accompanied by his wife and Mr.Kim Young-Whi, present Unification Church president" (WoW 5-6/74,124)

Moon/Mun, San Myung III - The Prison-Affair   (Stichwort/keyword)

"In 1984, Moon entered Danbury Federal Prison to serve an 18-month sentence for conspiracy to file false tax returns, to obstruct justice, and to commit perjury[1]. The Moon organization claims that Moon and his co-defendant Takeru Kamiyama were unfairly prosecuted due to racial and religious intolerance on the part of the U.S.government. Remarkably, the Moon organization has used the disaster of Moon's imprisonment to benefit its public image. Across the political spectrum, many people offered grudging support for Moon because they believed he was mistreated by the judicial system. The Moon organization has skillfully exploited these sentiments, and indeed, had a major role in creating them. What began as a campaign for 'religious freedom' has become a multi-faceted strategy to further the Moonist agenda. (...)

If Moon had only failed to pay income tax on $160.000 he would not ordinarily have been prosecuted on criminal charges. But evidence of willful violation of the law made criminal prosecution inevitable. In 1973, tax lawyers and accountants told Moon's representatives to keep his personal assets seperate from those of the Church. Kamiyama ignored this advice and prepared Moon's taxes under Master's personal supervision. The forged and backdated ledgers to hide Moon's assets within the Church's. The prosecution proved, among other things, that the paper used to falsify the 1973 records was not even manufactered until 1974.[2]

Moon's defense of appeal, (known as the 'Messiah defense') is consistent with his theocratic ambitions. Moon claimed that some of his followers believed he is 'potentially the new Messiah', the 'embodiment' of the Church, and thus exempt from personal income taxes. The court held, however, that even Messiahs are not exempt from taxes, and have a status as an individual distinct from the church. Freedom of religion is 'subordinate to the criminal laws of the country.' The court ruled that 'To allow otherwise would be to permit church leaders to stand above the law.'

The **Moon-as-Martyr** campaign has been orchestrated by the Moon organization, public relation firms, and grantees. The most prominent example is the Washington-based **Coalition for Religious Freedom(CRF)**=- which, according to CRF president Don Sills, has received at least $500.000 from Moon sources.[3]

[1] As summarized by the Court of Appeals, Moon and his co-defendent Takeru Kamiyama, were both charged with 'conspiracy to file false federal income tax returns, to obstruct justice, and to make false statements to government agencies and to a federal grand jury.' Moon was also charged with three counts of filing false returns, and Kamiyama was charged with aiding and abetting two of the false filings. Kamiyama also faced two other charges of obstruction of justice and five charges of perjury. The defendants were convicted of all charges: on appeal, one of Kamiyamas perjury convictions was overturned; all the other convictions were upheld. The 'Messiah defense' not withstanding, the Supreme Court declined to review the case.

[2] The Moon case has been discussed in more detail in 'Christianity and Crisis', October 28,1985; the 'New Republic' August 26,1985, and the 'Sacramento Bee' September 15,1985.

[3] Seattle Post-Intelligencer, September 27,1986.

(Fred Clarkson, God Is Phasing Out Democracy, in: Covert Action, Number 27 -Spring 1987-, p.41).

Moon/Mun, Sun Myung IV - Moon speaks about Moon (Mun über Mun)

"Then in one sense, Father, Heavenly Father will say, Reverend Moon is far better than me, the Heavenly Father. In a short period of time, he will synthesize, he will crush the enemy and let them surrender. Our Master senses this kind of feeling of the heavenly

Father. Also, he is proud of himself, and appreciates that Jesus Christ's unfinished job of 6.000 years has been completed by him in his lifetime" (MS 7-31-74, zitiert nach Ex-Moon-Update Vol.3, No.3, March 1981 p.4).

Moon/Mun, Sun Myung V - statements (Stichwort/keyword)
"Elkins[1] said that many of Moon's activities in the United States were designed to impress the Korean Government with his importance."[2]
Prof. Dr.Jügen Redhardt, IRF/85-p NERA 9/85b-p, würdigt Mun in der Zeitschrift "Religion heute", Dezember 1986 S.239-242, in überaus positiver Weise, so daß VK-Pressesprecher Thiel konstatieren kann: "In seinem Artikel 'San Myung Mun - ein Heiliger von morgen?` unternimmt nun der Theologe und Religionspsychologe Prof.Dr.Jürgen Redhardt eine Neueinschätzung des Gründers der Vereinigungskirche" (Rundbrief v.22.01.1987). J.Redhardt: "Man braucht nicht vom Phänomen dieses modernen Heiligen und dessen Charisma bestrickt zu sein, um dennoch in ihm ein positives und kreatives Widerlager gegen den weltweit inszenierten Triumphzug der Banalität und des Zynismus zu erkennen"[3].

Moon, San Myung * 1965: A> (Korea): 72-2,1-ga Chongpa-dong, Yongsan-gu, Seoul;[4]
"Then in 1965 Reverend Moon made a series of visits to forty countries over ten month. He encouraged and inspired all Unified Family and blessed 50 'holy grounds`, places of meeting and prayer. In the spring of 1969, Rev.Moon made a second world tour to 21 countries accompanied by his wife and the late President Hyo-Won Eu.

----

[1] Chris Elkins, Ex-FLF-Aktivist

[2] Frazer, 313

[3] a.a.O. S.242

[4] Yonhap News Agency, Korea Annual 1984, 21st Edition, Seoul p.652

There was a joint wedding of 43 couples from nine countries - a step towards the realization of a unified, universal family society.
In the spring of 1972 Reverend Moon completed his third world tour, accompanied by his wife and Mr.Kim Young-Whi, present Unification Church president" (WoW 5-6/74,124)

Moon/Mun, Sun Myung * F> der Unfication Church, "Lord of the Second Advent", "Herr der Wiederkunft"; innerhalb des Mun-Imperiums als "SMM" oder "T.F." (True Father) und zusammen mit seiner Frau Han Hak Ja als "T.P." (True Parents) bezeichnet; hat nach dem Glauben der Munies die "Bedingungen" Gottes erfüllt; Es ist jedoch zu konstatieren, daß der "Vater"-Titel Muns de facto mit einem "Gott Vater auf Erden" identisch ist. cf: **Gelöbnis**=-;

Mormonism and Moonism (Stichwort/Keyword)
"AULA`s constitutional specialist is Cleon Skousen, head of the National Center for Constitutional Studies, who worked closely with CAUSA in 1986, organizing conferences of conservative U.S. state legislators. According to **Church and State** magazine, Skousen is not only far-right but 'believes America is a fulfillment of Mormon prophecy regarding the pre-milennial preparation of the Earth.[1]
Prior to becoming the current 'prophet' of the Mormon church, Ezra Taft Benson endorsed Skousen`s work as having 'the Lord`s approval' and appeared at many Skousen events. Benson`s son Mark, is on Skousen`s board of directors. Skousen is the most visible link in an apparent Moon/Mormon alliance. Another important link is U.S. Senator Orrin Hatch (Rep.-Utah), who is a Mormon Bishop and has spoken at several CAUSA/Skousen conferences in the past year which have a disproportionate number of Mormon politicians from Utah and Idaho in attendance.   [1] Church and State, May 1986" (Covert Action, Number 27 - Spring 1987 - p.46).

Morning Garden Villa * Mun/UC; Moonops-List
Morningside Fishmarket * Mun/UC-conn Bss, Moonops-List

Moskau / Moscow (Stichwort/Keyword)

"We want to go to Moscow and have a worldwide rally but to do that
we must become stronger than the communists and demonstrate God`s
Power. Communism denies God and that ideology must not continue.
To achieve the goal of our rally in Moscow, we must be more deter-
mined than ever before to keep marching toward supreme perfection.
We will confront communism in a head-on collision, and I know that
even now the communists` goal is to eliminate me. (...) We want to
define our goal clearly that we must go to Moscow. When we achive
that goal, eternal gratitude will begin." (MS "Perfection and Gratitude", Oct 3, 1976, p.14 & 17).

"Our goal is now Moscow, the symbol of communism. Even just the
name 'Moscow' sounds formidable, doesn't it?" (MS "The Age of
Judgement and Ourselves", Nov.11,1976, p.9).

"I know that with the power of God nothing is impossible. Therefore, immediately after the Washington Monument Rally in 1976, I
declared that the next rally would be in Moscow. Moscow is a very
prophetic name. In English it sounds like 'must go', so Moscow
means 'must go'. Some nations and some people must go to Moscow.
Do you want to go?" (MS Ideal Nation of God, Feb 21, 1980, p.7).

"My goal is Moscow and the liberation of the communist world. If I
fulfill the Kingdom of heaven in the free world, how could Moscow
reject me?" (MS "To the MFT" Jan.2, 1980 p.6)

Zum Stichwort **Moskau** vergl. auch S. 9ff.

Mouvement Universitaire pour la Recherche des Valeurs Absolues *
  CARP in F;

Mouvement Universitaire pour la Revolution Spirituelle /M.U.R.S.*
  Mun/UC Org in F; A> 22, rue d'Estienne d'Orves, F-92260 Fonte-
  nay-aux-Roses;

Mr./Miss University Beauty Pageant * jährliche Wahl männl. u.weib-
  licher Leitfiguren, CARP-Ac, Ort: Tokyo.

Mr.University 19.. * CARP-Ac (Qu: Studentenzeit 4/1984)

MS = Master-Speech,

Mukyuka * Mun/UC-conn "Pop Classic"-group, Japan; (CARP IV)

Multicultural Media Association, Inc. * Mun/UC-conn Assn in Los
  Angeles/Calif; Chairman: Sam S.Lee (cf: The Unification Thought
  Quarterly, No.2, March 1982, p.39;

Multifa Handelsgesellschaft m.b.H.   *****   Mun/UC-Firma in Österreich,

   fd> Peter Koch=-

Mun = Moon, San Myung

M.U.R.S. = Mouvement Universitaire pour la Revolution Spiritu-

       elle

Nachbarschaftshilfe mit Herz * Mun/UC-Home Church-Ac in A; (Qu: H. Köhrer, Pers.Informationsbrief 3/84)

National Committee Against Religious Bigotry and Racism * Mun/UC-conn. Organisation; ""a Chicago based lobbying group" (... composed largely of black ministers. (It also includes a number of Unification Church members, though their role is never mentioned in the committee`s ads.)".[1]

National Center for the Constitutional Studies (NCCS), politische Organisation im Zusammenhang mit CAUSA-USA=-,

National Council for the Church and Social Action (NCCSA) fd> 1977 Affiliated Organizations: Stand Ende 1979, UC-Selbstdarstellung

1. **Emmaus Community and Recycling Center** (Dir: Fr.David Kirk)
2. **Helping and Rescue Mission** (Dir: Rev.James A.Gaines)
3. **International Foundation for the Advancement of Biological Medicine, Inc.** (Dir: David H.Fastiggi, D.Sc.)
4. **International Groups of the NCSA, Inc.**(Dir:Kurt Johnson PhD)
5. **Mt Pisgah School** (Dir: Rev. A.D.Tyson)
6. **New Society Social Services** (Dir: Mr:Kevin Brabazon)
7. **Society for Common Insights, Inc.** (Dir:M.Craig Johnson PhD)
8. **Project Volunteer** (Dir: Mose Durst PhD)
9. **World Relief Friendship Foundation,Inc.** (Dir: Rev.Lamuel G. Salikev).

National Parents Association = Mun/UC=- Org USA 1976,

National Prayer and Fast Committee * Mun/UC-Ac in USA;

National Prayer and Fast Committee for the Watergate Crisis * Mun/US-Ac in USA   >+<

National Salvation Alliance * Mun/UC-Org Japan

NCCS = National Center for the Constitutional Studies

NCCSA = National Council for the Church and Social Action

NEDS = New Education Development Systems,

NENL = New ERA Newsletter

NERA = (inofficial shortening) New ERA

Neue Aktivität * Mun/UC-Ac in Österreich/Austria

neue hoffnung = Z> mtl, der deutschen VK   >+<

---
[1]The Washington Post, Sunday, Oct.15, 189 B4 & B5.

Neue Mitte * polit.Org in Österreich/Austria, fd> 1971; (trat an-
   fangs mit dem CARP-Symbol in Erscheinung / used the CARP symbol
New Age Frontier * Mun/UC-Act. in d. USA;
New Age Orchestra * Mun/UC-music-Ac USA (Qu: SPC-List 1982)
New Age Players * Mun/UC-theatrical company New York, EMAM-List;
New Ecumenical Research Association (New ERA), founded 1980 in New
   York City"It had its origins in a series of conferences on spe-
   cial themes related to interdisciplinary research in the field
   of religion" (Vision 5/85 p.16)
   "Who suffered most? Jesus or Father? Actually when you die on
   the cross the pain is over in 10 minutes but to bear the cross
   and suffer for 50 years, is far more excruciating. Rev.Moon`s
   suffering cannot be understood by man, even God cries out in
   anguish when He looks at the pain Rev.Moon carries." MS "God`s
   Day",87-01-01 morning speech, p.3.
   "A popular religious German magazine has published an article
   written by someone who attended one of our seminars where it
   said that the most saintly figure of the 20th century must cer-
   tainly be Rev.Moon." MS "Unification of the Fatherland", 87-01-
   01 midnight speech p.5.

   NERA 1/82   = Jan 15-17, 1982 Barrytown General Theologians
                   Conference on Unification Theology and Lifestyle
   NERA 1/82b = Jan 29-31, 1982 I-Rome, S on Unific Theol
   NERA 2/82   = Feb 17-21, 1982 Montenego Bay/Jamaica
   NERA 3/82   = Mar 26-28, USA-Barrytown N.Y., >NERA 1/82
   NERA 5/82   = May 6-9, USA-Seattle/WA
   NERA 6/82   = June 20-24, USA-Lake Arrowhead/CA.
   NERA 8/82   = July 31-Aug 8, P-Cascais
   NERA 11/82 = Nov 17-20, 1982 D-Marburg,   **NEW**
   NERA 2/83   = Feb 5-6, 1983 I-Rome   **ERA**
   NERA 2/83b = Feb 23-27, Nassau/Bahamas, Adv S Unific Theol
   NERA 7/83   = July 30-Aug 7, 1983 P-Madeira,
   NERA 4/84   = Apr 5-8,1984 Sem on UC, USA-New York City
   NERA 5/84a = May 2-4,1984 USA-Stony Brook/NY
   NERA 5/84   = May 25-27,1984 western regional, USA-Berkeley/CA
   NERA 6/84   = June 10-17,1984 G-Athens
   NERA 10/84 = Oct 4-7,1984 I-Alzarte Brianza,
   NERA 2/85   = Feb 26-10, 1985 Pointe du Bout/Martinique

```
NERA  6/85   = June 7-9,1985 Regional Con., USA-New York
NERA  8/85   = July 27-Aug 3,1985 Sem.on UC, CDN-Quebec
NERA  9/85a  = Sept 4-6,1985 Regional EAK-Nairobi
NERA  9/85b  = Sept 5-8,1985 European Regional, D-Bad Nauheim
NERA  9/85c  = Sept 12-15,1985 European Regional, NL-Zeist
NERA  10/85  = Oct 3-6,1985 Regional F-Strasbourg,
NERA  9/86   = Sept 18-21, CH-Weggis, Christian/Marxist Dialogue
NERA  8/87   = Aug 12-16, 1987, A- ; Christian/Marxist Dialogue;
NERA  9/87a  = Sept 14-20, 1987, YU- ,
NERA  9/87   = Sept 30 - Oct 4, 1987, Luxemburg, Religion & Na-
               tionalism
NERA  10/87  = Oct 7-10, 1987, St.Martin, Sociology of Religion;
NERA  4/88   = GOD VI
NERA  9/88   = Sept 28-Oct 2, 1988, F-Straßbourg "L'Indentite
               Europeene"
```

New Education Development Systems, Inc. * Mun/UC-Ac, Berkeley/CA
"a non-profit, tax-exempt, educational and religious organization chartered by the State of California in July 1973.

The group was originally founded with the purpose of integra-
ting the basic principles and vision introduced by Reverend San
Myung Moon into a broadbased educational and cultural program,
and works in association with, but independent of the UC.

Over the past four years, the NEDS educational program has
expanded to include nightly dinner programs, lectures and weekend seminars presenting the basic principles of the foundation
for discussion and study.

In 1975, the Creative Community Project, (CCP) was seperately
incorporated to administer a broad volunteer program, including
a medical clinic for senior citizens" (the positive voice,
3, July 1978, p.6); A> 2717 Hearst Street, Berkeley/CA 94709;

New ERA = New Ecumenical Research Association

New ERA Newsletter - NENL = Rundbrief der New ERA

New Future Film * Mun/UC-conn Film- & Video-Bss in New York/NY;

New Future Projects * Mun/UC-Act., FAIR-List Sept.1984;

New Hope Centers * Mun/UC-Ac >FH<

New Hope Crusade * Mission-Ac in GB;

New Hope Farms * Mun/UC-conn. Farmen. (The Washington Post, Sunday
Oct.15,1989 B4.)

New Hope Festivals * UC-Festivals, vor allem in den 70er Jahren;
New Hope Orchestra * Mun/UC-orchestra, Moonops-List
New Hope News = Z> UC Office of Communications, 4 West 43rd Street
   New York/NY 10036; >001-212-8691370<; Vol.1 = 1974;
   !! Volume 7, Number 1 = February 14, 1980 !!
New Hope News, The = Z> UC, A> 4 West 43rd Street, New York/NY;
   !! Vol.7 No.1 = March 1981 !!
New Hope Orchestra * UC-Orchester,
New Hope Singers International * Mun/UC-Chor, EMAM-List
New Horizons * UC-Ac, FAIR-List 1984,
New Karate Club * Mun/CARP-Ac,H. Sekine, Nieritzweg 15, D-1000
   Berlin 37;
New Leadership for a New Age * CARP - student seminars
New Life Festivals * Mun/UC-Ac; Moonops-List
New Meanings * Z> der engl.CARP=- seit Herbst 1989;
New Patriotic Movement, The - NPM * Mun/UC-conn Org in GB; A> 86,
   Truro Road, Wood Green, North London; linked to CAUSA=-; "Taht
   there is more to the NPM stan 'gay bashing' in Haringway may be
   deducted from Moon's New Year midnight speech 'Unification of
   the Fatherland'. On page 6 he says the following:
   'We shall work to become an influential body in America. We
   cannot trust the republican or democratic party, they will
   become the prey of communism. The Unification Church is going
   to launch the greatest patriotic movement ever seen in history. For the last 15 years you have not understood what Father's
   plans were and so He forgives you for that time when you did
   not co-operate, on the condition that in 1987 you will truely
   follow the path of Father and launch this patriotic movement
   with him... (...) As soon as Father has organized and launched
   this patriotic movement He will hurry back to Korea where the
   nation must be saved .... Today on the 1st of January 1987, the
   marching orders have been issued. Have you received the marching orders? (Yes) Amen.`" (FAIR Newsletter April 1987, 9f)
New Society Social Service * Mun/UC-Ac (Qu: SPC-List 1982)
New Tomorrow Ltd. * Mun/UC-publishing-Bss; 8 Bouverie Street, GB-
   London EC4; 1980: 42 Lancaster Gate, London W2 3NA;
New Tomorrow - Unfolding God`s Heart to the World = Z> in GB 1978
   published by New Tomorrow Ltd; 1980: new tomorrow

New Vision * CARP=-"Pop-Rhythm -& Blues"-Band USA, (CARP IV);

New Vision Seminars * Mun/UC-Ac in South Africa "our New Vision
   Seminars which are designed to reach teachers and educators,
   many of whom are leaders of opinion in the black community"(UN
   5/87,2)

New Vision Video Center * UC-conn. Video-Bss in New York/NY,

New World Forum, The * UC-Bss, 300 East 56th St, New York/NY;[1]

New World Home Cleaning Service * Mun/UC-conn Bss >FH<

New World Players * Mun/UC-Band, SPC-List 1982;

New York City Symphony Orchestra * UC-Orchester; Mun hat nach dem
   Ende des ursprüngl. renommierten Orchesters diese Tradition für
   sein Renommee zu nutzen gewußt.

New York City Tribune = Z> Tageszeitung der News World Communications, Inc., (vormals: The News World),

New Yorker Hotel * World Mission-Center der Unification Church,
   New York/NY,

New Yorker Security * Teilnahme an d 1st Unification Home Church
   Convention and Fair, 9/82, New York;

News Causa Institute = Z> CAUSA New York

News World, The = Z> später umbenannt in New York City Tribune=-
   Start: 12/1976;

News World Communications, Inc. = Mun/UC-conn. Pressefirma, gegr.
   1976;

Newslink * Mun/UC=-conn. Bss; Besitzer Jonathan S.Park, Sohn von
   Bo Hi Pak u. Max Hugel, "supplies all of the film crews to Cable News Network's Washington bureau, but is also has a small e-
   ditoral operation" (The Washington Post, Feb. 3,1990 p. C1).

Nicaragua Freedom Fund * Washington Times =-Ac (Qu: Sojourners 82,

----
1

   OIOS

Oct 1985, Washington DC p16).

Nippon Seiko Co., Ltd. > Japan, Technology License Agreement with
   Tong Il Company, Ltd=-

North American Religious Liberty Roundtable * Meeting "sponsored
   by the **World Council on Religous Liberty**=- another Moon-domina-
   ted entity" (Qu: NOW, Toronto/CDN June 16-22,1988, p.12

Noticias del Mundo = Spanish daily / spanischsprachige Tages-Z> in
   New York/NY, zur News World Communication, Inc.=- gehörig;

Nouvel Espoir, le = Z> Bi-mensuel de l'Association pour l'Unifi-
   fication du Christianisme Mondial

Numeroscopes United * UC-conn Numerology-bss "Discover your original potential and fallen nature, life opportunities and obstac-
   les". A> Kate Gwin Harel, 2631 Blackton Drive, San Diego/CA 92
   105, USA; UN 8/87p.19 (Personal Announcements) M-conn!

Oakland Black Caucus * Teilnahme an d 1st Unification Home Church
   Convention and Fair, 9/82, New York;

Oakland Citizens Committee for Urban Renewal - OCCUR * coalition
   with Project Volunteer, "distribution of surplus USDA government cheese" (HumPro)

Oakland Community Council for Urban Renewal * Teilnahme an der 1st
   Unification Home Church Convention and Fair, 9/82, New York;

Oakland Post = Z>? Teilnahme an der 1st Unification Home Church
   Convention and Fair, 9/82, New York;

OC = Ocean Church,

Ocean Challenge * Programm der Ocean Church=-

Ocean Church (OC), * established June 28, 1981, Ferienangebote für
   Studenten u.a. Interessenten, bestehend aus einer Mischung von
   Hochseefischerei und Indoktrination; Annonce in UN 4/87,15:
   "Ocean Church of Miami invites you to take the 'Challenge`,
   April 21st-27th; A oneweek seminar designed to introduce you
   to Ocean Church and the challenge of the sea; $150.
   Lectures and practicums in: navigation, seamanship, fishing,
   snorkling & scuba diving, seafood preparation (in both Western
   and Japanese Traditions). A look at the Universal Principles
   which guide our world and our relationships.

ALSO, top scientists will give their presentations during 'Ocean Perspectives`. Through them we can glimpse the challenges we face, as stewards of our world ocean, as we prepare to step into the 21st century".
Annual Ocean Perspectives Symposium,
Ocean Challenge,
Ocean Perspectives,
Ocean Perspectives Journal,

Ocean Day * Festivals fd> 1981; sponsored by UC, Project Volunteer, WRFF; A> GPO Box 1618 New York,NY 10116 >001-212-7363925< "To celebrate the ocean and the matriarch of nature, and giver of romance to life.(...)" (HumPro)

Ocean Hope * Name von Schiffen der **U.S.Marine Corporation**=-; "Ocean Hope 2" ist am 2.März 1989 in der Shelikof Straight area mit vier Personen gesunken (Ursache unbekannt);

Ocean Perspectives * "an ongoing Project of **Ocean Church**=-" UN 11/ 88,8 ".. is educational for members of **Ocean Church**=-, participants in **Ocean Challenge**=- and others interested in the future of the ocean"; Z> Ocean Perspectives Journal; Tagungen: Annual Ocean Perspectives Symposium;

Ocean Perspectives Journal * Z> von **Ocean Perspectives**=-;

Oceanic Seafood Enterprises * Mun/UC-conn. Firma in New York; (Qu: EMAM-Liste);

Österreich/Austria (Stichwort/keyword)
Die Vereinigungskirche entstand in Österreich im Jahre 1965. In dem "Informationsdienst der Vereinigungskirche in Österreich" (Wien, Oktober 1985) heißt es bezüglich der in Österreich als "G.b.R." (Gesellschaft bürgerlichen Rechts) verfaßten Vereinigungskirche:
"Der 18.Mai 1965 war der Anfangspunkt der Kirche in Österreich. An diesem Tag fuhr Paul Werner von Deutschland aus mit seinem VW-Bus mit dem festen Vorsatz nach Wien, hier eine lokale Vereinigungskirche aufzubauen. Er lebte anfangs in seinem VW-Bus, bis er eine günstige Unterkunft gefunden hatte. Zuerst suchte er das Gespräch mit Pfarrern und religiös engagierten Menschen und wollte ihnen vom 'Göttlichen Prinzip` erzählen. (...) Da in Österreich die An-

erkennung als Kirche ein höchst komplizierter Prozeß ist und vor allem jahrzehntelang dauert, gründete Paul Werner zusammen mit den ersten Mitgliedern am 13.Juni 1966 den Verein mit dem Namen **"Gesellschaft zur Vereinigung des Weltchristentums (GVW)"**. Seit dieser Zeit lebten die Mitglieder in einer gemeinsamen Wohnung, um einen neuen Lebensstil miteinander zu praktizieren und ihre Aktivitäten besser koordinieren zu können (...).

Im Herbst 1966 und im Jänner 1967 übersiedelten Mitarbeiter nach Graz bzw. Linz, um in diesen beiden Städten die neue Offenbarung bekannt zu machen.

Am 19.Mai 1969 berief Rev.Moon den damaligen Leiter der deutschen Vereinigungskirche, Peter Koch, der seit Juni 1963 dort gewirkt hatte, nach Österreich und übergab Paul Werner die Leitung der deutschen Kirche. Peter Koch blieb geistiger Leiter der österreichischen Kirche bis zu seinem plötzlichen Tod am 19.Juni 1984".

Ende 1969 wurden der Information zufolge fünf Missionare von Österreich nach Belgien, Dänemark, Luxemburg und in die Türkei ausgesandt. 1971 wurde in Geföhl/Waldviertel ein Bauernhof erworben. 1972 gab es in sechs Städten insgesamt acht VK-Wohngemeinschaften. Bis Ende 1976 gab es "32 kleinere Stützpunkte" und "18 größere Wohngemeinschaften"

Probleme gab es vor allem mit der Vereinsbehörde. Es kam zu polizeilichen Untersuchungen und einer Reihe von Prozessen (so wurde ein Polizist von der VK verklagt), die aber nach hier vorliegenden Informationen sämtlich nicht zu Gunsten der VK endeten.

"Im Frühsommer 1978 löste sich die Missionsgruppe vorerst auf, da viele Teilnehmer nach Großbritannien fuhren, um dort am Aufbau des Heimkirchenprojekts mitzuarbeiten".

Der neue Leiter der VK Österreich wurde denn auch am 1.Mai 1985 der am 15.11.1949 in Pfabneukirchen/OÖ geborene Johann Hinterleitner, der die VK 1975 kennengelernt hatte und 1983/84 Verantwortlicher für die Missionsarbeit in den englischen Midlands gewesen war. 1978 war er von Mun in London getraut worden.

Kontaktadresse Österreich (Oktober 1985):

A-1070 Wien 7, Seidengasse 28 >0043-222-9319973<;

A-3500 Krems, Burggasse 3, >0043-2732-59805<;

A-4020 Linz, Schillerstr.34/44, >0043-732-6623534<;

A-5020 Salzburg, Purtschellergasse 6, >0043-662-728502<;

A-6020 Innsbruck, Meinhardstr. 6/2, >0043-5222-391901<
A-8010 Graz, Johann Strauß-Gasse 20, >0043-316-619404<;
A-9020 Klagenfurt, Villacher Str. 1B, >0043-4222-514023<.

Offsetdruckerei Paul Werner * Mun/UC-conn Bss.,
Okuma Machinery Works Co. > Japan Firma, Technology License Agreement with **Tong Il Company, Ltd**=-

Olympiade 1988 ROK-Seoul (Stichwort/keyword)
An der Olympiade nahmen ein Sohn und eine Tochter San Myung Muns
in der koreanischen Springreiter-Mannschaft teil und schnitten mit
erstaunlich schlechten Ergebnissen ab. Nach dreimaliger "Verweigerung" an Hindernissen konnte der Sohn den Parcours gar nicht voll
abreiten und wurde "aus dem Verkehr gezogen";
Die VK lud "Journalists (And other Olympic guests)" in Großanzei-
gen ein: "The Unification Movement welcomes you to the land of its
birth. We invite you to use the opportunity of your visit to Korea
for the Olympics to find out more about our movement, its founder,
Reverend Sun Myung Moon, and its activities in Korea and throughout the world. To help you gain first-hand experience of some of
our projects in Korea, we invite you to visit the Little Angels
Art School and Performing Arts Center and to attend one of their
world-renowed performances. We are also providing tours of a
Unification soft drink bottling plant.
Please contact Dr.Mose Durst at the Unification Movement Information and Hospitality Center, the Azalea Room, Sheraton Walker Hill
Hotel (...) through October 2."
Im gleichen Hotel fand während der Olympiade die Gründungskonfe-
renz für ein von Mun gesponsortes **World Cultural Festival**=-statt.

One Mind Enterprises * Mun/UC-conn.Firma in Mibrae/CA, Qu:EMAM-
   List;
One Up Corporation * Mun/UC-conn.Firma, Qu: EMAM-List; Frazer 332;
One Up Enterprises * UC-Firma, Qu:OIOS
One Way Productions, Inc. * Mun/UC-Firma, Qu:OIOS, cf.et: The Wall
   Street Journal Febr.3,1982;

One World - Newsletter of the One World Crusade = Z> IOWC-GB, A>
42,Lancaster Gate, London W2 3NA; Printed and published by Unified Family Enterprises Ltd.=-;

One World Crusade * Mun/UC-Ac & -Org;

One World Crusade - German Chapter * Deutscher Zweig der IOWC=-
Zweck laut Satzung (Hünstetten-Beuerbach 5.Juli 1974): "Es ist
d. unmittelbare und ausschließliche Zweck des Vereins, über die
kirchlichen, politischen, nationalen, rassischen und sozialen
Schranken hinweg d. Menschen d. Welt unter Gott zu vereinigen."
§ 5: Zu diesem Zweck soll der Verein durch Lehrgänge, Diskussionen, Vorträge, Seminare, Verbreitung von entsprechender Literatur, Fernkurse und andere geeignete Mittel die Menschen anregen, sich mit religiösen Fragen zu befassen. Um viele Menschen
zu erreichen, werden von dem Verein Missionsteams eingesetzt,
die ständig unterwegs sind. Gelder werden für diese Zwecke
nicht erhoben, sondern die Finanzierung der Tätigkeiten des
Vereins soll auf freiwilligen Spenden der Mitglieder oder
anderer Freunde des Vereins beruhen." - § 22: "Für den Fall,
daß ein Vorstandsmitglied während seiner Amtsperiode ausschei-
det, wird über die Neubesetzung durch den Vorstand entschie-
den".

Organic Grocery * Mun/UC-conn.Firma, zur Whole Earth and Unity,
Inc.=- gehörig, (Qu: EMAM-Liste)

Original Treasures * UC-conn gift shop (quality arts and crafts),
advertizing UN 8/87p.19, A> 606 Riddle Road, Cincinnati/Ohio
45220 USA.

Original World Products, Inc. * Mun/UC-Firma, cf: The Wall Street
Journal, Febr.3,1982;

Ost-West Perspektiven * vierteljährl. UC=-Z> des **Forum Ost**=-,
Chefredakteur (1990) Karl Ebinger, A> D-6000 Frankfurt/Main,
Röderbergweg 136, >0049/69/4980980<; CH-3000 Bern 7, Postf.
103, >0044-31-589281<, A-1070 Wien, Urban Loritz Platz 3/13
>0043-222-9618045<; "Grundlegende Richtung: Forum für Ost-West-
Themen, spezielle Berücksichtigung von Menschenrechtsfragen,
Sammeln und Verbreiten von Informationen über totalitäre Systeme, insbesondere den Kommunismus, und ihre Impulse für eine
friedliche Lösung des Ost-West-Konfliktes."; Jahresabo: ÖS
120.-- / DM 16.-- /SFr 16.--; Kuratorium: Yuri Below/Frankfurt

a.M., Martin Kriedler/Bern, Christine von Kohl/Wien, Mihajlo
Mihajlov/Washington, Michael Stricker/Wien; Offenlegung gemäß
Meldegesetz: Vorstand: Ing.Eckhart Riehl, Mag.Maria Pammer,
Christine Scalisi, Manfred Krist, Ing. Karl Ebinger (alle über
die A> Wien). (Informationen nach Nr.22 Mai/Juni 1990).

Our Canada = Z> UC CDN; (Qu: EMAM-List);

Our Family Magazine of the Unification Church = Z> HSA UWC in GB

Our Family Newspaper of the Home-Church Association of London and
    Kent = Z> in GB, Nr.1 = March 1980; printed in France by AUCM;

O.W.P. * Mun/UC-Sales network (Qu: UN 3,4)

Pacific Student Times, The * Mun/UC-CARP-Z> USA;

Pacific Sunrise Products * UC-conn Bss; A> 3125 Manistee Drive,
    Costa Mesa/CA 92626 >001-714-957-8689/8544941< Annonce in UN 9/
    87: "Unique Fundraising Product Robin's gourmet hot chocolate.
    Beautifully packaged, quantity discounts, excellent for Christ-
    mas season and winter month".

Pain Treatment Center, Toronto * Teilnahme an der 1st Unification
    Home Church Convention and Fair, 9/82, New York;

Paix Realisee = Z> in France (LWF-List)

Pan-Religious Annual = Z> annually "a compendium of all religious
    groups in Korea", conn. with Weekly Religion.

Panda Auto City * Niederlassung der **Panda Motors Corp.** in der Gu-
    angdong-Provinz, Südchina, 64 square-mile, geplantes Investment
    $2,1 billion (Qu: The Arizona Republic, Phoenix/Arizona Oct 22,
    1989).

Panda Motors Corp. * soll mit dem Mun-Imperium verbunden sein. In
    einer Nachricht über Auto-Production in **China**=- (Stichwort/key-
    word) schreibt "The Detroit News" (Sept. 26,1989, p.2D): "The
    plant is being developed by the U.S. firm Panda Motors Corp. An
    Automative News investigation tied the firm to the Unification
    Church";

PAR = (inoff.shortening) Paragon House, Publisher of New ERA,

Paragon House * New ERA publishing house/Verlag, fd> 1984; L> Fre-
    deric Sontag; A> (10/1987): 90 Fifth Avenue, New York, NY 10011
    >001-222-620-2820/1-800-PARAGON<

Parents` Association of the Unification Church of Great Britain,
The * A> 44 Lancaster Gate, London W2 3NA; Constitution:"Objec-
tives: 1. To encourage understanding between members of the UC
and their families. 2. To provide a mean of contact between parents for interchange of ideas and information. 3. To act as
link between parents and the UC and to ensure that the opinions
of parents are brought to the attention of the Church. 4. To
ensure that the views of parents are fairly represented to the
public".

Parents: Magazine of the Parent`s Association of the Unification
Church of Great Britain = Z> published by The Parents` Associ-
ation of The Unification Church of Great Britain;

Paris Declaration, The * Statement of a meeting of the International Security Council, published in The Washington Times.

Park, Jonathan S. * "the son of the man considered Rev. Moon's top
U.S. deputy, Bo Hi Pak, has become the principal investor in
three companies that provide technical facilities and video
footage of news events in Washington to domestic television
stations and foreign bradcasters." (The Washington Post, Feb.
3,1990 p.1C). *1957.

 Atlantic Video Inc.,

 Newslink,

 Potomac Television Communications,

 Pyramid,

Parliament of World Religions * Durch AWR=- vorbereitete "commemo-
ration of the 1893 World`s Parliament of Religions", Chicago.

PARP = Professors` Association for the Research of Principles

Password Ltd. * Mun/UC / Saeilo International (HK) Ltd=- conn Firma, nach Aussagen des Saeilo-Dir wurde der Firmenmantel gekauft
A> Alexander House, HK c/o Saeilo International (HK) Ltd;

Patricias Gift Shop * Mun/UC-conn Bss, Moonops-List

Paul Werner Verlag GmbH * vergl. Kando-Verlag GmbH=-

Pioneer News = Z> newsletter IOWC in GB;

Pionniers du Nouvel Age * Mun/UC-Org in France;

Politik / politics (Stichwort/keyword)
"The Unification Church is already a frontrunner of the conservative movement. Look at the facts, Father is not even a citizen of the United States, yet when he goes to Washington they say, 'You are the number one conservative leader in this country!' (clapping) But when God says, 'Yes, you are' then that's I am (laughing). So from now on, how America is progressing is what is important. Those people who are working with the ISC (International Security Council) clearly understand the critical value of Father's work. (...)Now our foundation is so strong that Col. Pak can easily meet with George Bush and President Reagan. Who gave that direction to Col. Pak? American religious leaders? No. But they know who is behind Col. Pak. In 1982 the knew from whom they received help in the presidential campaign. Now Bush ist saying, 'Can I get some help?'" (Father Speaks to UTS Graduates, Dining Room June 29, 1988).

Polo * Druckerei in Montevideo; cf: **Montevideo/Uruguay** (Stichwort)
Positive Voice = Z> NEDS,Inc; Vol.1, No.1 = July 1977;
Potomac Television Communications * Washington/DC Mun/UC=-conn.Bss
   "Park[1] and another Investor, Max Hugel, who spearheaded President Reagan's New Hampshire Campaign in 1980 and is a former deputy director of the CIA, last week completed a deal to purchase a majority stake in Potomac Television Communications. (...) Potomac is the largest independent broadcast news service in Washington, supplying as many as 200 televesion stations around the nation with raw footage or finished film reports on newsworthy events or interviews with prominent officials in Washington. Potomac also creates video press releases for corporate clients" (The Washington Post, Feb. 3,1990, p.C1).
Presses de Normandie * Mun/UC=-Bss in France, A> Château de Mauny, F-76530 Grand-Couronne, (cf:Frankreich/France=-- keyword)
Prime Force Band * Mun/UC-conn band, Moonops-List
Principe de la paz * v. UC-Missionaren und IRFF, fd> 01.07.1980, Grundschule in Peru
Principle Families * Mun/UC-Ac,
Principle Life = Z> (?) "Mun media front" (Qu: EMAM-List)

---

[1]Jonathan S.Park, Sohn von Bo Hi Pak.

Professors' Association for the Research of Principles (PARP) * in UN 8/87,p.9 im Zusammenhang mit der AMMS=- als eine von deren Trägerorganisationen genannte Mun-Org.

Professors World Peace Academy (PWPA), GPO Box 1311, New York, N.Y. 10116; "initially formed in Seoul, Korea on May 6, 1973, was founded in Tokyo on September 28, 1974, with the attendance of 134 Japanese professors and scholars" (ICF-Leaflet)

In the resolution of the 1st International Congress of PWPA(Dec 18,1983, Seoul/Korea) the professors signed, that:

"We applaud the bold, daring, and innovate mission of the Rev.Sun Myung Moon to inspire men and women in every part of the globe to meet the crisis. His teachings, known as Unification Thought, offering a powerful new vision of a God-centered world, are already motivating conscientious men and women in all lands to devote their lives to the quest for world peace and a redeemed humanity. We are grateful to him for what he has already done and for his continuing efforts on behalf all humanity.

On this auspicious occasion, we proclaim our resolve to work with the Rev.Moon towards the establishment of a God-centered world of universal fellowship and harmony in which the terrible wounds of the past arising from differences of history, culture, nationality and race will be bound up and healed. Towards this noble end, we the representatives of the PWPA's of the countries attending this First International Congress hereby affirm the following ideals:

1. The universal reign under God of justice and good will.
2. The brotherhood of all humanity under God.
3. A world united under God in peace.
4. A new, religiously-inspired humanity.
5. A new God-centered world civilization founded upon love and heart.

We solemnly proclaim before God and all of humanity that we will strive towards the achievement of these ideals.

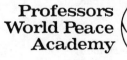

Professors World Peace Academy

P.W.P.A.

Gegründet: 1973 · Vertreten u.a. in: Japan, Korea, USA, Deutschland, England, Frankreich.

Professors World Peace Academy in Europe (PWPA - E) Satzung: Salzburg, den 1.Mai 1981. Sitz: Düsseldorf. "Zweck: (1) Zweck der
Akademie ist es die Wissenschaft zu fördern, insbesondere
- das interdisziplinäre Studium der zeitgenössischen Welt
- die internationale wissenschaftliche Verständigung
- die akademische Zusammenarbeit zwischen den Ländern.
Der Satzungszweck wird verwirklicht, insbesondere durch
- die Organisation internationaler Wissenschaftler-Konferenzen
u interdisziplinärer Forschungsprojekte im europäischen Rahmen,
- die Publikation der Forschungsergebnisse d Akademie und die
Zusammenarbeit mit anderen Einrichtungen des intellektuellen,
politischen und ökonomischen Lebens in Europa".

Project Unity * Mun/UC-Ac >FH<

Project Volunteer = Z> Project Volunteer, Inc.

Project Volunteer, Inc. * "a non-profit California corporation organized on June 9, 1978 by members of the UC" (HumPro). 1.Dir.=
Dr.Mose Durst "Chairman of the Board";

Providence * Mun/UC- rock band, New York; "The New 'Providence'"
(cf: UN 11/87,14).

PTKH = (inoff.shortening) "Proud to Know Him"-Ad in Newspapers USA
1985

PV = Project Volunteer

PWPA = Professors World Peace Academy,
   PWPA III = Dec 19-22,1974, 84 participants
   PWPA 1/85 = Jan 17-18, ZA-Johannesburg;
   PWPA 2/85 = Jan 31-Feb 2, USA-San Diego/CA;
   PWPA 3/85 = Feb 2-4, F-Paris;
   PWPA 4/85 = Feb 15-17, USA-Los Angeles/CA;
   PWPA 5/85 = March 1-4, RA-Buenos Aires;
   PWPA 6/85 = March 14-16, BR-Sao Paulo;
   PWPA 7/85 = March 22-23, USA-New York City;
   PWPA 8/85 = March 25-26, T-Bangkog;
   PWPA 9/85 = April, Philippines-Manila;
   PWPA 10/85 = May 23-25, WAN-Port Harcourt;
   PWPA 11/85 = May 24-27, Malaysia in T-Bangkok;
   PWPA 12/85 = June, Scandinavia;
   PWPA 13/85 = June 22-23, G-Athens;
   PWPA 14/85 = July 8-9, Carribean-Barbados;

PWPA 15/85 = July 15, J- Int. Conference on World Peace;
PWPA 16/85 = August 13-18, CH-Geneva, 2nd Int.Congress PWPA;
PWPA 17/85 = September 23-25, Kenya;
PWPA 18/85 = Nov. 1-3, AUS-Brisbane;
PWPA 08/88 = Aug 24-29, PHIL-Manila, 3rd Internat.Congress
    "China in a New Era: Continuity and Change";
PWPA-E = Professors World Peace Academy in Europe
Pyramid * Washington/DC Mun/UC=-conn. Bss., "Pyramid, which Park[1]
   purchased out of bancruptcy court last summer, provides equip-
   ment to the bureaus of foreign broadcasters located in the na-
   tional Press Club building, where Pyramid has an exclusive sa-
   tellite lease" (The Washington Post, Feb. 3,1990, p. C1).

Queens = Mun/UC-magazin (Qu: EMAM-List)
Queens Christian Development Corporation * NCCSA-Chapter Queens,
   New York;

Rally For Korean Freedom * FLF-Ac June 25, 1975 New York, 2.000 p
Rainbow Enterprises * Mun/UC-conn Bss, Moonops-List;
Rassemblement pour l'Unite des Chretiens * Mun/UC-Org in F; A> 11
   rue Git-le-Coeur, F-75006 Paris (cf:Frankreich/France=- keywd.)
R.D.K. Distribution Co. * Mun/UC-conn Bss; Moonops-List;
Reaching Out - The Sarah Society News = Z> **Sarah Society, The**=-;
Re-education Band * Mun/UC band Berkeley, (Qu: EMAM-List);

Recht und Gesetz / Law (Stichwort/keyword)
"If there is a person who can be responsible for all the burdens
of America and liquidate all the sins of this nation, the American
law cannot touch him. If there is a person who feels he is able to
be responsible for all the past, present and future sins of humanity, so that person is indeed the saviour of mankind and stands

----
[1]Jonathan S.Park, Sohn von Bo hi Pak.

above the laws and regulations made by mankind. Isn't that true?
The Messiah is that person. He has the power and the authority to
liberate even hell.

That is not all: The Messiah can even liberate God. Can God judge
a person whom He is personally indebted? If he were liberated, God
would not even go to the courtroom and make one pronouncement
against that person. If God can be liberated He doesn`t have to
judge" (MS "The Age of Judgement and Ourselves", Nov.21,1971 p.8)

(Wenn es eine Person gibt, die für alle Bürden Amerikas die
Verantwortung übernehmen und alle Sünden dieser Nation aus-
löschen kann, dann kann das amerikanische Gesetz diese nicht
antasten. Wenn es jemanden gibt, der sich in der Lage fühlt,
alle vergangenen, gegenwärtigen und zukünftigen Sünden der
Menschheit auf sich zu nehmen, dann ist diese Person in der Tat
der Retter der Menschheit und steht über allen von Menschen
gemachten Gesetzen und Verordnungen. Ist es nicht so? Der
Messias ist diese Person. Er hat sogar die Macht und die Auto-
rität, die Hölle zu befreien.

Und das ist nicht alles: Der Messias kann sogar Gott befreien.
Kann Gott jemanden richten, in dessen Schuld er persönlich
steht? Wenn er befreit worden ist, würde Gott den Gerichtssaal
nicht einmal betreten noch irgendeine Anklage gegen diese
Person erheben. Wenn Gott befreit werden kann, dann hat er
nicht zu richten.)

Eine solche Idee kann leicht dazu führen, daß sich der betreffende
außerhalb jeder gesetzlichen Bindung und Verpflichtungen sieht.
Als Befreier ist er zugleich Bringer einer neuen Ethik, einer
neuen Moral (was übrigens San Myung Mun an anderer Stelle explicit
gesagt hat). Für sein - von ihm natürlich positiv verstandenes
-Wirken kann es auch keine gesetzlichen Schranken und Behinderun-
gen geben. Selbst Gott muß mit seinem Richteranspruch hinter seinen Befreier zurücktreten.

Hier kommt ein, vermutlich in der koreanischen Vorstellungswelt
begründetes, Denken zum Tragen, daß man sich dem völlig unterwirft, dem man verpflichtet ist. Wer auf diese Weise sein Gesicht
verloren hat, hat keine Forderungen zu stellen. Mun sieht sich
hier in der Position des Gottes- und Weltenretters und fühlt sich
aller Bindungen an Gesetze und Verordnungen ledig. Er hat alle

Sünden auf sich genommen und sieht sich als "unumschränkten Sieger
Himmels und der Erden"[1] und ist damit Weltmittelpunktsperson. In
der "geistigen Welt" sieht er diesen Anspruch als schon anerkannt,
"daher hat die physische Welt nun nur das widerzuspiegeln, was er
bereits erreicht hat"(a.a.O.).
Schon 1974 hatte Mun gesagt:
"The time will come, without me seeking it, that my words will
almost serve as law. If I ask a certain thing, it will be done. If
I don`t want something, it will not be done" (MS, March 24,1974
p.9)

Re-education Band * Band in Berkeley, Qu: EMAM-List;
Religious Freedom Record, The * Z> des **Ad Hoc Committee for Reli-**
    gious Freedom=-
Religious Youth Service (RYS) * A > JAF Box fa-
2347, New York, N.Y.
    10116
Renaissance for Resources = Mun/UC "media front" Z> (?) (Qu:EMAM-
    List)
Reverend San Myung Moon speaks On = Master Speeches, S> die wich-
    tigste Quelle zur Mun-Bewegung
Rising Tide, The = Z> FLF
Rising Tide Bookstore * Mun/UC-Buchladen in Washington, D.C.;
Ritterfield Ltd. * Mun/UC / Saeilo International (HK) Ltd=-conn.
    Firma HK, A> Alexander House, HK; (Nach Aussagen des Saeilo-Dir
    wurde der Firmenmantel einer älteren Firma von Saeilo gekauft.)
    RYS is a project of IRFF
Rockwell International Corporation > USA-Firma, Technology License
    Agreement with Tong Il Company, Ltd=-
Rocky Mountain Elf Works * Mun/UC-conn Bss;
Rocky Neck Sea Food * Mun/UC-conn Bss; Moonops-List;
Rose Shop, The * Mun/UC-Bss (Laden) in Berkeley/CA;

1

  Geellschaft zur Vereinigung des Weltchristentums, San Myung
  Mun, Frankfurt o.J. - gruppen-interner Lebenslauf

RYS = Religious Youth Service,
   RYS 86 = July 10 - Aug 10, 1986, The Philippines
   RYS 87 = July 8 - August 23, 1987, Portugal
   RYS 88 = July 1 - Aug 8, Spain

Sae Gae Gi Dog Gyo Tong il Sin Ryung Hyup Whye * koreanischer Name der Vereinigungskirche, nach der Niederschrift durch Myung Jung Lee, Leiter der Kirche in der Kyung Nam-Provinz. Der Name wurde von ihm wie folgt übersetzt: Sae Gae = World/Welt, Gi Dog Gyo = Christianity/ Christenheit, Tong il = Unification/ Vereinigung, Sin Ryung = Holy Spirit/ Heiliger Geist, Hyup Whye = Association/ Gemeinschaft.

Sae Il Internationales Kunstgewerbe * Mun/UC-conn Bss; A> Oststr. 82, D-4000 Düsseldorf 1, >0211-356867<; >telex-8584675 sae d< Büro, Lager & Ausstellungsraum: Mülheimer Str.16-18, D-4000 D 1 >0211-631450< aus dem Angebot: "Seladon Porzellan-Repliken aus Korea, Guidolin-Keramik aus Italien, Kerzensortiment der Firma Koch aus Österreich";

Saeilo International (HK) Ltd * A> Alexander House, Victoria, HK; conn.: Juma Ltd=-, Password Ltd=-, Ritterfield Ltd=-;

Saeilo Machinery GmbH * Mun/UC-Tongil-conn Bss; fd> 14.Aug.1981 in Düsseldorf ; Ende 1981 Umzug nach: A> Friedrich-Krupp-Str.16-18 D-4044 Kaarst 2, >02101/68051, telex 8517490 sae d<; Gründungskapital DM 500.00.-- (voll eingezahlt), Geschäftsführer zu dieser Zeit: Dr.Kae-Hwan Kim; Gesellschafter: 100% UTI Industries Holdings GmbH (A> wie Saeilo).

San Myung Moon Christian Crusade * Mun/UC-Ac,"launched in Oakland on May 15, 1974";

Sao Paulo-Tokyo * Mun/UC=-conn. Reisebüro in Sao Paulo/Brasilien;

Sarah Society, The * A> 401 Tarrytown Rd, Suite 115, White Plains NY 10607, >001-914-997-8872<; Z> **Reaching Out - The Sarah Society News**; , fd> im White Plains (Westchester County, NY)-Center durch Hannelore Biermans, Susan Puczylowski, Waltraud Winding & Karen Smith; business meetings, "friendship meetings", Project: "Sex Respect"; co-sponsering "Women in Ministry" conference of **Unification Campus Ministers' Fellowship**=-; Ziel: "the develop-

ment of good individuals through the ideals and values of family". Das Herz der Familie sei die Mutter ("the core of the family is the mother figure"). UN 5/88,16/17.
Save Our Schools Coalition - S.O.S. Coalition * UC/ICC-conn. Act.;
1. public meeting: April 24, 1989 in New York; "The group thus
far is comprised of clergy of a variety of denominations,
educators, journalists, civic leaders, veterans and, probably
most importantly, concerned parents and public-minded citizens.
Rev.Dr.James Cokley, currently chairman of **ICC Alumni** Associa-
tion for New York City and Acting Chairman for the S.O.S.
Coalition, has invited the ICC Alumni, along with other concerned parents and citizens, to serve the following purposes:
1) Encourage parental and citizen involvement in the process of
public education.
2) Increase public awareness about the nature and purpose of
schoolboards and how they can work together to dramatically
improve the quality of public education.
3) Conduct a Voter Education and Voter Turnout (Get-Out-The-Vo-
te) Campaign during the schoolboard elections an May 2nd. (...)
4) Help concerned parents and citizens to work with the New
York City Board of Education, their own Schoolboards, the
Superintendents, the Principals, and the teachers beyond the
schoolboard elections in May" (UN 5/89,11).
Schmied an der Straß * Mun/UC=-Kulturzentrum in Gaflenz/Oberöster-
reich;
SCI-Journal * **
Scottish Family Association * Mun/UC=-Org in Schottland (Qu: FAIR
List 9/84);
SCWP = Summit Council for World Peace,
SCWP April 9-13, 1990 Moscow = AULA IX
Sea Clear * **
Segye Times * Tages-Z> in Korea; "die in weniger als zwei Monaten
eine Auflage von über einer Million erreichte" (Weltblick 2/89,
4); F> San Myung Mun;
Seichi Tourist Company * Mun/UC=-conn. Bss

SEIL Travel America Inc. * Mun/UC-conn Bss (formerly/ehem. I Travel); A> Empire State Building, 350 5th Ave. Suite 4901, New York, NY 10118; >001-212-736-6030 (800) 451-5112< >fax 001-212-947-8153; telex 4951 455<

Sekai Nippo * Z> vo. Mun gegr. Tageszeitung in Japan;

Seminars (Stichwort/keyword)

"Year after year, professors, academics who attend the seminars organized by Father study him and try to find out the secret of his success." MS "God`s Day", 87-01-01 morning speech p. 3.; cf ISUM=-

Seno Travel Services * Firma der International Exchange Enterprises; "Another officer of both International Exchange and Seno was Choi Sang Ik, founder of the UC in Japan and in San Francisco and for many years a leading figure in the Moon organization "(Frazer-Report p.329).

Seung Hwa * Bestattungszeremonie der UC; cf.: World Seung Hwa=- "Heung Jin's death was also important because up to this time there was no established funeral ceremony in the UC. Members had died, but no ceremony had been devised until the death of one of Moon's children.(...) After Heung Jin's death, Moon informed the members, that only because of Heun Jin's sacrifice could a funeral tradition and ceremony begin (...)

The Seung Hwa ceremony is divided into three parts. The first part consists of around the clock praying over the body. The belief is that the person's spirit remains within the body until three days after the Seung Hwa ceremony.At least one church member should be with it and in prayer at all times. This period lasts either 3, 5, or 7 days (...)

The second phase is the Seung Hwa proper at which as many members as possible take part. There are songs and prayers. The dead body is greeted by all present who come and bow before it. A speech and song concludes this part.

The final stage concerns the burial itself. In the casket with the body is a copy of 'Divine Principle' and a book of Moon's speeches. The body is dressed with a white robe. At the grave site, songs, prayers, and a sermon are given. On the third day after the burial, the spirit is believed to ascend. For some period of time afterwards, the family of the deceased should set a place for him at the dining table and place food for him."[1]

Sex Respect * Programm der The Sarah Society=-;

S.F. Day of Hope Committee * Mun/UC=-Act. in San Francisco;

SHE IL GmbH Internationale Kunstgewerbeartikel * Lager Mülheimer-str. 16-18, D-4000 Düsseldorf, >0211/631490< Frau Brunsbach (VK -M) Ernst Hübner (VK-M)

Shekyo Rengo * Japan, "an anticommunist political group affiliated with the church" (TWP Sept.16,1984 A20). Frazer: Shokyo Rengo=-

Shiawase Shoji Co. * Firma in Tokyo, im Frazer-Report im Zusammen-hang mit Il Shin Stoneworks genannt.

Shinjo Koron = Z> IFVC monthly, 50.000 (1973)

Shining Ocean Kamini * Mun-conn Bss. "artificial crab" (qU: UN 5/ 89,4); wurde Gästen der March 1989 "World Media Association Ex-change" vorgeführt.

Shiso Shimbun = Z> IFVC weekly, 200.000 (1973)

Shokyo Rengo * cf: Shekyo Rengo, Japanische IFVC, fd> 1968. "Sho-kyo Rengo (Victory Over Communism) began after a 1967 meeting between Sun Myung Moon, Ryochi Sasakawa, Yoshio Kodama, and two of his lieutenants. Kodama was the head of Japanese organi-zed crime, the Yakuza. One of the lieutenants, Osami Kuboki, became a head of the Unification Church in Japan, as well as a leader in WACL. Soon afterwards WACL began indoctrinating young Yakuza gang members in anticommunist ideology similar to what the Moon organization was already doing in Korea with govern-ment officials. Sasakawa, an important World War II Japanese facist leader, became the head of Shokyo Rengo, and Kodama its chief advisor." (Covert Action, Number 27 -Spring 1987- p.36).

Sky Valley Ranch * Ranch in Kalkaska/Michigan, Qu: EMAM-List;

SMMI = Sun Myung Moon Institute.

Societè Christian Bernard * *************************************

Society for a Moral World * *************************************

1

Edward C.Mignot, The Unification Church - A Series of Articles, Aarhus 1987 (machinewritten manuscript) from: The Cult of Heung Jin Moon and the New Pentecost.

Society for a New Age Unification * ******************************
Society for Common Insights * ********************************
Song Hwa Theological Seminar * 1987 von Moon gegründete theologische Hochschule in Chonan bei Seoul; erhielt am 14.Oktober 1989
vom koreanischen Ministerium für Erziehung die staatl. Anerkennung. "Ab 1991 können Studenten aus allen Teilen der Welt am d.
neuen Uni akademische Abschlüsse erlangen. Für Theologie und
und weitere Disziplinen sind ein vierjähriges Studium vorgesehen. Dazu kommen die Koreanisch-Sprachkurse für die Ausländer.
Der Bau zusätzlicher Uni-Gebäude nach modernsten Gesichtspunk-
ten sowie die Bereitstellung eines Lehrkörpers von internationalem Rang - darunter auch Nobelpreisträger - sollen eine
Ausbildung auf höchstem Niveau garantieren. (...) Bereits im
März 1990 wird ein einjähriges Programm zum Studium der korea-
nischen Sprache anlaufen" (Uni-Impulse, 1/90,3).
Sonido International Salsa Band * Teilnahme an d 1st Unification
Home Church Convention and Fair, 9/82, New York;
Sonnenaufgang "Die Vereinigte Familie"... GVW Deutschland = Z> d
Gesellschaft zur Vereinigung des Weltchristentums, Essen; ˙ fd>
1969   >+<
S.O.S. Coalition = **Save Our Schools Coalition**=-
SOS Droits de l'Homme * Mun/UC-Act i F; A> 4, place Andre Malraux
F-75001 (cf. Frankreich/France=- Stichwort/keyword)
Soul of Russia Group * Am UTS=- gebildete Gruppe, die das Millennium der russ.Kirche für missionar.Zwecke nutzen will (UN 3/87,
13), A> Erin Bouma, Soul of Russia Group, 10 Dock Road, Barry-
town/NY 12507, Tel.: >001-914-7586881<. Z> Friends of the Soul
of Russia Newsletter. "The Soul of Russia Group through prayer,
study, education and action is dedicated to working and preparing for the liberation off all peoples of faith in the U.S.S.
R. and other communist nations. We believe that the resurrection of all godley values and the deep heart of the Slavic
peoples will be the spiritual basis for the transformation of
atheistic states around the world. We, in the Judeo-Christian
West, must use our freedom and our faith to fight for that co-
ming victorious day", (Friends of the Soul of Russia Newsletter
Issue 2, June 1987,p.7).

Southland Mission Singers * Mun/UC=-Chor in d. USA;

Spenden (Stichwort/keyword)

Bei einer der "gesegneten Familien" fanden Angehörige eine Spendenaufstellung mit folgenden Spenden-Rubriken:

a) Gesegnete Familien-Beitrag (monatlich),

b) Gesegnete Familien einmalige Spende für den **Gottes Tempel-Fonds**

c) Spende bei Kindergeburten: erstes Kind DM --   ab 2.Kind DM --

Spring of Life * Mun/UC-Z> "nutrition journal" , Qu: EMAM-List;

Stamens and Crystals * "a growing subsidiary of 'Creative Originals, Inc.'" (UN 9/86, p.19); A> PO Box 279, Red Hook/NY 12571 USA >001-914-7588851<;

Student Coordination Committee for Freedom in Vietnam * *********

Student Fast for Freedom * ***********************************

Student Society for the Promotion of World Unity * ***************

Studentenzeit (SZ) = Z> CARP, verantwortl.Redakteur: (3/87) Klaus Dubis, A> Konviktstr.7, D-5300 Bonn >0228/693472<. "Die 'SZ` möchte alle diejenigen Strömungen unterstützen, deren Interesse Demokratie, Freiheit und Fairness auf der Grundlage moralischer Werte sind. Unsere bundesweit verbreitete Zeitung steht ihnen offen als Forum" (1987)

Students for an Ethical Society * Mun/UC=-Org USA;

Students for World Unification * *******************************

Summit Council for World Peace - SCWP * "a worldwide body of former national presidents and prime ministers". fd> 1982.

Sun Myung Mun Christian Crusade * Mun/UC-Act. in den USA;

SunMyungMun Institute - SMMI * Mun/IRF-Ac fd> 1982; "seeks to sponsor research, conferences, fellowships and publications viewing the Pacific Era from many perspectives (...) but with an enduring focus on the role of religion in the transformation of society." Schwerpunkt: Korea.

Sun Sprouts * **

Sun Wha Arts Junior / Senior High School * Seoul/Korea, The Little Angels Arts School Campus-conn.

Sunburst * Mun/UC- musical performing group;

Sunburst-Community * Mun-Aktivität, ohne nähere Angaben in einer Arbeit über die Mun-Bewegung genannt.

Sunrise Press * UC=_conn.Bss; Ann in UN 12/88,19, A> PO Box 16 A2, Barrytown NY 12507;

Sung Ju Zik-Zeremonie (Stichwort/keyword)
Vorzeremonie vor der Hochzeit: "the Ceremony of Holy Wine", durch die das sündige ind sündloses Blut "transformiert" wird. Mun bereitet den Wein vor den versammelten Paaren zu, schüttelt jeder Braut die Hand, trinkt von dem Wein und gibt ihn den Bräuten, die einen tiefen Schluck nehmen. Dann füllt Mun den Becher wieder, den nun die Bräutigame erhalten, die sich bei Erhalt des Weines vor ihren Bräuten verneigen müssen. (Hinweise nach Myung Hwan Tak, What is the Unification Church?, Texte zu einer Lichtbildserie, I,32). Dies scheint bei den Massenhochzeiten nach 1970 nicht mehr dergestalt praktikabel, daß Mun jedem den Becher reicht.

Sung Wha Monthly = Z> "The first publication of HSA UWC (.) founded in 1954 along with the Sungwha Students Association. In 1968 it changed to a magazine format and later changed its name to Tongil Segye (meaning 'unified world`)", Korea. (WoW 5-6/74, 132)

Sung Wha Student Association * fd> Dec 31, 1954, erste Studentenorganisation der UC.

Sung Hwa Theological Seminar * fd>1987 durch San Myung Mun in Chonan bei Seoul.

Sung Wha University * Universität des Mun-Imperiums in Chonan/Korea, hervorgegangen aus dem **Sung Hwa Theological Seminar**=-, Anerkennung als Universität am 14.10.1989. "Ab 1991 können Studenten aus allen Teilen der Welt an der neuen Uni akademische Abschlüsse erlangen. Für Theologie und weitere Disziplinen sind ein vierjähriges Studium vorgesehen. Dazu kommen die Koreanisch-Sprachkurse für Ausländer." (Weltblick 2/90, S.16). Man wolle "die Bestellung eines Lehrkörpers von internationalem Rang - darunter auch Nobelpreisträger" betreiben. "hinter diesem Pionier-Projekt steht eine Vision Rev. Moons: Universitäten auf der ganzen Welt sollen die Barrieren zwischen Rassen und Nationalitäten auf akademeischem Gebeit überwinden helfen und einen wesentlichen Beitrag zur Einigung der Welt leisten."

Sunny Floral * Firma des Mun-Imperiums, die ohne nähere Angaben in mehreren Quellen genannt wurde.

Sunny Food for Thought * Aktivität des Mun-Imperiums, ohne nähere Angaben in Arbeiten über die Mun-Bewegung genannt.

Sunny Nature * **Mun/UC-conn. Bss in Detroit, Qu: EMAM-List;**

Sunrise Ocean * **CARP=-Band in Japan; (CARP III);**

Sunshine Carry-out Service * Mun/UC-conn Bss. USA;

Synthesis * Mun/UC-Z>, Journal of FLF;

SZ = Studentenzeit

Tae Han Rutile Company * Mun/UC-Bss, Qu:ECLIPSE-List;

Tae Pyung Yang Co., LTD. * 40-2, Pyongchon-dong,, Anyang-shi, Kyonggi-do. Tel: (0343)52-7644, 52-1536. POB: Central POB 7675. Cbl: TAEPYUNGYNGNET; Tlx: K26833; Pre: Kown, O-ju; Est:1976. Cap. W 55,000,000. Emp: 45. Bank: The Small and Medium Industry Bank. Mfr. items: Net / Band / Lace.(KBD 1984/85,p.596)

Tagung Für Geistige Führung * Veranstaltungen des **Forum Für Geistige Führung**=- "Die Kosten der Tagung (Vollpension) werden vom Forum für Geistige Führung getragen. Getränke gehen jedoch auf Eigenkosten" (Aus der Einlagung zu TFGF IV).

TFGF I	=	
TFGF II	=	
TFGF III	=	10.10.87 Frankfurt
TFGF IV	=	5.-6.12.87 Oberursel
TFGF V	=	20.02.88 Wiesbaden,
TFGF VI	=	09.04.88 Stuttgart,
TFGF VII	=	14.05.88 Hannover,
TFGF VIII	=	25.06.88 Berlin,

Taiyo * Mun/UC-conn Bss in Atlanta, Qu: EMAM-List;

Tang Kam Bong Ceremony (Stichwort/keyword)

Zeremonie im Angesicht Muns, die nach der Trauung abgehalten wird.

"For the remission of the sin of our first parents Adam and Eve, who being tempted by Satan committed sexual sin each bride takes the 'Tang Kam Bong', which means literally 'the stick of

196

cancellation' and beats the bridegroom three times as he lies
prostrate before her. Then the bridegroom does the same to his
bride! If it is apparent that they are sympathetic and beating
too lightely, they are ordered by Moon to be beaten three
times more!" (Myung Hwan Tak, What is the Unification Church?,
Texte zu einer Lichtbildserie, I,34).

Teach-Aid * IRFF-Ac to the Tibetans on northern India. (HumPro)
Technical Missionary Corps * ************************************
Taiko ku Seafoods ***
Tele-Color Studio * Mun/UC-conn television production firm in Ale-
    xandria/Virginia (Qu: TWP Sept.16,1984 A20)
Terre Sainte = Z> in France (LWF-List)
"T.F." = innerhalb der Mun-Bewegung gebräuchliche Abkürzung für
    "True Father" (San Myung Mun);
The Atlanta Council for Community Change * Mun/UC- social Act. in
    Atlanta/Georgia.
The Blessing Quartely * Blesed Families-Z>;
The Builder * Mun/UC-Z> des United African Christian Council=-
The Committee to Defend the First Admendment=-
The Cornerstone=- Z>
The Flower Shop * Mun/UC-Laden **********************************
The Freedom Leadership Foundation=-
The Holy Spirit Association for the Unification of World Christia-
    nity=-
The International Cultural Foundation=-
The International Federation for Victory Over Communism=-
The International Federation for Worldpeace and Unification=-
The Japan-US-Goodwill Seminar=-
The Little Angels=-
The National Prayer and Fast Committee=-
The New Hope News=- Z>
The New Vision Band * CARP-Band in den USA, engagiert bei d Cam-
    pus Renaissance Festival Tour, USA 1987.
The Pacific Student Times=- Z>
The Plant People * Teilnahme an der 1st annual Unification Home
    Church Convention and Fair, 9/82, New York;
The Positive Voice=- Z>

The **Religious Freedom Record**=- Z>

The **Rose of Sharon Press, Inc.** * UC-publishing agency A> G.P.O.Box
  New York/NY 10116, >001-212-7362521<, distributor of "Blessed
  Family - "=-

The Unification Thought Quarterly = Z> Unification Thought Institute of Japan=-

The **Washington Institute for Values in Public Policy**=-

The **Washinton Times**=- Z>

The **Way of the World**=- Z>

The **Weekly Religion**=- Z>

The World and I = Z> Monatsmagazin d Washington Times Corporation

The **World Media Association**=-

The **World Students Conference**=-

Today`s World = Z> Monatsschrift d HSA-UWC seit 1980.

Toitsu Kyokai * **

Toitsu Sangyo * Japanese branch of Tong Il Industries (Frazer p.
  330)

Ton Wha Titanium * Mun/UC-Firma, ECLIPSE-List.

Tong Il * Tong Il bedeutet "Vereinigung" und ist sowohl Namensbestandteil der koreanischen UC als ihres Hauptkonzerns.

Tong Il Company LTD * 27-2, Youido-dong, Yongdungpo-gu, Seoul. Tel
  783-9071/8, 783-9379. POB 497, Cbl: HANMIAUTO SEOUL. Tlx:DYNAYH
  K27223, TONGIL K28549, Pre: Moon, Sung-kyun. Est:1962. Cap: W
  28,000,000,000. Emp: 4.000. Bank: The Cho-Heung Bank. Fac: A4,
  Block Changwon Industrial Complex, Chsngwon-shi, Kyongnam. Tel:
  (0551) 82-6131.

  Mfr, Exp & Imp Items: Transmission / Axle Assembly / Steering
  Gear / Forged Products / Propeller Shaft Assembly / Drive Line
  Component Parts / Machine Tools. (Korean Business Dir. p.606f)
  Brief History:

  Dec. 1959 Established under the name of Yeohwa Shotgun

  June 1972 Designated by the government as a Specialized Manu-
             facturer of Transmission and Rear Axles

  Apr. 1973 Designated by the government as a Specialized Manu-
             facturer of Defense Products

  Apr. 1975 Technology License Agreement on High Speed Lathes
             with **Okuma Machinery Works Co., Ltd.,** Japan

May. 1975	Awarded Order of Industrial Service Merit Bronze Tower
Sept.1975	Technology License Agreement on Steering Geards with **Nippon Seiko Co.,Ltd**, Japan
July.1976	Stocks listed on Korea Stock Exchange
Dec. 1976	Technoloy License Agreement on Front and Rear Axles with **G.K.N.Axles Ltd.**, United Kingdom
Dec. 1977	Technology License Agreement on Transmissions with **Clark Equipment AG.**, Switzerland
June.1978	Designated by the government as a Specialized Manufacturer of Steering Gears
June.1978	Designated by the government as a Manufacturer of Machine Tools
July.1978	Technology License Agreement on Transmissions with **Zahnradfabrik Friedrichshafen AG.**, West Germany
Aug. 1978	Designated by the government as a Specialized Manufacturer of Drive Trains and Steering Gears for Military Trucks
Sep. 1978	Offically qualified as 'a First Class Precision Machining Plant` by the government
Dec. 1978	Technology License Agreement on Front / Rear Axles, Transfer Cases and Suspensions with **Rockwell International Corporation**, USA
Mar. 1979	Designated by the government as a Specialized Manufacturer of Propeller Shafts
July.1979	Designated by the government as a Specialized Manufacturer of Forged Products
Aug. 1981	Technology License Agreement on Propeller Shafts with **Hardy Spicer Company, Ltd. (BRD Company Ltd.)**, United Kingdom
Nov. 1982	Awarded Order of Industrial Service Merit Silver Tower
Feb. 1983	Technology License Agreement on Machining Centers with **Wanderer Maschinen Gesellschaft GmbH**, West Germany
Apr. 1983	Designated by the government as a First Class Quality Control Plant
Feb. 1984	Corporate name changed to **Tong Il Company, Ltd.**

"Our Tong-Il factories in Korea are known to build very accurate and sensitive machinery and I would like to see that fame and tradition expanded to every corner of the earth" (MS "Perfection and Gratitude" Oct. 3, 1976 p.15).

Tong Il Enterprises * New York: "One of the earliest significant business ventures in the United States was Tong Il Enterprises, which was incorporated in New York in June 1973.The certificate of incorporation was signed by Takeru Kamiyama, and the first board of directors and their stockholdings were:

Sun Myung Moon, chairman of the board............25.00 percent
Mrs.Sun Myung Moon................................10.00 percent
Takeru Kamiyama...................................5.00 percent
Cho Woo Eukman...................................5.00 percent
Michael Warder...................................2.00 percent
Neil Salonen.....................................1.00 percent
Daikon (Kenji) Ohnuki............................0.05 percent
Joe Tully..0.05 percent
Robert Wilson....................................0.02 percent

Tong Il`s main activity at first was the importation and marketing of ginseng tea and marble vases from Moon`s companies in Korea; later it became involved in Moon`s tuna fishing enterprises."(Frazer-Report p.329)

Tong Il Ginseng Kosmetik * ***************************************

Tong Il Industries Co.,LTD. * 98-23, Tongho-dong, Tong-gu, Taegu. Tel (053) 962-1611/3, (Seoul) 692-0905, 1277, 3977. POB: Kwangwhamun POB 1339. Cbl: TOILON DAEGU. Tlx: TOILON K22971. Pre: Kim, Jong-mok. Est:1978. Capo: W 120.000.000. Emp: 130. Bank: The Citizens National Bank. DO. Seoul, Pusan, Kwangju.

Mfr & Exp Items: Polyethylene Foam / Polystrene Foam / Ethylene Vinil Acetate Foam / Hand Wrapper / Bag Sealer / Foam Extruder/ Vaccum Forming Machine; Imp. items: Parts for Manufacturing Items. (KBD = Korean Business Directory 1984/85 p.607)

Tonga Titanium Co. * ***

Tong-Suh Clinic * Klinik in Seoul, Mun/UC-Project (HumPro)

Tongil Co., LTD. * 8th Fl., Teacher`s Pension Bldg., 27-2, Youido-dong, Yongdungpo-gu, Seoul, Tel: 783-9341, 9071/8. POB: Youido POB 474, 497. Cbl: YEHWACO SEOUL. Tlx: K28549. Pre: Mun, Sung-kyun. Est: 1968. Cap: W 7.770.000.000. Emp: 1.300. Bank: The Korea Development Bank. OO: New York, Tokyo, Dusseldorf. Mfr & Exp items: Machining Center (TNV-50 / MCH-20 /MCV-20/MCH 30 /MCV-30 /MCH-40 / MCV -40/ MCH-10 / MCV-10) / CNC Lathe TN-60/ Grinding Machine (TGU-27/500, 1050) / TGUA-27 (500, 1050) / TSG-30) / Milling Machine (TMV-0 / TMV-2 / TMD-2 / TMH-2 / TNMV-2) Cold Forming Machine-RM60X High Speed Pre-cision Lathe/ TIPL-5 (1050 / 1550 / 2050)/ Air Balance (TAB-170) / Defense Items  (Casting Materials) Ginseng Powder / Honeyed Ginseng Root /Mar-ble Vase / Tabo Pagoda of Marble / Granite Stone / Titanium Di-oxide-Anatase Type Kotiox KA-100/ F rozen Shrimp / Lacquerware /`Furniture / Mineral Water / Ginseng Extract / Ginseng Tea / Ginseng Up. Imp.items: Steel Sheet / Steel Wire / Computer Parts / Electronic Parts / Machine Parts.(KBD p.609)

Tongil Corporation * 32-2 Mugyo-dong, Chung-pu, Seoul, Tel: 778-3261. POB: 3904. Cbl.: UNIFICATION SEOUL. Tlx: UNIFIC K23629. Pre: Hong, Soon-jong. Est: 1978. Cap: W 251.000.000. Emp: 50, Bank: Korea First Bank. OO: San Francisco, Tokyo.
Exp. items: Stuffed Toy / Bamboo Chase / Korean Doll / Pinch Toy / Health Slipper / Eel Skin product / Skin Toy / Titanium Dioxide / Garden Paper Parasol / Marble Vase / Agricultural & Marine Products / Granite Stone.
imp. items: Electronic Products. (KBD 609f)

Tongil Familien *. UC in DK, A> Hyskenstraede 3, 1.sal, DK-1207 København K., >DK-1-154346<

Tongil GmbH * Firma (Handel mit Ginseng-Produkten u.a.) Postf. 29 CH-3515 Oberdiesbach >031/970585<

Tongil Industry * 39-6, 1-ga, Wonhyoro, Yongsan-gu, Seoul. Tel:783
-9341. POB: Kwanghwanum POB 474. Cbl: YEHWACO. Tlx:K28549. Pre:
M., S.K. Est: 1968.
Handling items: Lathe / CNC Lathe / Milling Machine / Grinding
Machine / Machining Center / Sea Fish / Marble Vase /Chemistry
Goods / Ginseng Tea. (KBD p.795)

Tongil Industry Co.Ltd. * Februar 1984 in Tongil Company Ltd um-
benannt: "Das Unternehmen mit Verwaltung in der südkoreanischen
Hauptstadt Seoul und einer modernen Produktionsanlage im Süden
Koreas gehört zu den führenden Werkzeugmaschinenunternehmen des
Landes.
Im Dezember 1959 gegründet, beschäftigt Tong Il etwa 1.200 Mit-
arbeiter. Der Umsatz beläuft sich auf ca.60 Mio US Dollar,hier-
von entfallen etwa 60% auf Exporte. Das Gesamtvermögen von Tong
Il beläuft sich auf derzeit 90 Mio DM. Größter Anteilseigner d.
Gesellschaft ist mit ca. 90% eine von der koreanischen Vereini-
gungskirche ins Leben gerufene gemeinnützige Stiftung, an der
zahlreiche koreanische Wirtschaftsunternehmen verschiedener
Branchen beteiligt sind. Darüber hinaus gibt es mehrere private
und institutionelle Anteilseigner.
Neben der Herstellung von Werkzeugmaschinen ist Tong Il als
besonders qualifiziertes Unternehmen von der südkoreanischen
Regierung eingestuft, was automatisch bedeutet, daß diese
Unternehmen zur Herstellung von Verteidigungsprodukten belegt
sind. So produziert Tong Il seit mehreren Jahren u.a. Waffen-
teile. Diese Waffenproduktion soll jedoch in naher Zukunft
zugunsten devisenbringender Werkzeugmaschinenexporte sehr stark
eingeschränkt werden" (Qu: Pressemappe der Wanderer Machinenge-
sellschaft mbH, 1982)
Im Frazer-Report waren d Besitzverhältnisse für 1978 wie folgt
angegeben/ stockholders were in 1978:   percent
Unification Church 53.00
Kim In Chul (former president of Tong Il)................36.00
Moon Sung Kyun (president as of 1978)....................4.00
Boek Ku Sub (executive director).........................0.006
Tongil Segye = Z> HSA UWC-Korea monthly, formerly: Sungwha Monthly
Tongil Trading Company Sr.I. * Mun/UC-conn Bss in I-Mailand; Bss-
Partner der Firma "werner und winkler import-export"=-;

Tortsu Yangyo Co. * japan Firma mit UC-conn.; handelt mit Luftgewehren. Auszug aus einem Brief: "Today I meet the president of
Tortsu Yangyo Co. from Japan. They will have 59 stores in Japan
this year selling air-guns. This year they will sell 50.000".
(Teddy Verh., April 1,1970 from Korea to the Netherlands UC).

Totenfeier eines Mun-Sohnes =- World Seung Hwa Ceremony, The=-
Towards a Global Congress of the World's Religions * Konferenzen
parallel zu New ERA:
I   = San Francisco 1977,
II = Boston 1978,
III = Los Angeles 1979,
IV = Miami Beach 1980.
"T.P." = innerhalb der Mun-Bewegung gebräuchliche Abkürzung für
"True Parents" (San Myung Mun & Han Hak Ja);
Tree of Life * Mun/UC-makrobiotisches Restaurant in New York, Qu:
EMAM-List;

Trinity (Stichwort/keyword)
"God has dual characteristics of Sung Sang and Hyung Sang, and
positivity and negativity. Adam (man) is a substantial being
(united body of Sung Sang and Hyung Sang characteristically positive), and Eve (woman) is a substantial being (united body of Sung
Sang and Hyung Sang characteristically negative). If Adam and Eve
had perfected themselves, they would have become beings who had
attained complete unity of these dual characteristics. God's dual
characteristic would have become substanzialized separately as
Adam and Eve. Therefore, the perfected Adam and Eve, centered on
God, is the Trinity in Unification Thought." (The Unification
Thought Quarterley, No.2, March 1982 p.16)

Tropical Spring * **
True Nature Health Food Store * Mun/UC=-conn. Bss in Illinois/USA,
wurde bekannt durch einen Prozess in dem ein jüdischer Arbeiter
mit Erfolg gegen seine Kündigung klagte; d. Mitarbeiter sollten
UC angehören. Tochter der **IL WHA American Corp.**[1]
----
[1]St.Petersburg Times, USA-St.Petersburg/Florida, Jan 6.1990, p.4E.

True Value Builders * **
21-Day-Workshop *
   1st Middle East, Aug 14-Sept 3,1986 GR-Tsangarada "in a spaci-
   ous old summer house of a good friend of the Greek church".

UACC = United African Christian Council
UBF = Universal Ballett Foundation
UC = Unification Church
UCI = Unification Church International,
UN = Unification News
UNAC = United Native American Council
UNEESP = União Estudantil para o Estudo dos Principios
Uni-Impulse - Magazin für Universität und Gesellschaft = Z> CARP
   e.V., Konviktstr.7, D-5300 Bonn; Nr.1 war betitelt: "Impulse"=-
   "Den Lesern der ersten Ausgabe von IMPULSE ist bestimmt die Na-
   mensänderung in UNI-IMPULSE aufgefallen. Diese wurde wegen Ver-
   wechslungsgefahr mit einem anderen Magazin notwendig". (Nr.2,2)
Uni-Rundbrief = Z> CARP=- München, Nr.2 = Februar 1988
União Estudantil para o Estudo dos Principios - UNEESP * brasilia-
   nische CARP;
Unification Campus Ministers' Fellowship * fd> April 1988, established by Dr.Mose Durst & Dr.Joon Ho Sek (National Director for
   CARP); conferences at UTS; "Internally the Unification Campus
   Ministers' Fellowship is challenged to transcend mission barri-
   ers in order to be able to develop campus ministry" (UN 5/88,8)
Unification Campus Ministry * fd> April 1988 "when the third year
   of the Unfication Seminary met with Rev. Moon at East Garden (.
   ..) witness to students and work with other campus ministers (.
   ..) developed on the foundation of CARP (...) to involve our
   campus ministers in a professional way with the university" (UN
   5/88,8); A> 481 8th Ave. Box C-5, New York, NY 10001 >001-212-2
   39-1387<. "A regional level Women in Ministry conference will
   be held on May 5 in New York City. Co-sponsored by the regional
   UCMF and the Sarah Society=-";

Unification Church * (Stichwort/keyword)

"The Unification Church Movement is a movement in order to unify all religions and thoughts with God`s Word, save the mankind and create a new cultural world (world of Unified Culture). If we say it is 'one movement`, it is a true religious movement (a religious reformation movement), a movement of New Thought and a movement of New Culture (Unified Culture movement)"(UTQuart 2. March 82,p.16)

"Management of the Church: The Church is the temple where God can dwell, the center of God`s Will, and the spiritual pole of the nation. And it is the gate for salvation of the spirit."[1]

"The ultimate goal, the purpose of the Unification Church, is that of indemnifying and solving all sins of the world and finally, to establish the Kingdom of Heaven on Earth" (Report: IOWC Leadership Seminar Nov 10/11,1976 p.9)

"The Unification Church is not doing anything wrong" (MS 78-02-26 The Course of Life and Restoration by Indemnification" p.10).

Unification Church of America * UC in den USA; chairman of the board: Dr.Mose Durst (1989);

Unification Church International, Mc Lean * "A holding company for International Oceanic Enterprises Inc., International Seafood Corp. Inc. and other church companies, that operate newspapers, tuna fleets, fishprocessing plants and boat building, television production and other enterprises" (TWP Sept.16,1984 A20)

Unification Community Center * Mun/UC-Act. Qu: SPC-List;

Unification Educational Foundation, Inc. * Hinweis in der Washington Times, Jan 6,1989,B3: "Notice of Nondiscriminatory Policy as to Students: 'The school to be founded by the Unification Educational Foundation, Inc., will admit students of any race, color national or ethnic origin to all the rights, privileges, programs and activities generally accorded or made available to students at the school (...)"; es war aus der Annonce nicht zu erfahren, um welche Schule es sich handelt.

1

1.27, p.15

Unification Home Church Convention and Fair * Mun /UC-Ac im Hotel
The New Yorker (World Mission Center), der Down Home Inn und im
Manhattan Center; 1st Fair: Sept.18, 1982; teilnehmende Gruppen
/participating groups:

Calabash Dance Co.,
CARP,
Consolidated Block Association,
Council on International Communications,
Creative Originals Jewelry,
Decision Research Group,
Democratic Program Committee,
East Sun Automotive Department,
East Sun Building,
Family Youth Survival,
Freedom Leadership Foundation,
Go World Brass Band,
Golden Star Senior Program,
Harlem Council for Church and Social Action,
Il Hwa Ginseng,
International Committee Against Racial and Religious Intole-
  rance
International Cultural Foundation,
International Relief Friendship Foundation,
Joya Design Jewelry,
Korean Evangelical Association,
Korean Folk Ballett,
Minority Alliance International,
National Council for Church and Social Action,
New ERA,
New Hope Singers Home Church Choir,
New Yorker Security,
News World Communications,
Oakland Black Caucus,
Oakland Community Council for Urban Renewal,
Oakland Post,
Ocean Church,
One World Products,
Pain Treatment Center, Toronto,
Project Volunteer,
Social Services Committee,
Sonido International Salsa Band,
The Plant People,
Unification Church of America,
Unification Home Church Association,

Unification Security Department,
Unification Theological Seminary,
United Materials, Inc.
World Medical Health Foundation,
Worldwide Detective Bureau,

Es gibt Grund zu der Annahme, daß alle beteiligten Gruppen in einem besonderen Zusammenhang mit dem Mun-Imperium stehen.

Unification Movement * "The term 'Unification Movement` refers to the many different projects and activities which have sprung, in a variety of ways, from the vision and teaching of Reverend Moon, founder of the Unification Church" (from: "Unification Movement Newsletter in Great Britain and Ireland" Jan/Feb 86,7)

Unification Movement Newsletter in Great Britain and Ireland = Z> der H.S.A.U.W.C. in GB

Unification News = Z> HSA UWC HK A> 4 West 43rd Street, New York/ NY 10036 >001-212-8698847<; Dr.Mose Durst publisher, Richard L. Lewis, Editor; "Much of the material presented in the Unification News is offered for the information and stimulation of the reader, and not necessarily to present the official views of the UC or related organizations"

Unification News = Z> HSA-UWC USA

Unification Newsbrief = Z> UC GB (1987)

Unification Press * **

Unification Security Department * Teilnahme an der 1st annual Unification Home Church Convention and Fair, 9/82, New York;

Unification Student Association * Mun/UC=-Studenten-"Kirche";

Unification Theological Seminary, The (UTS) * inaugurated Sept 20, 1974, Barrytown/NY, seit 1987 Promotionsrecht; "Our UTS graduates are currently working in every area and can be found as Regional Coordinators, State Leaders, City Leaders, CARP leaders and Ocean Church leaders. They are at CAUSA, UTS, IRF, ICC, IRF F, ICUSA and ISC. Some are also working at **The World & I** magazine, in business, and in home church" (UN 5/88,8).

Unification Thought * Basis-Ideologie des Munismus, die allen religiösen, politischen, wirtschaftlichen, kulturellen und übrigen Bestrebungen Mun's und seiner Organisationen zugrunde liegt
und sie rechtfertigt.

Auf "The Third Korean and Japanese Professors Symposium on Unification Thought"=- gab Dong-Kyu Kim, Professor of Pedagogy,
Korea University, unter dem Thema "The Superiority of the Theory and Practice of Unification Thought for the Realization of
the Ever-Lasting Peace of Mankind" seinen Ausführungen folgende
Graphik bei, die das Mun-Imperium einzelnen "Critical Problems
in World History" als Problemlöser zuordnet:

"I mentioned as the cause of the wars of the present day, raci-
alism, sectarianism (opposition of religions and denominations)
the threat of nuclear weapons, resources of the earth, and un-
balanced economic development, and demonstrated that any of
these are being overcome theoretically and practically by the
Unification Church.

The Critical Problems in World History

	World History		Unification Church Histry	
Factor	Relation	Developmental Phenomena	Principle	Social Movement
Ideology	Capitalism Communism (Freedom/ Equality)	USA/USSR Korean War Vietnam War	Unification Thought Victory-Over-Communism Theory	C.A.R.P. P.W.P.A. CAUSA I.C.F.
Racism	Western Oriental (White/Color)	Zionism Holocaust Americanism K.K.K.	Unification Thought	International Mass Wedding Youth Conference News World Communications
Sectarianism	Orthodoxism Heterodoxism	The Question of middle East The Question of Belfast The Question of India	Divine Principle	I.C.P.A. I.C.S.A. God Conference I.C.C. New Era
Nuclear War	Science Philosophy	Hiroshima Pollutions Alienation Detente U.N.	Unification Thought	I.C.U.S. P.W.P.A.
Limited Resources and Economic Inequality	C P model	Under-developed countries North-South Problems Dependency Theory Imperialism	Unification Thought	I.R.F.F.

(The Unification Tought Quarterly, No.9, Feb.1986,p.14/15)

Unification Thought Institute of Japan * A> 4F., Miyasaka Bldg., 37-17 Udagawa-cho, Shibuya-ku, Tokyo 150, Japan >03-4665641< Z> The Unification Thought Quarterley; veranstaltet d. "Korean and Japanese Professors Symposium on Unification Thought;

Unification Trading Corporation * *******************************

Unification Video Center * Mun/UC-Act. in Städten, die Missions-Schwerpunkt sind;

Unification World Mission Center * cf: World Mission Center=-
Unified Employment * ***
Unified Family * Name der HSA UWC in manchen Ländern, so NL, CDN,
Unified Family Enterprises Ltd. * HSA UWC-GB-conn Bss, printer a.
  publisher of "One World - Newsletter.."=-
Unified Family Singers * Mun/UC-Chor;
Unified Martial Arts * ***
Unified World * Z> ***
United African Christian Council- UACC * gegr.1984 in New York/NY,
  Newsletter: The Builder; "The UACC is an interdenominational
  missionary and social action movement, with the ultimate empha-
  sis on evangelization in Africa" (Vision 2/85, 28).
United Families Against Crime * Mun/UC=-Act.;
United Family * Erster Name der US-amerikanischen UC "The reason
  for the change is that we must ultimately have our effect on
  the institutions of society." (Frazer-Report p.316)
United Materials Inc. * Teilnahme an d 1st annual Unification Home Church Convention and Fair, 9/82, New York; A> 481 8th Avenue New York/NY 10001, >001-212-6295040<
United Materials Industries * Mun/UC-conn Bss, cf: UN 9/86 p.19;A>
  46-09 50th Road, Maspeth/NY 11378 >001-718-7863710<;
United Native American Council - UNAC * "The purpose of the conference was to establish cooperation among native American leaders based on commonly held spiritual values, as well as to introduce them to Unificationism" (Vision 2/85, 26)
United Self-Help Pioneer Corps * *********************************
United Student Alliance * ***
United Trade Industries (Holding) B.V. * 50% Tong Il Industry Co.
  Ltd.; Seoul/Korea; 50% IIC Inter Industrial Holding Corp.Ltd.,
  Zürich; (Qu:Pressemappe der Wanderer Maschinen Gesellschaft mbH
  1982). Gegr.31.12.1981 Amsterdam. Stammkapital 5.000.000.-- hfl
  davon 1.000.000.-- hfl eingezahlt.
United World Enterprises * Mun/UC-conn Bss in Haverton/Pennsylva-
  nia, Qu: EMAM-List;
Universal Artists Management * ".. which organizes Asian tours for
  American and Asian artists, was started by the Rev. Moon, but
  'he now has no direct input'" (The Washington Post, Aug.19,1988
  "The Ballett Project")

Universal Ballett Foundation Inc.- UBF * "The Uni. Ballett Foundation Inc. bought the building at 4301 Harewood Rd. NE for $1.8 million about 1 1/2 years ago.The renovation is costing another $1.2 million (...) The Universal Ballet was created in 1984 by the Rev. Sun Myung Moon, founder of the Unification Church. The company's lead dancer Julia Moon, is the daughter of Bo Hi Pak (...)" (The Washington Post, Aug.19,1988 "The Ballett Project")
Universal Voice * Mun/UC-Z, Qu: EMAM-List;

Universitäten (Stichwort/keyword)
Im Mun-Imperium legt man großes Gewicht auf die Einbeziehung und/oder Missionierung von Studenten und Professoren. Eine große Zahl von Organisationen widmet sich diesem Ziel (u.a. **PWPA=-,** **ICPA=-** & **ICSA=-**) sowie die Einladungen von Professoren zu den Konferenzen (**ICUS=-, New ERA=-** etc.) zeigen diese Bemühungen. Hochschul-und Universätengründungen runden diese Bemühungen ab. Im Zusammenhang mit der **Sung Hwa University**=- heißt es in einer Mun-Zeitschrift: "Universitäten auf der ganzen Welt sollen die Barrieren zwischen Rassen und Nationalitäten auf akademischem Gebeit überwinden helfen und einen wesentlichen Beitrag zur Einigung der Welt leisten." Es darf nicht übersehen werden, daß das Potential an politischem, wirtschaftlichem und industriellem Know How, daß sich auf diese Weise gewinnen läßt, enorm ist und die investrierten Kosten an Gewinnmöglichkeiten weit übersteigen dürfte.

Uniworld Sea Enterprises, Inc. * Mun/UC-Bss; Qu: The Wall Street Journal, Feb.3,1982;

Unterwanderungs-Techniken = Empoverment Techniques (Stichwort/keyword)

U.S.Marine Corp. * Mun/UC-conn.Firma; UCI money put into, Qu: Frazer 332;
U.S.Foods * Mun/UC-conn.Firma; UCI money put into; Qu: Frazer 332;
U.S.Property Development Corporation * Mun/UC=-conn. Bss. in Alexandira/USA; "a church affiliate" (The Washington Post, Feb. 3, 1990, p. 1C).

U.S. Youth Council * Mun/UC-Jugendorg., Qu: EMAM-List;

UTI Industries Holding GmbH * Gründung 6.8.1981 Düsseldorf; Gründungskapital 1.000.000.-- DM (voll eingezahlt); Kapitalerhöhung per 23.9.1981: 5.000.000.-- DM (voll eingezahlt); Geschäftsführer: Dr.Kae Hwan Kim; A> D-4044 Kaarst 2, Friedrich-Krupp-Str. 16-18; Gesellschafter: 100% der Geschäftsanteile befinden sich im Besitz der am 31.12.1981 gegründeten United Trade Industries (Holding) B.V., Amsterdam (Qu: Pressemappe der Wanderer Maschinen Gesellschaft mbH 1982).

UTS = Unification Theological Seminary, The

UTS Home Church Son Contest * Act. des UTS; Qu: UN 3/4;

!**Verband der Freie Presse e.V.**/Association of the Free Press/L`Association de la Presse Libre! fd> 1947 A> Postfach 440 208, D-80 00 München 44, Telefon/Phone 1503941 oder/or 752409 (Dr.Stefan Marinoff, Präsident/President). cf: **CAUSA Deutschland**=- Marinoff = **CAUSA Representative Germany**, schreibt in einem Brief an ein Mitglied der Bayerischen Staatsregierung: "Es gibt zwei Dinge, die in diesem Zusammenhang klar voneinander zu trennen sind: die Vereinigungkirche und die Causa. Erstere ist eine christliche Sekte, vertreten in über 100 Ländern und Millionen Mitgliedern und die zweite ist eine geistig-politische Bewegung, die in ca. 40 Ländern wirkt, ebenfalls weltweit über 15 Millionen Mitglieder hat, die zwar 1980 von Reverend Mun, dem Haupt der Vereinigungskirche, gegründet wurde, aber keine religiöse Bewegung ist, sondern ein einziges politisches Ziel verfolgt: geistig-politische Überwindung des Weltkommunismus. Ihr Motto ist: Es ist an der Zeit dem Kommunismus ein Ende zu setzen!

Causa kann sich dieses eindeutige Ziel setzen, weil sie ähnlich wie die kommunistische Weltbewegung international aufgebaut ist, ein klares Programm - globale Begegnung der weltrevolutionären Herausforderung - aufweist und über die immensen finanziellen Mittel verfügt, um einen solchen Kampf aufzunehmen.

Letztere werden von einem weltweiten Wirtschaftsimperium - Industriekonzerne, Banken, Versicherungen etc. - zur Verfügung gestellt.

Causa International hat zwei Dutzend von Unterorganisationen, wie World Media Association, International Security Council, CARP (Internationale Studentenorganisation) etc.

In den Vereinigten Staaten gibt Causa drei Tageszeitungen heraus: Washington Times, New York City Tribune und Noticias del Mundo. Washington Times ist heute die maßgebende Tageszeitung in der ganzen Welt, die sich geistig mit dem Kommunismus täglich auseinandersetzt. Der Chefredakteur Borchgrave gehört zu den renommiertesten Journalisten der USA, und er gehört nicht der Vereinigungskirche an. (...)

Ich versuche, mit Hilfe der Causa International, eine Kampagne der psychologischen Kampfführung auf multinationaler Basis in den Sowjetblock hinein zu organisieren. Das Ziel wäre, den vorhandenen passiven Widerstand der unterdrückten Völker zu synchronisieren. Dadurch würde die Gesamtstrategie des Westens vervollständigt, durch eine offene Komponente.

Führende Vertreter der konservativen geistigen Elite - mein Freund Prof.Rohrmoser, Prof.Hornung, Prof.Löw - wirken bei Causa Deutschland mit, wobei selbstverständlich keiner von uns sich der Vereinigungskirche anschließt. Das erwartet auch niemand von uns.

Im Übrigen hat diese Vereinigungskirche, in deren Tätigkeit ich Einblick gewinnen konnte, nichts gemein mit obskuren mystischen Sekten. Sonst würden der Causa nicht internationale Kapazitäten aktiv beistehen."

Verein zur Verwirklichung der Menschenrechte - Forum Ost * Mun/UC-Act. in Österreich, fd> 1985;

Vereinigte Familie * Selbstbezeichnung der UC in D 1969-1971: Aus der Werbung:

"1960 hat ein neues Zeitalter begonnen. Gott hat einem großen Meister im Orient seine absolute Wahrheit offenbart! Die Symbole und Gleichnisse der Bibel werden in dieser Offenbarung vollkommen erklärt. Das Reich Gottes wird jetzt durch Christus auf Erden errichtet. Alle Religionen werden in diesem neuen Zeitalter unter einem Meister vereinigt. Zum ersten Mal in der

Geschichte ist es den Menschen möglich, Vollkommenheit zu
erreichen. 'Vollkommenheit' in Gottes Sicht unterscheidet sich
von dem Begriff der Vollkommenheit in der Vorstellung des
Menschen. Wir leben in den 'letzten Tagen' des 'Erfüllten Neuen
Testament-Zeitalters.'
Gott vereinigt in sich männliche und weibliche Aspekte. Gott,
das Subjekt, schuf den Menschen, um ein Objekt für den Austausch von Liebe zu haben. Während seiner Wachstumsperiode
befindet sich der Mensch unter der 'indirekten Herrschaft'
Gottes oder unter dem Gesetz der Schöpfung. Nach dem Erreichen
von Vollkommenheit kommt der Mensch unter die 'direkte Herrschaft' der Liebe. Es gibt keine ewige Verdammnis. Nicht einmal
für den größten Sünder. Jede menschliche Seele kann in der
geistigen Welt höhere Stadien erreichen, und zwar durch ihre
eigenen Bemühungen. Der Grad der Liebe des Menschen zu Gott
entscheidet die Entfernung zwischen Gott und ihm.
Weiteres in Diskussionen, Vorträgen und Gesprächen - täglich ab
19.00 Uhr. - Die Vereinigte Familie (GVW) - Adolf-Schmid-Str.15
4300 Essen".
Vereinigungskirche e.V. * früher:"Gesellschaft zur Vereinigung des
Weltchristentums e.V.", deutscher Zweig der TONG IL KYO/ UNIFI-
CATION CHURCH.
A> Zentrale: Feldbergstr. 36, D-6000 Frankfurt/M >069/727651<
Seminarzentrum Hessen: Neumühle, D-6277 Bad Camberg>06434/7376<
Seminarzentrum Süddeutschland: 8561 Regelsmühle Post Alfeld,
>09157/233<
Der Zweck des Vereins ist lt Satzung (Frankfurt/Main 19.07.75):
a) durch Lehrgänge, Diskussionen, Vorträge, Seminare, Verbreitung von entsprechender Literatur, Fernkurse und andere geeignete Mittel die Menschen anzuregen, sich mit religiösen Fragen
zu befassen;
b) in den errichteten Zentren, Gemeindehäusern und Kirchen
Gottesdienste, Gebetsgemeinschaften und andere religiöse Handlungen durchzuführen;
c) Studiengruppen für Bibel, die Göttlichen Prinzipien und andere religiöse Schriften einzurichten, um das gemeinsame religiöse Erbe aufzuzeigen;

d) theologische Seminare zur Ausbildung von geistlichen und religiösen Erziehern zu errichten und zu unterhalten;

e) internationale Missionare auszubilden und sie im In- und
Ausland einzusetzen;

f) die Eltern- und Jugendarbeit durch verschiedene Programme zu
fördern, um die Familieneinheit wiederherzustellen;

g) einen Verlag für die Herausgabe einer Kirchenzeitung und
anderer religiöser Literatur zu errichten;

h) verschiedene soziale Programme durchzuführen;

Die Finanzierung der Tätigkeiten des Vereins soll auf freiwilligen Spenden der Mitglieder oder anderer Freunde des Vereins
beruhen.

Vereinigungskirche aktuell - Informationsbrief = Z> seit 1981 (un-
regelm.) Herausgeber: Vereinigungskirche e.V. A>Feldbergstr.38,
D-6000 Franfurt/M;

Vereinigungskirche aktuell N.Ö.West = Z> UC-"Rundbrief"/newsletter
der Vereinigungskirche in: A-3500 Krems, Untere Landstr.59/77;
>0043-2732-59805<, Herausgeber: Manfred Mayr.

Vereinigungskirche heute * Informationsblatt der deutschen UC/VK=-
verlag neue mitte * Verlag in Österreich, cf: Neue Mitte=-

Veterans` Committee for French-American Brotherhood * Mun/UC-Ac.;
A> 4301 Harewood Rd.NE, Washington D.C. 20017 (gleichzeitig die
Adresse von CAUSA) RSVP >001-202-529-7700<. Vergl.auch: Comite
National Pour La Fraternite D`Armes Franco-Americaine=-.

Victory Over Communism Training Center * *************************

Vision - Magazine of the Unification Movement = Z> HSA UWC-GB >+<

VISION Volunteers in Service in Our Neighbourhoods * "Coordinating
the UC`s interfaith activities in metropolitan Washington,D.C.,
VISION volunteers clean up streets, plant plants, transport el-
derly citizens to the grocery store and participate in a community distribution program giving away food to needy people." A>
Bruce Casino, 4306 17th Street Hdgt., N.W., Washington, D.C.,
20001 >001-202-2913838<. (HumPro)

VK = Vereinigungskirche

Voices of Freedom * Mun/UC-Rock-Gruppe in Washington DC, Qu: EMAM
-List;

Volunteers in Service of Our Neighbourhoods - VISION=-

WACL = World Anti-Communist League;

Wake Up America * ***

Wanderer Maschinen Gesellschaft GmbH * Tong I-conn Bss in Haar bei
München; Im Dezember 1986 zu 100% (Stammkapital DM 8 Mio) an d.
Heyligenstaedt & Comp. Werkzeugmaschinenfabrik GmbH=-, Gießen
und mit dieser am 19.12.86 in der HWH Werkzeugmaschinen Holding
GmbH=-, Gießen, überschrieben. Z> Wanderer-Saeilo-News=-.
"Zum 30.September 1981 wurde aus der 1885 gegründeten Wanderer
Werke Aktiengesellschaft, Haar bei München, die neu gegründete
Wanderer Maschinen GmbH ausgelagert. Per 1.Oktober 1981 gingen
100% der Gesellschaftsanteile der Wanderer Maschinen GmbH in
den Besitz der UTI Industries Holding GmbH, Kaarst bei Düssel-
dorf über. Der Kaufpreis betrug 8,7 Mio DM. Das Stammkapital d.
Wanderer Maschinen GmbH liegt bei 8 Mio DM, voll eingezahlt.
Wanderer Maschinen GmbH hat von Wanderer Werke AG das gesamte
Produktionsgelände einschließlich Baulichkeiten auf die Dauer v
10 Jahren gemietet.

Wanderer Maschinen Grundbesitzgesellschaft mbH * Tong Il-conn Bss
in Haar b München; im Dez.1986 wurden 98,8% d Stammkapitals von
DM 8 Mio in die Heyligenstaedt & Comp. Werkzeugmaschinenfabrik
eingebracht u mit dieser der HWH Werkzeugmaschinen Holding GmbH
übertragen (weiteres: HHW Werkzeugmaschinen Holding GmbH=-).

Wanderer-Saeilo-News = Z> der Wanderer Maschinen Gesellschaft mbH,
(Tong Il-conn) 1982; A> Gronsdorfer Str.9, Postf. 1360, D-8013
Haar b.München; >telex-0522295<;

Warehouse Auto Shop * Mun/UC-conn.Firma in Berkeley/CA;

Washington Council for Social Action (WCSA) * Initiative der UC in
Washington DC, nach deren Vorbild die UC ähnl. Aktionen in anderen Städten der USA anlaufen ließ (Los Angeles, New York, Atlanta, Baltimore u.a.);

Washington Institute for Values in Public Policy, The * Mun/UC-Ac
m politischer Zielsetzung; "incorporated in the District of Columbia in February 1983, focuses its research on identifying
and examining the ethical values underlying public policy issues such as the impact of various policy opinions on individual freedom, the integrity of the family, economic well-being
and the encouragement of democratic principles".

Research Programs: Nuclear Energy Policy; Agression and War; East-West Relations; Arts and Humanities; Foreign Affairs;

Washington Times, The = Z> Tageszeitung in Washington D.C., zur News World Communications,Inc. gehörend, mit Ausgaben in Chicago und Los Angeles, - weitere Stadtausgaben in Vorbereitung; "The editorial page editor of The Washington Times and four of his staff members resigned yesterday, charging that Times editor-in-chief Arnaud de Borchgrave had allowed an executive Unification Church to dictate editorial policy" (The Washington Post, Apr.15,1987 A 24).

"'With journalism we have now reached success by establishing The Washington Times', Moon said, according to Soejima. 'We now have a direct influence on Reagan through The Washington Times'" (TWP Sep.16,1984 A20)

Washington Times Corporation * Mun/UC-Presse-Firma, Pres and chief executive officer: Bo Hi Pak, Produkte: Washington Times, Insight, The World and I.

Way of the World, The = Z> HSA UWC Washington/DC monthly, Vol.I = 1969 (Sept)

WCRL = World Council on Religious Liberty

WCSA = Washington Council for Social Action;

Weekly Religion = Z> Korean HSA-UWC, started on July 4, 1971, "to support the unification of religions in Korea. Its slogans are 'Ensign of the world spiritual revolution', 'Fulfillment of combined world religions,' and the 'Establishment of the welfare world'" (WoW 5-6/74,132);

Weiser Weg - Die größte kleinste Zeitung der Welt * Z> VK-Zeitung in Hamburg, A> H.Ganz, Poststr.12/4, D-2000 HH 36;

Weltblick - Beiträge zur Verständigung und Einheit * Z> aus der dt Vereinigungskirche, vierteljährl., Hsg: Karl Leonhardtsberger, verantwortl. Redakteur: Norbert Thiel; Nr. 1 = 2/89, 2 = 9/89, **Kando-Verlag GmbH=-**, D-6082 Mörfelden-Walldorf;

Werbemethoden (Stichwort/keyword)

In einer Aktennotiz aus einer röm.-kath.Kirche in München heißt es: "Herr NN, der als Aufsichtsmann und Ordner am Schriftenstand der Unterkirche im Bürgersaal (Neuhauser Str., München), eingeteilt ist, beobachtete am Montag, den 04.09.89 zum ersten Mal einen jungen Mann, der sich längere Zeit in der Kirche aufgehalten hatte, die ein- und ausgehenden Beter musterte und eine Schrift über Rupert Mayer las. Von diesem Tag an verteilten sich 2-4 Mitglieder der Sekte täglich in der Kirche, die sich an jüngere Beter wandten, ihnen Visitenkarten (wie die beiliegende) in die Hand drückten und sie zu weiteren Gesprächen vor der Kirche anregten. Der Einsatz der Werbeleute setzte sich von da an kontinuierlich weiter fort, sodaß vormittags und nachmittags immerfort ein Agent der Sekte die Kirche überwachte". Die Visitenkarte enthielt die Adresse der örtlichen **Vereinigungskirche** mit Zeitangaben und Namen des Überreichers. Der Rektor der Kirche ließ folgende "Mahnung" aushängen: "In der letzten Zeit mehren sich Beobachtungen, daß sich Werber der Vereinigungskirche (Moon-Sekte) an Beter der Unterkirche heranmachen, sie ansprechen und ihnen Adressen der Sektenagenturen zustecken. Dies ist nicht im Sinne des seligen P. Rupert Mayer, der treu zu seinem Glauben und zur Kirche stand und alle Sektiererei auf das schärfste verurteilte. Auch entspricht diese Agitation in einem Gotteshaus nicht der Heiligkeit des Ortes. Wir bitten Sie, sich nicht mit diesen Werbeagenten in ein Gespräch einzulassen und die Stille am Grab zu erhalten, für welche die Beter hierher kommen".

werner & winkler import-export * Mun/UC-conn Bss;   A> Frankfurter Str.8-10, Postf.468, D-6082 Waldfelden 2, "Alleinimporteur von Ginseng-Kosmetik der Tongil Trading Company Sr.I=-"
West Oakland Food Project, Inc. * in coalition with Project Volunteer "distribution of surplus USDA government cheese"
Whole Earth and Unity, Inc. * Mun/UC-conn.Firma in Cleveland/Ohio, zu der Back to Eden=- u. Organic Grocery=- gehören, (Qu: EMAM-Liste);
Wiener Jugendchor * Mun/UC-Act. in Wien/Österreich;
Wings of Love Ministries, Inc. * A> Box 15506, Washington/DC, Kinderarbeit der UC;
Wisconsin Review, The = Z>   see/siehe: DOCUMENTS
WM = World Media Conference, veranstaltet von der WMA=-
   WM I = 1978, New York "The Future of the Press"
   WM II = 1979, New York "Prospects for Press Freedom in a New World Information Order"

WM III = 1980, New York "The Character and Responsibility
    of the Media"
WM IV = 1981, New York "Information Crisis: The
    Challenge to Freedom"
WM V = Oct 4-11, 1982 Seoul "Social Issues and Values in
    the Media"
WM VI = Sept 5-10, 1983 Cartagena/Colombia "The Responsibi-
    lity of the Media in Advancing Democratic Inst",
WM VII = 1984 Tokyo "Media Credibility and Social Responsibi-
    lity",
WM VIII = Sept 18-22,1986 Washington DC "Media, Politics, and
    the future of the First Ademdment."
WM IX = 1987 Seoul "Media Responsibility in a Divides World",
WM X = 1989, April 22-25, Washington DC
WM-FF = World Media Fact Finding Tour
    WM-FF 83 = Opinon Leader`s Tour to Soviet Russia
WMA = World Media Association
Wonhwa-Do * "Der Weg der Harmonie", Mun-Version der Martial Arts,
von CARP=- propagiert;
"Wonhwa-do unites Unification Principle with the physical and
mental training inherent in martial arts. In the words of the
founder Dr.Joon Ho Seuk, trough Wonhwa-do we can 'become more
filial and loyal sons and daughters of God: strong and courage-
ous, yet humble champions for the heavenly cause.` (...) The
'forms` utilized in Wonhwa-do have a spiritual meaning; each
motion and set of motions complies with a metaphysical principle or historical time period. Wonhwa-do is a religious action,
meditation, or even worship, incarnated in strenuous yet balanced physical activity.
For example the 'Form of Victory of heaven` (Chun Seung Eui
Hyung) was named after the Day of Victory of Heaven proclaimed
on October 4, 1976. There are ten sets of attacking movements
representing the month of October and four throwing movements
representing the fourth day of the month. The form consists of
seventy-six movements representing the year 1976 (...)
The most exciting developments thus far have come in Houston
Texas. At the University of Houston, Texas Southern University
and The Y.M.C.A. Wonhwa-do clubs are organized, with over

thirty students enrolled. We are also employed by the Houston
Public School System, in which we train one hundred fifty
students age four to twelve" (UN 11/83,9)

Wonhwa-Do Ballett * Mun/UC-conn Gruppe "martial Arts Forms set to
music" (CARP IV);

World Affairs Speakers Bureau * ********************************

World Alliance for Civil Rights * ******************************

World Anti-Communuist League (WACL) * Mun/UC-conn polit.Ac (Qu:EM-
AM-Liste); cf: Antikommunismus=- (Stichwort/keyword)

World Community Center * UC-Front (Qu: OIOS)

World Council on Religious Liberty - WCRL * "Recently, the Moon
organization opened an international front in its 'religious
freedom' campaign. According to Moon`s **New York City Tribune**,
the World Council of Religious Liberty (WRCL) was founded in
December 1986 at a Conference in Geneva,Switzerland. The Chairman of WRCL is Joseph Paige, and its 'Chairman of the North A-
merican Caucus' is Don Sills. They have recruited Dr.Robert G.
Muller, assistant Secretary General of the United Nations, as
Chairman of the Council`s International Advisory Committee. The
Council`s headquarters are in Raleigh, North Carolina, which is
also home to Paige`s Shaw Divinity School.[1,2]

[1] New York City Tribune, December 10, 1986;"

[2] Joseph Paige see: Coalition for Religious Freedom (CRF)=-
(Fred Clarkson, God Is Phasing Out Democracy, in: Covert Action
Nr.27 -Spring 1987- p.42)

World Daily News = Z> "UC-Media Front" (Qu: OIOS)

World Daily News Co. * Mun-Medienfirma, gegr.1975; cf.:Frazer-Re-
port;

World Family Movement * "UC-Recruiting Front" (Qu: OIOS)

World Festival of Culture * 1. meeting: ROK-Seoul, Sept. 30, 1988,
im Zusammenhang mit der Olympiade; Planung einer **"Olympiade der
Weltkulturen"**; F> Sun Myung Mun; Vorbereitungskommittee: Dr.Sam
Bell (Dir. des olymp. Leichtathletikteams der USA 1968 u.1988),
Dr.Darrol Bryant; Dr.Francis Clark (Berater des UC-conn Rates f
Weltreligionen), Dr.Mose Durst (Pres UC USA), Mario Echandi (Ex
-Pres Costa Rica), Dr. Ronald Godwin (VP Washington Times), Dr.
Morton Kaplan (Int.Pres PWPA), Rev. Chung Hwan Kwak (Pres ICF),
Douglas MacArthur II (Ex-Ambassador USA to J, B, A, IR), Dr. Bo

Hi Pak (Pres des Kommittees), Prof. Dr.Richard Rubinstein; Phi-
lipp Sanches (Ex-Ambassador USA to Honduras & CO) - sämtl. Genannte sind enge Kostgänger oder Mitglieder des Mun-Imperiums.

World Freedom Institute * "UC-Political Front" (Qu:OIOS)

World Freedom Movement * **

World Institute of Science and Technology * Mun/UC=-Act.;

World Media Association - WMA * 2550 Street NW, Suite 405,Washing-
ton DC 20037,"an internatinal consortium of individuals and organizations concerned with advancing a high standard of journa-
listic ethics"; Mitgliedsbeitrag/Membership $20 per year/jährl.
Man muß kein Journalist sein, um die Mitgliedschaft zu erlangen
und braucht nur einen "professional concern" für den bereich d.
Journalismus oder der "Ethik für Medien". D. Mitgliedschaft ist
jedoch keine Voraussetzung für die Teilnahme an WMA-Veranstal-
tungen (wie z.B. der WMC).

World Media Conference - WMC * Mun-Act. für Jornalisten und Medien
fd> 1978; es werden sog."Fact Finding Tours" abgehalten.

World Media Fact Finding Tour * Mun/WMA=-Act.;

World Medical Health Association * Teilnahme an d. 1st annual Unification Home Church Convention and Fair, 9/82, New York;

World Mission Center * UC-Zentrale in New York; eh.Hotel "The New
Yorker, 8th Ave.

World of Hope Festival * Mun/UC-Act., (Qu:SPC 1982)

World Relief Friendship Foundation (WRFF) * UC-Front, A> 481-8th
Ave, Suite 926, New York/NY 10001 USA, >001-212-594-7479<(OIOS)

World Research Institute in Science and Technology - W.R.I.S.T. *
"Basic and applied research in navigating, computers, cancer,
evolution, mathematical theory and theoretical physics"; A> 38-
83 9th Street, Long Island City/NY 11101;

World Service Student Corps - WSSC * "originated at the CARP Convention in New York City in the fall of 1986.(...) The WSSC was
seen as a way that students from all over the world could work
together in the spirit of international brotherhood to promote
third world development and to serve as an inspiration pattern
for campus service projects" (UN 6,9.1)

World Seung Hwa Ceremony, The * Totenfeier (Jan 8, 1984) für den durch einen Auto-Unfall ums Leben gekommenen Mun-Sohn Heung Jin Nim Moon; Es handelt sich um die "Heavenly Ascension Ceremony" Jan 8, 1984 in "The Little Angels Performing Arts Center"/Seoul Master of Ceremonies: Bo Hi Pak

Opening Remarks.......................M.C.

Holy Song " The Song of the Garden" All Together

Prayer................................Rev.Chung Hwan KWAK, Vice Chairman of Seung Hwa Ceremonial Committee

Offering Flowers and Incense..........Moon Sung Jin, Ye Jin, Hyo Yin Nim

Brief talks of Heungh Jin Nim`s Life...Rev.Yong Seok CHOI, Vice Chairman of Committee

Inspirational Reading from 'The Way Rev. Jae Seok LEE, Vice
  of God`s Will`.....................Chairman of Committee

Seung Wha Sa (Chairmans Memorial Adress) Mr Bo Hi PAK, Chairman of the Committee

Memorial Adresses.....................1.Dr.Sang Heon Z> p Tor LEE,Chairman of the Korean UC Foundation

                                       2.Dr.Osami Kuboki, Pres. of UC Japan

                                       3. Dr.Mose Durst, Pres. UC of USA

                                       4. Rev. Reiner Vincenz. Pres UC of West Germany

Hymn "Spring in my Town Home".........Blessed Children`s Choir

      "Hopeless Devoted to you".........Mrs.Patsy Casino

Offering of Flowers and Incense........1.Chairman,Vice Chairman

                                       2.Representatives of Relatives

                                       3.Representative of the First Israel: Dr.M.Durst Representative of the Second Israel: Mr.Michael Kastner

Representative of the
Third Israel: Mr. Seong
Pyo, Hong
4. Worldwide Representa-
tives (12 countries)
5. Representatives of
Various Organizations.

Holy Song "The New Song of the
Victors"..............................All together
Prayer................................Rev.Young Whi KIM
Closing Remarks"

World Stone Com.E Exp.De Joias LTDA * Mun/UC-conn.Firma, Handel
mit Steinen und Kunstge-
genständen; A> Rua Gal-
vao Bueno, 476, Sao Pau-
lo, Tel. 270-8709 - Cep
01506 - Liberdade CGC 43
619 451/0001-03, Inscr.
Est. 111 169 369;

宝　金　堂
WORLD STONE
COM. E EXP. DE JÓIAS LTDA.

World Students Times = Z> der CARP

World Students Conference * CARP-Act.

World Students Conference for Victory Over Communism * IFVC-Ac,
April 22-May 23, 1972 .

World Students Service Corps * Mun/UC-Ac der CARP.

World University Times * "CARP's major Publication" (1990).

Worldwide Detective Bureau * Teilnahme an der 1st annual Unification Home Church Convention and Fair, 9/82, New York;

WoW = (inoff shortening) The Way of the World **(Achtung:** Diese Abkürzung wird bei **The Way,** einer anderen Sekte mit UC-ähnlichen
Strukturen für "Word over the World" verwendet);

WRIST = World Research Institute in Science and Technology;

WRFF = World Relief Friendship Foundation;

WRRF = (inoff.shortening) The Washington Rally for Religious
Freedom, May 30, 1984

WSSC = World Students Service Corps;

Yeohwa Shotgun and Air Rifle Co. * established December 1979 Korea

YES = Youth for an Ethical Society* founded Sept 1984 by Rev.Moon, "Soon Y.E.S. will be offering (...)community service and educational programs through Won Wha Do and Ocean Challenge" (UN 12, 1984 p.9)

Y.E.S. I = Nov 17, 1984 New York

Youth Committee for Peace With Freedom * *************************

Youth for an Ethical Society * Mun/UC-Org. fd> 1984 durch SMM

Youth Seminar on World Religions - YSWR * Mun/UC=- Aktivität für Studenten, fd> 1982. Zweck des Seminars ist es, Studenten auf Kosten der Org auf eine Reise um die Welt ("religiöse Pilgerschaft") zu schicken, um andere Religionen kennenzulernen und "Toleranz zu lernen". Kritiker sehen darin den Versuch, spätere Geistliche und Multiplikatoren langfristig in das Mun-Netzwerk einzubinden.

YSWR = Youth Seminar on World Religions,

    YSWR 82

    YSWR 83

    YSWR 84

    YSWR 85

    YSWR 86

Zahnradfabrik Friedrichshafen AG > Technology License Agreement with **Tong Il Company, Ltd**=- (7/78)

Zeitschriften des Mun-Imperiums (newspapers & newsletters)

    Blessed Family

    Blessing Quarterly

    Builder, The

    CARP monthly

    CAUSA Magazin für gesellschaftspol.Bildung

    CAUSA Report Austria

    Church and Social Action

    Critique

    Der Report >+<

    Dialogue & Alliance

    Die Familie

    die neue hoffnung >+<

    Doorbraak >+<

Eine Welt >+<
Epoch Maker
European CARP-Newsletter
Forum Für Geistige Führung,
Forum Für Nationale Zeitfragen,
Friends of Soul of Russia Newsletter
Global Affairs
Global Insight
Good News Finally
Grass and Star
Home Church News
ICF Press
ICF-Report
Impulse Magazin für Universität u.Gesellschaft >+<
Insight
integral >+<
International Journal on World Peace
International Journal on the Unity of Sciences
International Report
La Nuova Era
La Vocation Spirituelle de la France
Middle East Times
Monde Unifie
Monograph Series
neue hoffnung >+<
New ERA Newsletter
New Hope News >+<
New Hope News, The >+<New Tomorrow >+<
New Meanings,
New York City Tribune
News Causa Institute
News World, The >+<
Noticias del Mundo
Oakland Post
Ocean Perspectives Journal,
One World >+<
Ost-West-Perspektiven,
Our Canada
Our Family Magazine of the Unification Church
Our Family Newspaper of the Home Church Assn of London
Pacific Student Times, The
Paix Realisee
Pan-Religious Annual
Parents - Magazin of the Parent's Assn of the UC of GB
Pioneer News

Positive Voice
Presses de Normandie
Principle Life
Project Volunteer
Queens
Reaching Out - The Sarah Society News,
Religious Freedom Record, The
Segye Times
Sekai Nippo
Shinjo Koron
Shiso Shimbun
Sonnenaufgang >+<
Sporting Life, Liberia
Spring of Life,
Studentenzeit
Sung Wha monthly,
Sunrise,
Synthesis,
Terre Sainte
The Blessing Quarterly,
The Builder,
The Unification Thought Quarterly
The World and I
Tongil Segye
Uni-Impulse
Uni-Rundbrief
Unification Movement Newsletter in GB and Ireland
Unification News
Unification Newsbrief
Unfied World,
Universal Voice,
Vereinigungskirche aktuell
Vereinigungskirche aktuell N.Ö.West
Vereinigungskirche heute,
Vision - Magazine of the Unification Movement
Wanderer-Saeilo-News
Washington Times, The
Way of the World, The >+<
Weekly Religion
Weiser Weg >+<
Weltblick,
Wisconsin Review, The
World Daily News,
World Students Times,
World University Times.

Die "Kinder des ewigen Lichts" - Ein Denk(bei)spiel:

Im Zusammenhang mit der gewaltigen Ansammlung industrieller Macht in den Händen eines "Gurus" oder "Messias" ist es sinnvoll, sich Gedanken über die Systeme zu machen, die dazu führen, daß sich solche Wirtschaftsmacht aus der Asche von indischen Nissen- oder koreanischen Benzinkanister-Hütten erheben kann.

Die nachfolgenden Überlegungen entstammen einem Artikel über "Industrie und Religion" mit dem Untertitel "Gott muß alle Macht haben, auch in der Wirtschaft".[1]
Von San Myung Mun wird berichtet, daß er seinen Getreuen einmal das Knistern einer neuen Dollarnote als den "Schrei nach Erlösung" der "Green Bills" (wie man die Dollarscheine volksmundlich nennt) vorgeführt habe. So ist es wohl angemessen, an dieser Stelle ihm und seinem Imperium die nachfolgenden Gedanken zu widmen.

Hier also ein Beispiels-Spiel für die Gründung und den Anfang eines auf Religion basierenden Wirtschaftskonzerns:

Guru Swami Seidsnettmitananda ist der Messias, Gründer und hl. Meister. Er hat die "leuchtende Ideologie" als weltrettende Kraft durch "göttliche Offenbarung" in "tiefer Meditation" gefunden.

Er sammelt um sich die "Kinder des ewigen Lichts". Die Gruppe hat einen Trägerverein "Kinder des ewigen Lichts e.V.", der die "weltlichen Notwendigkeiten" handhaben soll. Darum gehören dem Verein auch nur, wie gesetzlich als Mindestzahl vorgeschrieben, sieben Personen bei der Gründung an, von denen zwei danach wieder aus dem Verein ausscheiden.

---

[1]Friedrich-W.Haack, Jugendreligionen, Gurubewegungen, Psychokulte - Teil 5 - Überlegungen und Informationen, München 1991.

1. Vorsitzender ist der Guru und "ewige Vater" Swami Seidsnettmitananda. Sein Neffe ist 2.Vorsitzender, und ein anderer
Angehöriger ist gleichfalls Mitglied der Vorstandschaft.

Um nun die rettende Botschaft allerorten zu verkünden, können
die "Kinder des ewigen Lichts" sich keiner anderen Betätigung
mehr widmen als dem vollen Einsatz für diese allein die sonst
drohende Weltzerstörung abwendende "leuchtende Ideologie",
die zur Weltrettung in allen Lebensbereichen wirksam werden
soll und muß.

Darum gründet man auch einen Sportverein, hält "gesundheits-
fördernde" Meditations- und "Selbstfindungs"-Wochenenden ab
und errichtet eine Reihe von "gottergebenen Betrieben".

Da man nicht "materiell gesinnt" sein darf, fließen alle
Einnahmen der "heiligen Sache der Verbreitung der leuchtenden
Ideologie" zu.

Manche der "gottergebenen Betriebe" tragen den Namen "Ewiges
Licht", bei manchen will man, "wegen der vielen Mißverständ-
nisse über die Bewegung", ihre Verbindung möglichst bedeckt
halten.

Die Mitarbeiter der "gottergebenen Betriebe" erhalten die
höchst möglichen Löhne. Sie wollen aber dieses Geld voll für
die gute Sache einsetzen, so daß mit ihrer Zustimmung der
jeweilige Betrag gleich ganz auf das - steuerbegünstigte -
Spendenkonto des "e.V." überwiesen wird.

Dank der hohen Verpflichtungen haben die Betriebe wenig
Gewinn, so daß sie dadurch steuerlich ebenfalls günstig zu
stehen kommen.

Der Verein "Kinder des ewigen Lichts e.V." gibt den Betrieben
nun hohe Darlehen und vermittelt den Betrieben auch die Möglichkeit, Anlagen und Grundstücke einer Liechtensteinschen

"Les Enfants du Lumiere Eternel SA" zu mieten. Das verringert die Gewinne ebenfalls drastisch, vor allem, weil die Mieten sehr hoch angesetzt werden.

Verknüpft mit den "Children of the Eternal Light, Inc." entsteht mit der Zeit ein regelrechtes Industrie-Imperium. Der Guru bzw. Messias tritt öffentlich jeweils nur als Na- mens-und Ideengeber in Erscheinung, weist jedoch trotz eines aus "weltlichen Repräsentationsgründen" aufwendigen Lebens- stils auf seine "grundlegende Besitzlosigkeit" hin. Seine "Kinder des ewigen Lichts" glauben ihm dies voll und ganz und rühmen seine bei Retreats "bewiesene" Genügsamkeit.

Wenn er Geschenke annimmt, so nur, "um die Treue seiner Jüngerinnen und Jünger nicht zu enttäuschen".

Jünger aus Ländern, in denen die freie Geldausfuhr bzw. der Transfer größerer Summen untersagt ist, greifen etwa zu fol- gender Möglichkeit:
Sie kaufen bei einem Autohändler einen Rolls Royce und geben als Liefer-Ort "Eternal Light City" in Nebraska an, wo der Guru lebt. Dort werden die Wagen ausgeliefert und sofort bei einer örtlichen Bank "Eternal Light Treasurers Trust" hoch beliehen, wodurch sofort Bargeld in einer wesentlich größeren Menge vorhanden ist, als das ein mit Steuerverlusten belaste- ter legaler Transfer ermöglicht hätte. An den Kredit-Zinsen, die natürlich die Jünger aufbringen, verdient die dem Guru- Imperium zugehörige Bank.

Eine Großteil der Anhänger (nehmen wir einmal an, es handelt sich um 1.000) gehen auf "Fundraising", d.h. sie verkaufen billige Literatur, Blumen aus eigener Zucht oder kleine selbstgebastelte Strohpüppchen gegen Spenden. Dabei werden im Durchschnitt $150 pro Fundraiser und Tag eingenommen.

Das ergibt im Monat bei 25 Fundraisingtagen $3.750 x 1.000 = $3.750.000. Bei 8.000 Jüngern erhöht sich die Summe auf $30 Millionen. Käme ein Beauftragter des Gurus mit Unterlagen, die dies belegen, zu einer Großbank, so könnte dem Guru unter Umständen ein Milliarden-Kredit gewährt werden.

Durch das Geld können wieder Betriebe gekauft werden, die z.T. mit "Kindern des ewigen Lichtes" als Arbeitskräften bestückt, wiederum extrem kostengünstig arbeiten.
Denn schließlich ist menschliche Arbeitskraft die produktverteuernde Grundbelastung der Industrie in den modernen westlichen Staaten. Und wo diese gratis oder nahezu gratis zur Verfügung steht, können Vermögen leicht wachsen.

Man kann diese Überlegung übrigens durch ein, zugegeben makabres, Gedankenspiel ergänzen.

In den meisten der Jugendreligionen, Gurubewegungen und Psychokulten besteht die Hauptklientel aus gebildeten (oft mehrsprachig erzogenen), mit Führerschein und einer Menge von Fertigkeiten versehenen jungen Erwachsenen.

Gäbe es einen modernen Sklavenmarkt, jeder von ihnen würde eine in die Hunderttausende gehende Summe kosten. Leicht kann er diese Kaufsumme wieder einspielen bzw. verdienen.
Mißt man an diesem "Wert" die Höhe des materiellen Einsatzes, die so eine Gruppe für die Neuerwerbung eines Vollzeit- und Ganzkraft-Mitgliedes erbracht hat, dann wird man feststellen, daß in jedem Fall weit unter DM 10.000 eingesetzt wurden (oft weniger als DM 1.000), um diese gewinnbringende "Neuerwerbung" zu tätigen. Zumal die beteiligten Arbeitskräfte ebenfalls gratis zu Werke gegangen sind.

Schon in den 70er Jahren hatte der Berliner Kriminalist Gerd Meyer in einem Artikel in einer Zeitschrift des "Bundes Deutscher Kriminalbeamter" die Jugendreligionen unter dem Thema "Moderne Sklaverei" abgehandelt. Es kann nicht behauptet werden, daß dies abwegig war.

Jedes der hier zusammengefaßten Beispiele ist schon in der Realität durchgespielt worden.

Es ist nicht falsch, sich unter diesen Prämissen auch einmal Gedanken über das Mun-Imperium zu machen.

Einladung

Blick auf das Seminarzentrum Neumühle

Wir hoffen, daß Ihnen unsere Veranstaltung gut gefallen hat.

Wer das Gedankengut der Vereinigungskirche kennenlernen möchte, ist herzlich eingeladen, an unseren Wochenendseminaren in der Neumühle bei Bad Camberg/Taunus teilzunehmen.

Anmeldungen und nähere Informationen in jedem Informationszentrum der Vereinigungskirche oder im Seminarzentrum Neumühle.

Vortragsthemen und nähere Daten s. Rückseite.

Wir freuen uns auf Ihren Besuch!

Camberg: Das erste deutsche Mun-Seminarhaus

Wohin kann man sich wenden?

Stellen und Personen

Die deutschen Landeskirchen und Diözesen haben als Dienst für ihre Mitglieder sogenannte "Beauftragte für Sekten- und Weltanschauungsfragen" eingesetzt. Sie stehen insbesondere zur Beratung und Begleitung von Verwaltungs- oder Seelsorgefällen bereit.

Evangelische Landeskirchen:

Anhalt: Landeskirchenrat, Otto-Grotewohl-Str.22, O-4500 Dessau 1, Tel.: 0037-47-7247.

Baden: Kirchenrat Klaus-Martin Bender, Blumenstr.1, D-7500 Karlsruhe, Tel.: 0721-147 298 (auch = Fax-Nr.).

Bayern: Pfr. Friedrich-W.Haack, Bunzlauerstr.28, D-8000 München 50, Tel.: 089- 141 28 41 Fax: 089-146850.

Pfr. B. Wolf, Neuendettelsauer Str.4, D-8500 Nürnberg 60, Tel.: 0911-678 578.

Berlin: Pfarrer Thomas Gandow, Heimat 27, D-1000 Berlin 37, Tel.: 030-815 70 40 Fax: 030-8179665.

Brandenburg: Pfarrer Erich Voigt, Kirchpl. 4, O-7840 Senftenberg, Tel.: 0037-581-2194.

Braunschweig: Pastor M.Meitzner, Godehardistr.1, D-3303 Vechhelde OT Bodenstadt, Tel.: 05302-10 40.

Bremen: Landesjugendpfarramt, Franziuseck 3-4, D-2800 Bremen.

Görlitzer Kirchengebiet (Schlesien): Evang.Konsistorium, Berliner Str.62, O-8900 Görlitz, Tel.: 0037-55-5412.

Greifswald: Evangel. Konsistorium, Bahnhofstr.35/36, O-2200 Greifswald Tel.: 0037-822-5261.

Hamburg: Pastor i. R. Alfred Springfeld, Brookdeich 230 b, D-2050 Hamburg 80, Tel.: 040-720 77 88.

Hannover: Pastor Wilh. Knackstedt, Archivstr. 3, D-3000 Hannover 1, Tel.: 0511-1241 452 + 414 Fax: 0511-1241266.

Hessen und Nassau: Pfr. Bodo Leinberger, Wilhelm-Leuschner-Str.15, D-6470 Büdingen 2, Tel.: 06041-1643

Kurhessen-Waldeck: Pfr. Michael Becker, Lichteweg 14, D-3588 Homberg, Tel.: 05681-3450; Pfr. Eduard Trenkel, Dr. Ronge-weg 1, D-6430 Bad Hersfeld, Tel.: 06621-14598;

Lippe: Lippesches Landeskirchenamt, Leopoldstr.27, D-4930 Detmold 1, Tel.: 05231- 740 30.

Mecklenburg: Superintendent Wolfgang Garbe, Wolgaster Str. 6, O-2201 Wusterhusen, Tel.: 0037-82297-2234. 0037-84-864165.

Nordelbien: Pastor Detlef Bendrath, Brahmsstr.20f, D-2400 Lü-beck, Tel.: 0451-42215.

Nordwestdeutschland, Evang.-reform. Kirche: Landeskirchenrat, Saarstr.6, D-2950 Leer, Tel.: 0491-80 30.

Oldenburg: Pfr.Rainer Schumann, Wilhelmstr.27, D-2900 Olden-burg, Tel.: 0441-16 237.

Pfalz: Pfr. Dr.W. Sonn, Josefstaler Str.7, D-6670 St.Ingbert,

Rheinland: Pastor Joachim Keden, Volksmiss. Amt, Rochusstr. 44, D-4000 Düsseldorf 30, Tel.: 0211-361 02 46.

Sachsen: Evang.-Luth. Landeskirchenamt Sachsens, Lukasstr.6, O-8032 Dresden, Tel.: 0037-51-475841.

Sachsen-Anhalt: Evang. Konsistorium, Am Dom 2, O-3010 Magde-burg, Tel.: 0037-91-3 18 81.

Thüringen: Luth. Landeskirchenamt, Dr.-Moritz-Mitzenheim-Str. 2, O-5900 Eisenach, Tel.: 0037-623-5226 - 5229.

Westfalen: Pastor Dr.Rüdiger Hauth, Röhrchenstr.10, D-5810 Witten/Ruhr, Tel.: 02302-136 11 Fax: 02302-13174.

Württemberg: Pfr.Dr.Klaus Bannach, Volksmissionar.Amt, Gymna-siumstr.36, D-7000 Stuttgart, Tel.: 0711-206 80.

Evang.-Luth.Kirche in Baden (Freikirche): Superintendentur, Ludwig-Wilhelm-Str.9, D-7570 Baden-Baden, Tel.:07221-25476.

Herrnhuter Brüdergemeinde - Distrikt Bad Boll: D-7325 Bad Boll, Tel.: 07164-8010.

Brüder-Unität - Distrikt Herrnhut: Zittauer Str. 20, O-8709 Herrnhut/O.L., Tel.: 0037-52193-258.

Selbständige Evang. - Luth. Kirche - SELK: Kirchenleitung, Schopenhauerstr.7, D-3000 Hannover 61, Tel.: 0511-557808.

Österreich-Kärnten: Mag.theol. Johannes Spitzer, Adalbert-Stifter-Str.21, A-9500 Villach, Tel.: 0043-4242-29266.

Österreich-Wien: Pfr.Mag.Sepp Lagger, Thaliastr. 156, A-1160 Wien, Tel.: 0043-222-465297.

Schweiz: Evang.Orientierungsstelle, Pfr.Dr.Oswald Eggenberger Frohalpstr.77, CH-8038 Zürich, Tel.:0041-1-48 201 29.

Katholische Diözesen:

Aachen: Dr.Hermann-Josef Beckers, Klosterpl.7, D-5100 Aachen, Tel.: 0241-452-419.

Augsburg: Dipl.theol.Hubert Kohle, Kappelberg 1, D-8900 Augsburg, Tel.: 0821-31 52-274 u. 262.

Bamberg: OStR Matthias Rehrl, Arthur-Landgraf-Str.33, D-8600 Bamberg, Tel.: 0951-544 50.

Berlin: Pater Klaus Funke OP, Dominikanerkloster St.Paulus, Oldenburger Str.46, D-1000 Berlin 21, Tel.: 030-395 70 97/8

Eichstätt: Dipl.theol.Ludwig Lanzhammer, Obstmarkt 28, D-8500 Nürnberg 1, Tel.: 0911-204 337 Fax: 0911-224989.

Essen: Klaus Gerhard, Postfach 1428, D-4300 Essen, Tel.: 0201-2204-280.

Freiburg: Dipl.theol.Albert Lampe, Okenstr.15, D-7800 Freiburg/Brsg., Tel.: 0761-5144-136.

Fulda: Dipl.theol. Felix Ruthofer, Paulustor.5, D-6400 Fulda, Tel. 0661-87-463.

Hildesheim: Dipl. theol. Hedwig Deipenwisch, Domhof 18-21, D-3200 Hildesheim, Tel.:05121-30 72 36.

Köln: Prälat Johannes Hüttenbügel, Marzellenstr.32, D-5000 Köln, 0221-1642-377;

Werner Höbsch (Adresse wie zuvor) Tel.:1642-313.

Prälat Ludwig Schöller (Erzbf. Generalvikariat, Hauptabteilung Seelsorge, Adresse wie zuvor).

Limburg: Referat für Weltanschauungsfragen, Dr. Hans-Joachim Höhn, Eschenheimer Anlage 21, D-6000 Frankfurt/Main 1, Tel. 069-1501-149.

Mainz: Dipl. theol. Eckhard Türk, Grebenstr. 24-26, D-6500 Mainz 1, Tel.:06131-243284.

München-Freising: Dipl.theol. Hans Liebl, Dachauerstr.5, D-8000 München 2, Tel.: 2137-417/8.

Münster: Seelsorgereferat, Rosenstr.16, D-4400 Münster, Tel.: 0251-495-474.

Osnabrück: Franz-Josef Schwack, Domhof 12, D-4500 Osnabrück, Tel.: 0541-318-254/221.

Paderborn: OStR Roland Gottwald, Elternbildungsreferent, Domplatz 3, D-4790 Paderborn, Tel.: 05251-207-419.

Passau: Dipl.theol. Martin Göth, Innbruckgasse 9, D-8390 Passau, Tel.: 0851-393 366.

Regensburg: Dipl.theol. Hans Rückerl, Roritzerstr.12, D-8400 Regensburg, Tel.: 0941-5699-263

Rottenburg-Stuttgart: Dr. Wolfgang Rödel u. Fr. Susanne Beul, Postf.9, D-7407 Rottenburg, Tel.: 07472-16 94 19.

Speyer: Werner Gehrlein, Webergasse 11, D-6720 Speyer, Tel.: 06232-10 23 33. (Bischöfl.Jugendamt)

Trier: Werner Rössell, Weberbach 70, D-5500 Trier, Tel.: 0651-7105-279. (BDKJ Diözesanstelle)

Würzburg: AG Das Große Zeichen - Die Frau aller Völker, Franz Graf von Magnis, St.Kilianshaus, Postf.110341, D-8700 Würzburg 11, Tel.: 0931-56610.

Österreich-Wien: Dr.Friederike Valentin, Stefansplatz 6/46, A-1010 Wien, Tel.: 0043-222-51552-367 Fax: 0043-222-5155-2366

Orthodoxe Kirchen:

Griechenland: Erzpriester Dr.teol.,Dr.phil. Antonius Aleviso-poulos, Iasou 1, GR-11521 Athen, Tel.: 0030-1-721 91 61.

Neben den kirchlichen Beauftragten besteht ein weltweites Netzwerk sogenannter Elterninitiativen" oder "Anti Cult Organizations" (wie sie in den USA genannt werden). Diese Organisationen beschäftigen sich mit einer "existentiellen Apologetik", die sich hauptsächlich auf die indivdiduellen und sozialen Auswirkungen der Zugehörigkeit zu einer Sekte, Jugendreligion, einem Psychokult (LBCM=-) befaßt.

In der Informationsschrift "Findungshilfe 2000 -Apologetisches Lexikon" (München 1990) werden die Elterninitiativen mit folgenden Ausführungen vorgestellt:

Elterninitiativen * Sammelbezeichnung für Selbsthilfeorganisationen von Personen, deren Angehörige in eine der Jugendreligionen, Gurubewegungen, Psychokulte oder 'destructive cults' gegangen sind und die in dieser Neuorientierung keinen Gewinn, sondern einen Verlust für den Betreffenden sehen; unter der Bezeichnung "Elterninitiativen" werden auch Organisationen aufgelistet, die nicht im eigentlichen Sinne "Elterninitiativen", sondern eher Informations- bzw. Antikult-Organisationen sind. Ziel ist einerseits die Selbsthilfe, anderseits die Information der Öffentlichkeit. Inhalt dieser Information sind die Probleme, ihre Verursacher und die Methoden der Verursachung, sowie die Folgen einer Zugehörigkeit zu den verursachenden Organisationen. Die erste E. war die in den 60er Jahren in Californien entstandene **FREE COG** (Free = frei, COG = Children of God); Es folgte die hauptsächlich auf die Mun-Bewegung orientierte und sich um deren Opfer kümmernde **CERF** (Citizens Engaged in Reuniting Families). In Europa entstanden 1974 die **FAIR**=- in Großbritannien und die **ADFI** in Frankreich. 1975 wurde die erste deutsche Elterninitiative, die **Elterninitiative zur Hilfe gegen seelische Abhängigkeit und religiösen Extremismus e.V.** in München gegründet, aus deren Mitgliedschaft eine größere Zahl von (meist regionalen) Neugründungen erfolgte.

Die Ziele hatte seinerzeit in vorbildlicher Weise **CERF** formu-
liert:
"1. Es soll Eltern geholfen werden, in deren Familien durch
den Beitritt eines Kindes in die Gruppe Verwirrung gekommen
ist.
* Durch Ratschläge, wie es den Eltern am besten möglich ist,
mit ihren Söhnen und Töchtern in der Gruppe Kontakt zu halten. * Durch das Angebot von Rechtsbeistand. * Sie bieten
sich als Beratungsstelle für Eltern an. * Eltern sollen
laufend über die Gruppe informiert werden. * Eltern soll
geholfen werden, daß sich Eltern mit dem gleichen Problem in
einem bestimmten Bereich kennenlernen, um so den Kontakt
miteinander zu halten.
2. CERF will jungen Menschen beistehen, die Gruppe zu verlassen. * Die Jugendlichen sollen so umfangreich wie möglich
beraten werden. * Mit dem Problem vertraute Psychiater und
Psychologen sollen vermittelt werden. * Will 'Ehemalige'
auch nach dem Verlassen der Gruppe beraten und ihnen helfen,
in Kontakt mit anderen zu bleiben. * CERF versucht, die
Freigekommenen mit jenen zusammenzuführen, die gerade befreit
wurden (um auf diese Weise beim Loskommen von der Gruppe
d.h. bei der 'inneren Befreiung' zu helfen. * CERF: 'Wir versuchen, deren Hilfe und Wissen gegen Mun und seine Bewegung
zu nutzen'.
3. CERF will die Öffentlichkeit über die Gefahren der Gruppe
aufklären. * Durch Unterstützung der Massen-Medien mit
Informationen und Material bei deren 'fortwährender Entlar-
vung' der Gruppe. * Durch Hilfe für freischaffende Journalisten und ermittelnde Reporter.
4. CERF will die Behörden bei der Untersuchung der Mun-Bewegung und ihrer Aktivitäten unterstützen. * Durch fortlaufende
und korrekte Informierung über die 'Kirche, ihre Aktivitäten, ihre Geschäfte und ihre Außen-Organisationen' (gemeint
sind hier: Internationale Kultur-Förderation, Little Angels
usw.). * Durch vollständige Zusammenarbeit bei offiziellen

Untersuchungen." (F.-W.Haack, Ratschläge - Jugendreligionen, -bewegungen und Sekten -Was können Betroffene und Ver-
antwortliche tun? München 1983[5]).

Elterninitiativen international (jeweils gültige Adressen
können, soweit nicht angegeben, im Ernstfall bei einer der
unten angebenen deutsprachigen Gruppen erfragt werden).

ADFI - Association de Defense des Familles at de l'Individu
Frankreich: 10, rue du Pere Dhuit, F-75020 Paris, Tel.:0033/
1/47-979608 - Fax: 0033/1/47970173.
ADFI-Guadeloupe und **ADFI-Martinique** (Adressen über die ADFI
Paris zu erfragen).

Aktion für geistige und psychische Freiheit - AGPF e.V. Bundesrepublik Deutschland: Graurheindorfer Str. 15, D-5300 Bonn
1, Tel.: 0228-631547.

Aktion Psychokultgefahren - APG e.V. Bundesrepublik Deutschland: Ellerstr.101, D-4000 Düsseldorf 1, Tel.:0211-72 10 66.

American Family Foundation - AFF USA: P.O.Box 336, Weston/MA
02193 USA, Tel.:001/617-893-0930.

Arbeitsgemeinschaft für Religions- und Weltanschauungsfragen,
Bundesrepublik Deutschland: Postfach 107, D-8000 München 50.

Arbeitsgemeinschaft "Neue religiöse Gruppen" e.V. im evang.
Stadtjugendpfarramt Frankfurt Bundesrepublik Deutschland: K.-
H. Eimuth, Saalgasse 15, D-6000 Frankfurt 1, Tel.: 069-285502
Fax: 069-2165257.

Arbeitskreis Jugendsekten der Evang. Jugend Bonn Bundesrepublik Deutschland: Adenauerallee 37, D-5300 Bonn 1, Tel.:0228/
223089.

238

Arbeitskreis Sekten Herford Bundesrepublik Deutschland: Karin Paetow, Auf der Freiheit 25, D-4900 Herford, Tel.:05221-55330

ARIS - Associazione per la ricerca e l'informazione sulle sette Italien: Via A.Doria 9/3, I-20058 Villasanta, Tel.: 0039/39/306070.

Associacion Pro-Juventud Spanien: de C/ Aribau, 226 int.bajos, E-08006 Barcelona, Tel.: 0034/3/2014886.

Association pour la Defense de l'Individu et de la Famille - ADIF Belgien: 8 Hertogenweg , B-1980 Tervuren, Tel.: 0032/2/ 7675421.

CAN - Cult Awareness Network USA: 2421 West Pratt Blv., Suite 1173, Chicago Ill. 60645, USA Tel.: 001/312/267-7777.

Citizens Engaged in Reuniting Families - C.E.R.F. USA: P.O.-Box 112 H, Scarsdale N.Y. 10583 USA, Tel.: 001/914/761-7668.

Comitato per la Liberazione dei Giovani des Settarismo - C.L.G.S.   Italien;

Concerned Christian Growths Ministries (CCG) Australien: 176 Alberta Street, Osborne Park, West Australia WA 6017.

Concerned Parents A.C. Israel: P.O.Box 1806, Haifa 31018 Israel.

Council of Mind Abuse - COMA Canada: Box 575, Station Z, Toronto/Ontario, M5N 2Z6, Canada, Tel.: 001/416/484-1112.

Cult Project / Project Culte Canada: 3460 Stanley Street, Montreal/Quebec H3A 1R8, Canada, Tel.: 001/514/845-9171.

Das Große Zeichen - Die Frau aller Völker - DGZ-DFAV <u>Bundes-</u>
<u>republik Deutschland</u>: Postf.110341, D-8700 Würzburg 11, Tel.:
0931/566197.

Dialog Center International <u>Dänemark</u>: Katrinebjergvej 46, DK
-8200 Aarhus N, Tel.:0045/86/105001 - Fax: 0045/86/105416.

Eltern- und Betroffeneninitiative gegen psychische Abhängigkeit für geistige Freiheit e.V. - EBI <u>Bundesrepublik</u>
<u>Deutschland</u>: Mommsenstr. 19, D-1000 Berlin 12, Tel.: 030-324
95 75.

Elterninitiative in Hamburg u. Schleswig-Holstein zur Hilfe
gegen seelische Abhängigkeit und Mißbrauch der Religion e.V.,
<u>Bundesrepublik Deutschland</u>: Pastor D.Bendrath, Brahmsstr.20f,
D-2400 Lübeck, Tel.: 0421-447 86.

Elterninitiative zur Hilfe gegen seelische Abhängigkeit und
religiösen Extremismus e.V. - EI e.V. <u>Bundesrepublik Deutsch-</u>
<u>land</u>: Postfach 100513, D-8000 München 1, Tel.: 089-141 28 41.
Fax 089/146850.

Elterninitiative zur Wahrung der geistigen Freiheit e.V.
<u>Bundesrepublik Deutschland</u>: U.Zöpel, Geschw.-Scholl-Str. 58,
D-5090 Leverkusen 1, Tel.: 0214-58372.

FAIR - Family Action and Rescue <u>Großbritannien</u>: BCM Box 3535
P.O.Box 12, London WC 1R 4XX, Tel.: 0044/1/5393940.

Free Minds, Inc. <u>USA</u>: P.O.Box 4216, Minneapolis/MN 55414, USA
Tel.: 001/416/484-1112.

FRI - Föreningen Rädda Individuen <u>Schweden</u>: Langholmsgatan
17, S-11733 Stockholm, Tel: 0046/8/664713.

Irish Family Foundation <u>Irland</u>: P.O.Box 1268, Balls Bridge,
Dublin, Irland.

Niedersächsische Elterninitiative gegen Mißbrauch der Religion e.V. Bundesrepublik Deutschland: Pastor W. Knackstedt, Archivstr.1, D-5000 Hannover 1. Tel.: 0511/1241452 Fax:0511/1241266

Panhellenic Parents Union Griechenland: 14 Joannu Gennadiou St. GR-Athen 140, Tel.: 0030/1/7238169.

Project Culte / Cult Project Canada (s.o. Cult Project)

SADK Schweizerische Arbeitsgruppe gegen destruktive Kulte Schweiz: c/o Masner, Bohnackerstr.10, CH-8157 Dielsdorf.

Samenwerkende Ouders Sektenleden - S.O. S. Niederlande: Graafseweg 2556, NL-5213 A j's Hertogenbosch.

Sekten-Info Essen e.V. Bundesrepublik Deutschland: Rottstr. 24, D-4300 Essen 1, Tel: 0201-234646.

Spiritual Counterfeits Project USA: 2606 Dwight Way, P.O.Box 4308, Berkeley CA 94704, USA, Tel.: 001/415/5400300.

Task Force on Cults and Missionary Efforts (and Cult Clinic) USA: Jewish Federation Council of Greater Los Angeles, 6505 Wilshire Blv. Suite 802, Los Angeles, CA 90048, Tel.: Task Force 001/213/852-1234, Cult Clinic: 001/213/852-1234 & 2662.

Task Force on Missionaries and Cults (and Cult Clinic) USA: Jewish Community Relations Council of New York, 11 W. 40th Street, New York N.Y. 10018, USA, Tel.: Task Force 001/212-221-1535 Cult Clinic 001/212/860-8533.

Teruko Honma Japan: 40 Shimo Oono Ochiai, Noshiro-Shi, Akitaken, Japan.

Verein zur Wahrung der geistigen Freiheit Österreich: Postf. 218, A-1011 Wien/Österreich.

Vereniging ter Vertediging van Persoon en Gezin - Belgien: Paleistraat 149, B-2000 Antwerpen, Tel.: 0032/3/2164109.

Als Kurzinformation für den eiligen Leser hervorragend geeignet: .

==

MATERIAL-EDITION 25
_____

Friedrich-Wilhelm Haack

JESUS CHRISTUS UND/ODER SAN MYUNG MUN
Begegnungen zwischen möglichen Bekenntnisstandpunkten oder status confessionis?

Reprint München 1989, 40S., DM 5,50

Ein projektgebundener Nachdruck, der aufgrund der jüngsten Aktivitäten der Vereinigungskirche notwendig erschien und als leicht lesbare Kurzinformation die Grenzen zwischen Christentum und Mun-Bewegung unmißverständlich deutlich macht.
Im Anhang der Schrift findet der Leser unter der Überschrift "DIE VEREINIGUNGKIRCHE - EIN MISCHKONZERN" den Nachweis der politischen und kommerziellen Machenschaften der Mun-Bewegung.

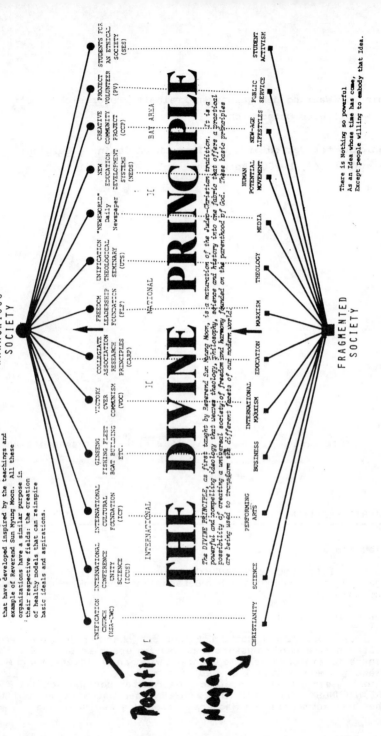

THE DIVINE PRINCIPLE

This is a partial listing of the many organizations that have developed inspired by the teachings and example of Reverend Sun Myung Moon. All these organizations have a similar purpose in their respective fields: the creation of healthy models that can reinspire basic ideals and aspirations.

The DIVINE PRINCIPLE, as first taught by Reverend Sun Myung Moon, is a maturation of the Judeo-Christian tradition. It is a powerful and compelling ideology that weaves theology, philosophy, science and history into one fabric that offers a practical possibility of creating a universal society of freedom and harmony founded on the parenthood of God. These basic principles are being used to transform the different facets of our modern world.

HARMONIOUS SOCIETY

UNIFICATION CHURCH (HSA-UWC)
INTERNATIONAL CONFERENCE UNITY SCIENCE (ICUS)
INTERNATIONAL CULTURAL FOUNDATION (ICF)
GINSENG FISHING FLEET BOAT BUILDING ETC.
VICTORY OVER COMMUNISM (VOC)
COLLEGIATE ASSOCIATION RESEARCH PRINCIPLES (CARP)
FREEDOM LEADERSHIP FOUNDATION (FLF)
UNIFICATION THEOLOGICAL SEMINARY (UTS)
"NEWSWORLD" Daily Newspaper
NEW EDUCATION DEVELOPMENT SYSTEMS (NEDS)
CREATIVE COMMUNITY PROJECT (CCP)
PROJECT VOLUNTEER (PV)
STUDENTS FOR AN ETHICAL SOCIETY (SES)

INTERNATIONAL
NATIONAL
BAY AREA

FRAGMENTED SOCIETY

CHRISTIANITY
SCIENCE
PERFORMING ARTS
BUSINESS
INTERNATIONAL MARXISM
EDUCATION
MARXISM
THEOLOGY
MEDIA
HUMAN POTENTIAL MOVEMENT
NEW-AGE LIFESTYLES
PUBLIC SERVICE
STUDENT ACTIVISM

Positiv
Negativ

There is Nothing so powerful
As an Idea whose time has come,
Except people willing to embody that Idea.

Muus „SCHÖNE NEUE WELT"

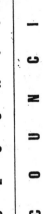

Vereinigungskirche e.V.

CAUSA International

INTERNATIONAL SECURITY COUNCIL

국제기독학생연합회
THE INTERNATIONAL CHRISTIAN STUDENTS ASSOCIATION

Sponsored by:
WORLD MEDIA ASSOCIATION

TONGIL CO LTD

NATIONAL COUNCIL FOR THE CHURCH AND SOCIAL ACTION, INC.

RELIGIOUS YOUTH SERVICE

Assembly of the World's Religions 1989

ICUS

A COUNCIL OF MINISTERS, SOCIALLY-INVOLVED LAYMEN AND SOCIAL ACTION ORGANIZATIONS, FOR A GOD-CENTERED SOCIETY

FORUM RELIGION UND WELTGESTALTUNG

Hochschulvereinigung zur Erforschung von Prinzipien e.V.

new-vision CARP

Creating a New Student Movement

Friedrich-Wilhelm Haack

FINDUNGSHILFE RELIGION 2000
Apologetisches Lexikon

2. Auflage München 1990, 286 S., DM 36.-

Immer wieder wurde gefragt, ob die "Findungshilfe" der Jahre 1985 und 1986 nicht erweitert wieder aufgelegt werden würde. Jetzt liegt eine neue Information vor, die nicht nur Jugendreligionen, Psychokulte und Gurubewegungen, sondern auch satanistische Pseudokirchen, Hexenbünde, Okkult- und Geheimorden, Neuprophetismen und Industriesekten (und vieles andere aus der religiösen und okkulten Szene mehr) in kurzen und informativen Stichworten auflistet. Untergruppen sind sowohl in eigenen Stichworten aufgeführt als auch bei der Hauptgruppe aufgelistet, so daß erstmalig eine wirklich umfassende und brauchbare Hilfe vorliegt. Das Werk will den Sektenbüchern keine Konkurrenz machen, und was man in den herkömmlichen Kirchenwälzern findet, wurde hier einfach links liegen gelassen. Die Findungshilfe versteht sich nicht als "frommes Buch", sondern als Handwerkszeug für Interessierte und solche, für die Information wichtig ist in Industrie, Parteien und Verbänden, Kirchen, Schulen und Erwachsenenbildung sowie für alle, die mit dem Phänomen der neuen Religiosität Probleme haben. Zu den bisherigen Lexika, Sektenhandbüchern und apologetischen Werken eine notwendige, nahezu zwingend erforderliche Ergänzung.

Friedrich-Wilhelm Haack

RELIGION UND DEKORATION
Freibischöfe - Neo-Orden - Vagantenpriester
Werkbuch freibischöfliche Amtsträger und Institutionen. Texte, Überlegungen und Informationen zu einem Randproblem des Christentums.

1. Auflage München 1990, 420 S. (DIN-A-4), DM 200.-

Je mehr sich unsere Welt entkirchlicht, je weiter sich die angestammte Religion aus der Öffentlichkeit zurückzieht, desto reicher bestückt und unübersichtlicher wird das Feld der neureligiösen Szene. Immer häufiger tauchen Gruppen und Personen mit dem Anspruch hoher Würden und dem Angebot der Teilnahme an apostolischen Gnadengaben auf. Friedrich-W. Haack, der wohl profundeste Kenner und mit dem besten Archiv ausgestattete Beobachter dieser Randszenerie auf dem Markt der Religionen, hat jetzt nach zehn Jahren einen religionswissenschaftlich einmaligen Überblick vorgelegt. Freibischöfe, neue Ritterorden mit angeblich uralter Tradition, Wanderpriester und Randkirchen mit episkopaler Verfassung werden hier untersucht und lexikalisch vorgestellt. Haacks neue Publikation wird nur in einer Auflage erscheinen. Sie ist nicht für die breite Öffentlichkeit gedacht, für Kirchenkanzleien, Ordinariate, Bibliotheken und für Fachleute jedoch nahezu unverzichtbar.